U0657878

"十三五"普通高等教育本科系列教材

普通高等教育"十一五"国家级规划教材

电力网继电保护原理

（第二版）

主　编　田有文　孙国凯

副主编　任艳杰　张执超　孔德蔚

编　写　刘振宇　李俐莹　王　慧

主　审　苑　舜　王增平

中国电力出版社

CHINA ELECTRIC POWER PRESS

内 容 提 要

本书为"十三五"普通高等教育本科规划教材，普通高等教育"十一五"国家级规划教材。

全书共分八章，主要内容包括电力网继电保护的基本概念、电网的电流保护、电网的距离保护、输电线路纵联保护、自动重合闸、电力变压器的继电保护、母线保护和微机保护。每章末附有思考题与习题。本书注重电力网故障的理论分析，着重阐述电力网继电保护基本原理和运行特性，力求重点突出，理论结合实际，同时包括了近年来继电保护的一些新技术。另外，本书配有动画演示，课件等数字资源，方便读者学习、使用。

本书可作为电气工程及其自动化专业本科教材，也可供从事电力、电气工程技术人员参考。

图书在版编目（CIP）数据

电力网继电保护原理/田有文，孙国凯主编 . —2 版 . —北京：中国电力出版社，2020.4（2025.9 重印）

"十三五"普通高等教育本科规划教材 • 普通高等教育"十一五"国家级规划教材

ISBN 978 - 7 - 5198 - 3815 - 7

Ⅰ.①电… Ⅱ.①田…②孙… Ⅲ.①电力系统—继电保护—高等学校—教材 Ⅳ.① TM77

中国版本图书馆 CIP 数据核字（2019）第 249379 号

出版发行：中国电力出版社

地　　址：北京市东城区北京站西街 19 号（邮政编码 100005）

网　　址：http://www.cepp.sgcc.com.cn

责任编辑：牛梦洁（mengjie - niu@sgcc.com.cn）

责任校对：黄　蓓　朱丽芳

装帧设计：郝晓燕

责任印制：吴　迪

印　　刷：固安县铭成印刷有限公司

版　　次：2008 年 4 月第一版　2020 年 4 月第二版

印　　次：2025 年 9 月北京第十三次印刷

开　　本：787 毫米×1092 毫米　16 开本

印　　张：12.75

字　　数：308 千字

定　　价：35.00 元

前　言

本书是在 2008 年出版的《电力网继电保护原理》一书的基础上进行修订的。与原版相比，修订版按照继电保护的发展适当加强和充实了一些基本原理，删减了一些内容。例如，增加了第二章方向过电流保护在各种短路情况分析、第三章工频故障分量距离保护、第五章高压输电线路的单相自动重合闸和综合重合闸等、第七章母线保护；删减了晶体管型继电器、晶体管型重合闸、重合器与分段器等内容。另外，本次修订还调整了部分章节的结构，将原版第四章和第五章的电网差动保护和高频保护合并为第四章输电线路纵联保护，并在内容上进行了理顺与调整。本书所采用的图形符号与文字符号均为最新的国家标准。

本书共分八章，其中第一章第一节和第二节由刘振宇编写，第三节和第四节由李俐莹编写，第二和第六章由孙国凯编写，第三和第八章由田有文编写，第四章由任艳杰编写，第五章由孔德蔚编写，第七章第一节～第三节由张执超编写，第七章第四节和第五节由王慧编写。本书配有丰富数字资源，配套课件由田有文制作，动画演示由其指导研究生制作。田有文教授对全书进行统稿。

本书在编写与修订过程中参阅了国内著名继电保护专家的研究成果和著作，并得到了沈阳农业大学信息与电气工程学院硕士研究生的支持与帮助，在此一并表示衷心的感谢！另外，对审稿人教授级高工苑舜和教授王增平深表感谢！

编　者

2019 年 5 月

第一版前言

　　本书是根据教育部下达的普通高等教育"十一五"国家级规划教材选题，经申报、教育部组织专家评审、教育部批准编写的，适用于普通高等学校"电气工程及其自动化"、"农业电气化与自动化"专业的本科教材，也可作为高职高专相关专业的教材和电力、电气工程技术人员的参考用书。该书的内容符合教育部关于《高等学校农业工程类本科专业发展战略研究与专业规范》的要求，并按照全国高等农业院校电学科教材审定的教学大纲进行编写。

　　在教材编写过程中，编者总结和吸收了其他院校教育教学改革的有益经验，注重加强电力系统故障的理论分析，着重阐述了继电保护的基本原理，力求重点突出，理论结合实际；同时反映了近年来继电保护的一些新技术成就。本书例题、习题丰富，图形、文字符号均采用最新的国家标准。本教材参考学时为 50 学时。

　　本书的第二、七章由孙国凯编写，第三、八章由田有文编写，第五章由葛廷友编写，第六章由滕颖辉编写，第四章由张执超编写，第一章由刘振宇编写。全书由孙国凯统稿，由教授级高工苑舜、教授王增平担任主审，他们在审阅过程中提出了许多宝贵的意见，在此深表感谢。

　　由于编者水平和经验有限，书中难免存在疏漏和不足之处，恳请读者批评指正。

编者

2008 年 1 月

目　　录

第一章 概　　述

第一节　继电保护的任务和作用

一、电力系统的运行状态

1. 正常运行状态

由发电机、变压器、输电线路及负荷所组成的生产、输送、分配和消费电能的统一整体称为电力系统。由各级输电线路和变压器组成的供电网络，称为电力网，起着输送和分配电能的作用。在电力生产实际的一些习惯用法中，电力网也称为电网，本书中某些地方将电力网简称为电网。目前，电能一般还不能大容量存储，因此电能的生产、输送和消费需要在同一时间完成，即电能的生产量应每时每刻与电能的消费量保持平衡，并满足电能质量要求。而电力系统中的负荷由于各种原因时刻发生变化，故电力系统的运行状态随时都在变化。

电力系统运行状态是指电力系统在不同运行条件（如负荷水平、发生故障等）下的系统与设备的工作状况。根据不同的运行条件，可以将电力系统的运行状态分为正常运行状态、不正常运行状态和故障状态。在电力系统正常状态下运行时，应满足电力系统有功功率平衡和无功功率平衡，即

$$\sum P_{Gi} + \sum P_{Lj} + \sum \Delta P_S = 0 \tag{1-1}$$

$$\sum Q_{Gi} + \sum Q_{Lj} + \sum \Delta Q_S = 0 \tag{1-2}$$

式中：P_{Gi}、Q_{Gi}为第 i 个发电机或其他电源设备发出的有功功率和无功功率；P_{Lj}、Q_{Lj}为第 j 个负荷使用的有功功率和无功功率；ΔP_S、ΔQ_S 为电力系统中各种有功功率损耗和无功功率损耗。

另外，在电力系统正常状态下运行时，电力系统能以足够的电功率满足负荷对电能的需求；电力系统中各发电、输电和用电设备均能在规定的长期安全工作限额内运行；电力系统中各母线电压和频率均在允许的偏差范围内，可提供合格的电能。因此，需要满足如下不等式约束条件

$$S_k \leqslant S_{k.\,max} \tag{1-3}$$

$$U_{i.\,min} \leqslant U \leqslant U_{i.\,max} \tag{1-4}$$

$$I_{ij} \leqslant I_{ij.\,max} \tag{1-5}$$

$$f_{min} \leqslant f \leqslant f_{max} \tag{1-6}$$

式中：S_k、$S_{k.\,max}$为发电机、变压器或用电设备的功率及其上限；U、$U_{i.\,min}$、$U_{i.\,max}$为母线电压及其上、下限；I_{ij}、$I_{ij.\,max}$为输、配电线路中的电流及其上限；f、f_{min}、f_{max}为系统频率及其上、下限。

电力系统在正常状态下运行时，一般发电、输电和变电设备还应保持一定的备用容量，能满足负荷随机变化的需要，同时在保证安全的条件下，可以实现经济运行；能承受常见的干扰（如部分设备的正常和故障操作），从一个正常运行状态或不正常运行状态、故障状态

通过预定的控制连续变化到另一个正常运行状态，而不至于进一步产生有害的后果。

2. 不正常运行状态

不正常运行状态是指所有的等式约束条件式（1-1）和式（1-2）均满足，部分不等式约束条件式（1-3）~式（1-6）不满足，但又不是故障的电力系统工作状态。例如，电网在运行中可能会出现负荷潮流超过电气设备的额定上限造成的电流升高（又称过负荷）、系统中出现功率缺额而引起的频率降低、中性点不接地系统和非直接接地系统中的单相接地引起的非接地相对地电压的升高；以及电力系统发生振荡等，都属于不正常运行状态。不正常运行状态产生的后果如下：

（1）过负荷将会使电气设备的载流部分和绝缘材料的温度超过散热条件的允许值而不断升高，造成载流导体的熔断或加速绝缘材料的老化和损坏，可能会发展成故障。

（2）电压的升高有可能超过电气设备绝缘介质的耐压水平，将会造成绝缘击穿，酿成短路；对照明设备来说，会使其寿命明显缩短，如白炽灯在电压长期升高＋10％时寿命将缩短一半；电压升高还会使变压器和电动机的铁芯饱和，损耗和温升都将增加。

（3）电压过低时，异步电动机转差增大，转速降低，绕组中电流增大，温升增加，寿命将会缩短；转速的降低还会使其拖动的设备出力减少；用户的电热设备也会因为电压降低而减少发热量，使产品产量和质量下降。

（4）频率变化将会引起异步电动机的转速变化，由此驱动的纺织造纸等机械制造的产品质量受到影响，甚至出现残次品。另外，用于测量、控制等的电子设备将因频率的波动而影响其准确性和工作性能，甚至无法工作。另外，系统频率下降时，异步电动机和变压器的励磁电流增加，所消耗的无功功率增加，引起电压下降，如果原来系统的电压就较低，还可能引发电压崩溃。

因此，必须识别电力系统的不正常运行状态，通过自动或人工的方式消除这种不正常现象，使系统尽快恢复到正常运行状态。由于不正常运行状态对电力系统和电力设备造成的经济损失与运行时间的长短有关，加之引起不正常运行状态的原因复杂，一般继电保护装置检测到不正常状态后会发出信号，或延时切除不正常工作的元件。

3. 故障状态

电力系统的一次设备在运行过程中由于外力、绝缘老化、过电压、误操作、设计制造缺陷等会发生如短路、断线等故障。最常见同时也是最危险的故障是发生各种类型的短路。各种类型的短路包括三相短路、两相短路、两相短路接地和单相接地短路。大量的现场统计数据表明，在高压电网中，单相接地短路发生的概率最高，发生的次数占所有短路次数的85％以上。

在发生短路时可能产生以下后果：

（1）数值较大的短路电流通过故障点时会产生电弧，使故障设备损坏或烧毁。

（2）短路电流通过非故障元件时，使电气设备的载流部分和绝缘材料的温度超过允许值而不断升高，造成载流导体熔断或加速绝缘老化和损坏，从而可能发展成为故障。

（3）电力系统中部分地区的电压大大下降，破坏用户工作的稳定性或影响产品的质量。

（4）破坏系统并列运行的稳定性，引起系统振荡，甚至导致整个系统瓦解。

二、继电保护装置及其任务

故障和不正常运行状态都可能在电力系统中引起事故。事故是指系统或其中部分的正常工作遭到破坏，并造成对用户少送电或电能质量变坏到不能允许的地步，甚至造成人身伤亡和电气设备损坏事件。系统事故的发生，除了自然因素（如雷击、架空线路倒杆等）外，一般都是由于设备制造上的缺陷、设计和安装的不当、检修质量不高或运行维护不力而引起的。在电力系统中，除应采取各项积极措施消除或减少事故发生的可能性外，还应能做到设备或输电线路一旦发生故障时，应尽快地将故障设备或线路切除，保证非故障部分继续安全运行，缩小事故影响范围。由于电能的生产、传输、分配和使用同时完成，各设备之间都有电或磁的联系。所以当某一设备或线路发生短路故障时，在很短的时间内就会影响到整个电力系统的其他部分。因此，要求切除故障设备或输电线路的时间必须很短，通常切除故障的时间小到十分之几秒到百分之几秒。显然，要在这样短的时间内由运行人员及时发现并手动将故障切除是不可能的。因此，只有借助于装设在每个电气设备或线路上的自动装置，即继电保护装置才能实现。

继电保护泛指继电保护技术或由各种继电保护装置组成的继电保护系统，继电保护装置是指各种具体的装置，它是指能反应电力系统中电气元件发生故障或不正常运行状态，并动作于断路器跳闸或发出信号的一种自动装置。它的基本任务如下：

（1）自动、迅速、有选择性地将故障元件从电力系统中切除，使故障元件免于继续遭到破坏，保证无故障部分迅速恢复正常运行。

（2）反应电气元件的不正常运行状态，并根据运行维护的条件（如有、无经常值班人员）而动作于发信号以便值班员及时处理或跳闸。此时一般不要求迅速动作，而是根据对电力系统及其元件的危害程度规定一定的延时，以免不必要的动作和由于干扰而引起的误动。

第二节　继电保护的基本原理和保护装置的组成

一、继电保护的基本原理

为了完成继电保护所承担的任务，继电保护装置必须具有正确区分被保护元件是处于正常运行状态、不正常运行状态还是故障状态，是保护区内故障还是区外故障的功能。继电保护装置要实现这一功能，需要根据电力系统发生故障前后电气物理量变化的特征为基础来完成。继电保护的基本原理就是以被保护线路或设备故障前后某些突变的物理量为信息量，当突变量达到一定值时，启动逻辑控制环节，发出相应的跳闸脉冲或信号。

电力系统发生故障后，一些电气量发生明显变化，其主要特征及可以构成的保护如下：

（1）电流增大。短路时故障点与电源之间的电气设备和输电线路上的电流将由负荷电流增大至大大超过负荷电流。

（2）电压降低。当发生相间短路和接地短路故障时，系统各点的相间电压或相电压值下降，且越靠近短路点，电压越低。

（3）电流与电压之间的相位角改变。正常运行时电流与电压间的相位角是负荷的功率因数角，一般约为 $20°$；三相短路时，电流与电压之间的相位角是由线路的阻抗角决定的，一般为 $60°\sim85°$；而在保护反方向三相短路时，电流与电压之间的相位角则是 $180°+(60°\sim85°)$。

（4）测量阻抗发生变化。测量阻抗即测量点（保护安装处）电压与电流的比值。正常运行时，测量阻抗为负荷阻抗；金属性短路时，测量阻抗转变为短路阻抗。故障后测量阻抗显著减小，而阻抗角增大。

　　不对称短路时，出现相序分量，如两相及单相接地短路时，出现负序电流和负序电压分量；单相接地时，出现负序和零序电流和电压分量。这些分量在正常运行时是不出现的。

　　利用短路故障时电气量的变化便可构成各种原理的继电保护。例如，根据短路故障时电流的增大，可构成过电流保护；根据短路故障时电压的降低，可构成电压保护；根据短路故障时电流与电压之间相角的变化，可构成功率方向保护；根据电压与电流比值的变化，可构成距离保护；根据故障时被保护元件两端电流相位和大小的变化，可构成差动保护；根据不对称短路故障时出现的电流、电压的相序分量，可构成零序电流保护、负序电流保护和负序功率方向保护；高频保护则是利用高频通道来传递线路两端电流相位、大小和短路功率方向信号的一种保护。

　　此外，除了上述反应电气量的保护外，还有反应非电气量的保护，如超高压输电线路的行波保护、电力变压器的气体保护及反应电动机绕组温度升高的过负荷或过热保护等。

二、继电保护装置的组成

　　继电保护装置的种类虽然很多，但是一般均由三个部分组成，即测量部分、逻辑部分和执行部分，其原理框图如图 1-1 所示。

图 1-1　继电保护装置原理框图

　　测量部分的作用是测量与被保护电气设备或线路工作状态有关的物理量的变化，如电流、电压等的变化，以确定电力系统是否发生了短路故障或出现不正常运行情况；逻辑部分的作用是当电力系统发生故障时，根据测量部分的输出信号进行逻辑判断，以确定保护是否应该动作，并向执行元件发出相应的信号；执行部分的作用是执行逻辑部分的判断，发出切除故障的跳闸脉冲或指示不正常运行情况的信号。

　　过电流保护装置的原理接线如图 1-2所示。电流互感器 TA 将一次额定电流变换为二次额定电流 5A 或 1A，送入电流继电器 KA（测量比较元件）。当流过电流继电器的电流大于其预定的整定值时，其动合触点闭合，启动时间继电器 KT（逻辑部分）。经预定（可调整）的延时（逻辑运算）后，时间继电器的动合触点延时闭合，启动中间继电器 KM（执行输出）并使其动合触点闭合，接通断路器的跳闸回路，同时使信号继电器 KS 发出动作信号。在正

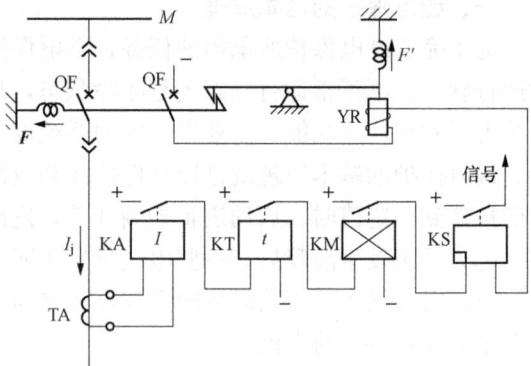

图 1-2　过电流保护装置的原理接线

常运行时，由于负荷电流小于电流继电器的整定电流，电流继电器不动作，整套保护不动作。当被保护的线路发生短路后，线路中流过的短路电流一般是额定负荷电流的数倍至数十倍，电流互感器二次侧输出的电流线性增大，流过电流继电器的电流大于整定电流而动作，启动时间继电器。经预定的延时后，时间继电器的触点闭合，启动中间继电器，中间继电器的触点瞬时闭合。当断路器 QF 处于合闸位置时，其位置触点 QF 是闭合的，使断路器的跳闸线圈 YR 带电，在电磁力的作用下使脱扣机构释放，断路器在跳闸弹簧力 F 的作用下跳

开，故障设备被切除，短路电流消失，电流继电器返回，整套保护装置复归，做好下次动作的准备。

电力网的继电保护根据被保护对象不同，分为变电站电气设备的继电保护和输电线路的继电保护。前者是指变压器、母线等元件的继电保护，简称元件保护；后者是指电力网中输电线路的继电保护，简称线路保护。

按作用的不同，继电保护又可分为主保护、后备保护和辅助保护。主保护是指被保护元件内部发生各种短路故障时，能满足系统稳定及设备安全要求的、有选择地切除被保护设备或线路故障的保护。后备保护是指当主保护或断路器拒绝动作时，用以将故障切除的保护。后备保护可分为远后备保护和近后备保护两种，远后备保护是指主保护或断路器拒绝动作时，由相邻元件的保护部分实现的后备；近后备保护是指当主保护拒绝动作时，由本元件的另一套保护来实现的后备，当断路器拒绝动作时，由断路器失灵保护实现后备。辅助保护是指为了弥补主保护和后备保护的不足而增设的简单保护。

继电保护装置需有操作电源供给保护回路，断路器跳、合闸及信号等二次回路。操作电源按性质的不同，可以分为直流操作电源和交流操作电源。通常在变电站中继电保护的操作电源是由蓄电池直流系统供电，因蓄电池是一种独立电源，其最大的优点是工作可靠，但缺点是投资较大、维护麻烦。交流操作电源的优点是投资少、维护简便，但缺点是可靠性差。因此，交流操作电源的继电保护适合小型变电站使用。

第三节 对继电保护的基本要求

为了使继电保护装置能及时、正确地完成它所担负的任务，对保护装置有以下四个基本要求：选择性、速动性、灵敏性和可靠性。

一、选择性

选择性是指当电力网中的设备或线路发生故障时，继电保护仅将故障的设备或线路从电力网中切除，尽量减小停电面积，以保证电力网中的无故障部分仍能继续安全运行。如图1-3所示电力网，当 k1 点发生短路故障时，应由故障线路上的保护 1（P1）和保护 2（P2）动作，将故障线路 WL1 切除，这时变电站 B 则仍可由非故障线路 WL2 继续供电。当 k2 点发生短路故障时，应由线路的保护 6（P6）动作，使断路器 QF6 跳闸，将故障线路 WL4 切除，这时只有变电站 D 停电。由此可见，继电保护有选择性的动作可将停电范围限制到最小，甚至可以做到不中断对用户的供电。

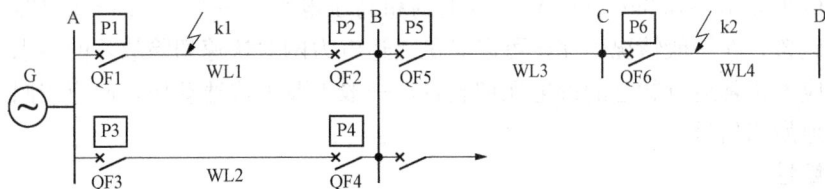

图 1-3 继电保护选择性动作说明

在要求保护动作有选择性的同时，还必须考虑保护或断路器有拒动的可能性，因而就需要考虑后备保护的问题。如图 1-3 所示，当 k2 点发生短路故障时，距短路点最近的 P6 应动作切除故障，但由于某种原因，该处的保护或断路器拒动，故障便不能消除，此时如其前面一条线路（靠近电源侧）的保护 5（P5）动作，故障也可消除。此时 P5 所起的作用为相邻元件的后备保护。同理，P1 和保护 3（P3）又应该作为 P5 的后备保护。由于按以上方式构成的后备保护是在远处实现的，因此又称远后备保护。

一般情况下，远后备保护动作切除故障时将使停电范围扩大。

在复杂的高压电网中，当实现远后备保护有困难时，也可采用近后备保护方式。当本元件的主保护拒绝动作时，由本元件的另一套保护作为后备保护；当断路器拒绝动作时，由同一变电站内的断路器失灵保护作为后备保护。

应当指出，远后备保护的性能是比较完善的，它对相邻元件的保护装置、断路器、二次回路和直流电源引起的拒绝动作均能起到后备作用，同时实现简单、经济，因此在电压较低的线路上应优先采用。只有当远后备保护不能满足灵敏度和速动性要求时，才考虑采用近后备保护方式。

二、速动性

速动性是指继电保护装置应能尽快地切除故障，以减少设备及用户在大电流、低电压运行的时间，降低设备的损坏程度，提高系统并列运行的稳定性。动作迅速而又能满足选择性要求的保护装置一般结构都比较复杂，价格昂贵，对大量的中、低压电力设备，不一定都采用高速动作的保护。对保护速动性的要求应根据电力系统的接线和被保护设备的具体情况，经技术经济比较后确定。一般必须快速切除的故障如下：

（1）使重要用户的母线电压低于有效值（一般为 0.7 倍额定电压）。

（2）大容量变压器内部故障。

（3）中、低压线路导线截面过小，为避免过热不允许延时切除的故障。

（4）可能危及人身安全、对通信系统或铁路信号造成强烈干扰的故障。

在高压电网中，继电保护的快速性往往成为维持电力系统的暂态稳定性的决定性因素。故障切除越快，暂态稳定极限（维持故障切除后系统的稳定性所允许的故障前输送功率）越高，越能发挥电力网的输电效能。

故障切除时间包括保护装置和断路器动作时间，一般快速保护的动作时间为 0.04～0.08s，最快的可达 0.01～0.04s；一般断路器的跳闸时间为 0.06～0.15s，最快的可达 0.02～0.06s。

但应指出，要求保护切除故障达到最短时间并不是在任何情况下都是合理的，故障必须根据技术条件来确定。实际上，对不同电压等级和不同结构的电力网，其切除故障的最短时间有不同的要求。例如，对于 35～60kV 的配电网络，一般为 0.5～0.7s；110～330kV 的高压电网，一般为 0.15～0.3s；500kV 及以上的超高压电网，一般为 0.1～0.12s。目前国产的继电保护装置，在一般情况下完全可以满足上述电力网对快速切除故障的要求。

对于反应不正常运行状态的继电保护装置，一般不要求快速动作，而应按照选择性的条件，带延时地发出信号。

三、灵敏性

灵敏性是指电气设备或线路在被保护范围内发生故障或不正常运行状态时，继电保护装置的反应能力。能满足灵敏性要求的继电保护，在规定的范围内故障时，无论短路点的位置和短路的类型如何，以及短路点是否有过渡电阻，都能正确反应动作。保护装置的灵敏性用灵敏系数来衡量。灵敏系数越大，则保护的灵敏度越高，反之就越低。

四、可靠性

可靠性包括安全性和信赖性，是对继电保护最根本的要求。安全性要求继电保护在不需要它动作时可靠不动作，即不发生误动；信赖性要求继电保护在规定的保护范围内发生了应该动作的故障时可靠动作，即不拒动。如不满足可靠性的要求，则保护装置本身便成为扩大事故或直接造成事故的根源。因此，可靠性是对继电保护装置的最根本要求。

继电保护的误动作和拒绝动作都会给电力系统造成严重危害。然而，提高不误动作的安全性措施与提高不拒动的信赖性措施往往是矛盾的。由于不同的电力网结构不同，电力元件在电力网中的位置不同，误动和拒动的危害程度不同，因此提高保护安全性和信赖性的侧重点在不同情况下有所不同。例如，对 220kV 及以上电压的超高压电网，由于电网联系比较紧密，联络线较多，系统备用容量较多，如果保护误动作，使某条线路或某台变压器误切除，给整个电力系统造成直接经济损失较小。但如果保护装置拒绝动作，将会造成电力元件的损坏或系统稳定的破坏，造成大面积的停电事故。在这种情况下，一般应该更强调保护不拒动的信赖性。目前要求每回 220kV 及以上电压输电线路都装设两套工作原理不同、工作回路完全独立的快速保护，采取各自独立跳闸的方式，提高不拒动的信赖性。而对于母线保护，由于它的误动将会给电力系统带来严重后果，则更强调不误动的安全性，一般采用两套保护出口触点串联后跳闸的方式。即使对于相同的电力元件，随着电力网的发展，保护不误动和不拒动对系统的影响也会发生变化。例如，一个电力网建设初期，由于联络线较少，输送容量较大，切除一个元件就会对系统产生很大影响，防止误动是最重要的。随着电力网建设的发展，联络线越来越多，联系越来越紧密，防止拒动可能就变得最重要的了。

以上四个基本要求是设计、配置和维护继电保护的依据，又是分析评价和研究继电保护性能的基础。这四个基本要求之间是相互联系的，但往往又存在着矛盾。因此，在实际工作中，要根据电力网的结构和用户的性质辩证地进行统一。相同原理的保护装置在电力网的不同位置的元件上如何配置和配合，相同元件在电力网不同位置如何配置相应的继电保护，才能最大限度地发挥被保护电力网的运行效能，充分体现着继电保护工作的科学性和继电保护工程实践的技术性。

第四节　继电保护的发展简史

继电保护技术是随着电力系统和自动化技术的发展而发展起来的。熔断器是最早的、最简单的过电流保护，这种保护方式时至今日仍在广泛使用。1890 年后出现了装于断路器上并直接作用于断路器的一次式（直接反应于一次短路电流）的电磁型过电流继电器。19 世纪初，随着电力系统的发展，继电器才开始广泛应用于电力系统的保护。该时期可被认为是继电保护技术发展的开端。1901 年出现了感应型过电流继电器。1908 年提出了比较被保护元件两端电流的电流差动保护原理。1910 年方向电流保护开始得到应用，在此时期也出现了将电流与电压比较的保护原理，并导致了 1920 年后距离保护装置的出现。随着电力系统载波通信的发展，在 1927 年前后，出现了利用高压输电线上高频载波电流传送和比较输电线两端功率方向或电流相位的高频保护装置。20 世纪 50 年代就出现了利用故障点产生的行波实现快速继电保护的设想。经过 20 余年的研究，终于诞生了行波保护装置。随着光纤通信在电力系统中的大量采用，利用光纤通道的继电保护得到广泛的应用。

以上是继电保护原理的发展过程。与此同时，构成继电保护装置的元件、材料、保护装置的结构形式和制造工艺也发生了巨大的变革，经历了机电式保护装置、静态保护装置和数字式保护装置三个发展阶段。

20 世纪 50 年代，随着晶体管的发展，出现了晶体管保护装置。这种保护装置体积小，动作速度快，无机械转动部分，经过 20 余年的研究与实践，晶体管保护装置的抗干扰问题从理论和实际都得到了满意的解决。20 世纪 70 年代，晶体管保护在我国被大量采用。随着集成电路的发展，可以将许多晶体管集成在一块芯片上，从而出现了体积更小、工作更可靠的集成电路保护。20 世纪 80 年代后期，静态保护装置由晶体管式向集成电路式过渡，成为静态继电保护的主要形式。20 世纪 60 年代末，有人就提出了用小型计算机实现继电保护的设想，但由于小型计算机当时价格昂贵，难以实际采用，由此开始了对继电保护计算机算法的大量研究，这为后来微型计算机式保护的发展奠定了理论基础。随着微处理器技术的快速发展和价格的急剧下降，在 20 世纪 70 年代后期，出现了性能比较完善的微机保护样机并投入运行。20 世纪 80 年代微机保护在硬件和软件技术方面已趋成熟。进入 20 世纪 90 年代，微机保护已在我国大量应用，主运算器由 8 位机、16 位机发展到目前的 32 位机；数据转换与处理器件由 A/D 转换器、压频转换器（VFC）发展到数字信号处理器（DSP）。这种由计算机技术构成的继电保护称为数字式继电保护。这种保护可用相同的硬件实现不同原理的保护，使制造大为简化，生产标准化、批量化，硬件可靠性高；具有强大的存储、记忆和运算功能，可以实现复杂原理的保护，为新原理保护的发展提供了实现条件。除了实现保护功能外，数字式继电保护还可兼有故障录波、故障测距、事件顺序记录和保护管理中心计算机及调度自动化系统通信等功能，这对于保护的运行管理、电力网事故分析及事故后的处理等均有重要意义。另外，它可以不断地对本身的硬件和软件自检，发现装置的异常情况并通知运行维护中心。

由于网络的发展与微机保护在电力系统中的大量采用，给微机保护提供了很大的发展空间。微机硬件和软件功能的空前强大、变电站综合自动化和调度自动化的兴起和电力系统光纤通信网络的逐步形成，使得微机保护不能也不应该再是一个孤立的、任务单一的、"消极待命"的装置，而应该是积极参与、共同维护电力系统整体安全稳定运行的计算机自动控制系统的基本组成单元。微机保护不仅要能实现被保护设备的切除或自动重合，还可作为自动控制系统的终端，接收调度命令，实现跳、合闸等操作，以及故障诊断、稳定预测、安全监视、无功调节、负荷控制等功能。

此外，由于计算机网络提供数据信息共享的优越性，微机保护可以占有全系统的运行数据和信息，应用自适应原理和人工智能方法使保护原理、性能和可靠性得到进一步的发展和提高，使继电保护技术沿着网络化、智能化、自适应和保护、测量、控制、数据通信于一体的方向不断发展。

思考题与习题

1-1　什么是故障、不正常运行状态和事故？它们之间有何不同？又有何联系？

1-2　什么是主保护和后备保护？远后备保护和近后备保护有什么区别和特点？

1-3　继电保护装置的任务及其基本要求是什么？

1-4　电力系统如果没有配备完善的继电保护系统，想象一下会出现什么后果？

1-5　继电保护装置通过哪些主要环节完成预定的保护功能，各环节的作用是什么？

1-6　结合电力系统分析课程知识，说明加快继电保护的动作时间为什么可以提高电力系统的稳定性？

第二章　电网的电流保护

电网正常运行时，输电线路上流过正常的负荷电流，母线电压约为额定电压。当输电线路发生短路时，故障相电流增大。根据这一特征，可以构成反应故障时电流增大而动作的电流保护。

本章根据电网相间短路及单相接地故障的特征，主要介绍单侧电源网络的相间短路保护的三段式电流保护和多侧电源网络相间短路保护的方向电流保护，以及电网单相接地故障的零序电流保护，重点介绍这些保护的工作原理、保护装置的整定计算和接线方式。

第一节　继电保护装置的基本元件和电路

一、电磁型继电器

电磁型继电器的结构有螺管线圈式、吸引衔铁式和转动舌片式三种，如图 2-1 所示。

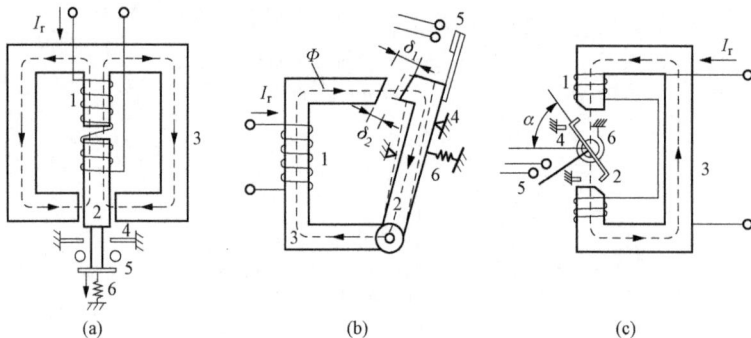

图 2-1　电磁型继电器的结构

(a) 螺管线圈式；(b) 吸引衔铁式；(c) 转动舌片式

1—线圈；2—可动衔铁；3—电磁铁；4—止挡；5—触点；6—弹簧

电流继电器是实现电流保护的基本元件，在电流保护中用作测量和启动元件，它是反应电流超过某一整定值而动作的继电器。电磁型继电器是利用电磁原理工作的，现以吸引衔铁式继电器为例进行分析，如图 2-2 所示。

首先分析使继电器触点接通的力矩（动作力矩）。在线圈 1 中通以电流 I_r，则产生与其成正比的磁通 Φ，即 $\Phi \propto \dfrac{I_r}{\delta}$ （注：$\Phi = \dfrac{W_r I_r}{R_m} \quad R_m = \dfrac{\delta}{\mu_0 S}$）。通过由铁芯、空气隙和可动舌片组成的磁路，舌片磁化与铁芯的磁极产生电磁吸力，其大小与 Φ^2 成正比。这样由电磁吸力作用到舌片上的电磁转矩 M_e 可表示为

$$M_e = K_1 \Phi^2 = K_2 \frac{I_r^2}{\delta^2} \tag{2-1}$$

式中：K_1、K_2 为比例常数；δ 为电磁铁与可动铁芯之间的气隙。

其次分析使继电器触点闭合的阻力矩。正常工作情况下，线圈中流入负荷电流，继电器不工作，这是由于弹簧对应于空气隙长度 δ_1 产生一初始力矩 M_{s1}。由于弹簧的张力与伸长量成正比，因此，当空气隙长度由 δ_1 减小到 δ_2 时，弹簧产生的反抗力矩为

$$M_s = M_{s1} + K_3(\delta_1 - \delta_2) \quad (2-2)$$

式中：K_3 为比例常数。

另外，在可动舌片转动的过程中，还必须克服摩擦力矩 M_f，其值可以认为是不随 δ 变化的一个常数。因此，阻碍继电器动作的全部机械反抗力矩为 $M_s + M_f$。

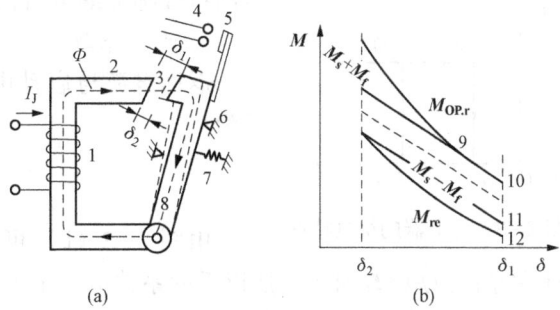

图 2-2 电磁型继电器的原理结构和转矩曲线
(a) 电磁性继电器的原理结构；(b) 转矩曲线
1—线圈；2—铁芯；3—空气隙；4—固定触点；
5—可动触点；6—止档；7—弹簧；8—可动衔铁；
9—启动电磁转矩；10—启动时的反作用转矩；
11—返回时的反作用转矩；12—返回时的电磁转矩

1. 继电器动作的条件

为使继电器动作，必须增大电流 I_r，以增大电磁转矩 M_e，使其满足关系式

$$M_e \geqslant M_s + M_f \quad (2-3)$$

这是继电器能够动作的条件。

2. 动作电流

能够满足上述条件，使继电器动作的最小电流值 I_r 称为继电器的动作电流（启动电流），记作 $I_{OP.r}$。对应此时的电磁转矩为

$$M_{OP.r} = K_2 \frac{I_{set.r}^2}{\delta^2} \quad (2-4)$$

在图 2-2 (b) 中表示出了可动舌片由 δ_1 减小到 δ_2 时，电磁转矩 $M_{OP.r}$ 和机械反抗力矩 $(M_s + M_f)$ 与 δ 的关系曲线。前者以 δ 的平方关系变化，后者按比例关系变化，分别为曲线 9 和曲线 10。由此可知，在触点闭合的 δ_2 位置，将出现一个剩余力矩 ΔM，即电磁转矩与反抗力矩的差值，它对触点的可靠接触是有好处的。

3. 继电器的返回条件

继电器动作后，当 I_r 减小时，继电器在弹簧的作用下将返回。为使继电器返回，弹簧的作用力矩 M_s 必须大于电磁力矩 M_e 及摩擦力矩 M_f 之和，即

$$M_s \geqslant M_e + M_f \ \text{或} \ M_e \leqslant M_s - M_f \quad (2-5)$$

这就是继电器能够返回的条件。

4. 返回电流

满足上述条件，使继电器返回原位的最大电流值称为继电器的返回电流，记作 $I_{re.r}$。对应此时的电磁转矩为

$$M_{re} = K_2(I_{re.r}/\delta)^2 \quad (2-6)$$

在返回过程中，转矩 M_{re} 和 $(M_s - M_f)$ 与 δ 的关系如图 2-2 (b) 中的曲线 11 和曲线 12。

由前所述，当 $I_r < I_{OP.r}$ 时，继电器不动作；而当 $I_r \geqslant I_{OP.r}$ 时，继电器迅速动作，动合触点闭合；当减小 I_r 使 $I_r \leqslant I_{re.r}$ 时，继电器又立即返回原位，动合触点打开。继电器的启动和

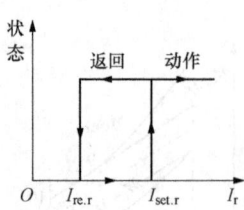

图 2-3 继电器的继电特性

返回特性称为继电特性，如图 2-3 所示。

5. 返回系数

返回电流与启动电流的比值称为继电器的返回系数，可表示为

$$K_{re} = \frac{I_{re.r}}{I_{OP.r}} \qquad (2-7)$$

由图 2-2（b）可看出，$M_{re} < M_{OP.r}$，两者之差与剩余力矩 ΔM 和摩擦力矩 M_f 有关，所以返回系数恒小于 1（一切过量动作的继电器都如此）。在实际应用中，要求有较高的返回系数，如 0.85～0.9。返回系数越大，则保护装置的灵敏度越高，但过大的返回系数会使继电器触点闭合不够可靠。

提高返回系数的措施：采用坚硬的轴承以减小摩擦力矩 M_f，改善磁路结构以减小剩余力矩 ΔM。

6. 动作电流的调整方法

动作电流的调整方法如下：

（1）改变继电器线圈的匝数。

（2）改变弹簧的张力。

（3）改变初始空气隙长度。

吸引衔铁式继电器一般被用作中间继电器，如 DZ-10 系列；螺管线圈式继电器多被用作时间继电器，如 DS-100 系列。

二、电流互感器

电流互感器的作用是将高压设备中的额定大电流变换成 5A 或 1A 的小电流，以便继电保护装置或仪表用于测量电流。电流互感器由铁芯及绕组组成。按常规，电压、电动势及电流的正方向如图 2-4 所示。一次绕组中电流 I_1 在一次绕组中产生磁动势 $I_1 W_1$，形成铁芯中的磁通 Φ，在一、二次绕组中感应电动势 E_1 及 E_2。二次绕组中的电动势 E_2 在二次绕组回路中产生电流 I_2。二次绕组工作在短路条件下，一、二次绕组磁动势有以下平衡关系

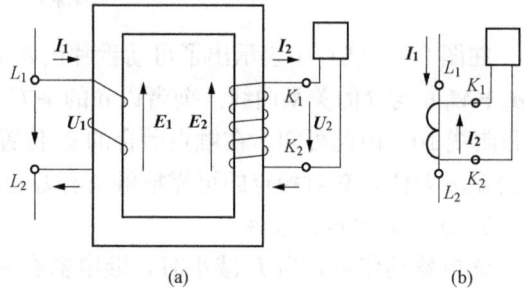

图 2-4 电流互感器
(a) 原理图；(b) 示意图

$$I_1 W_1 - I_2 W_2 = 0$$

$$I_2 = \frac{W_1}{W_2} I_1 \qquad (2-8)$$

式中：W_1、W_2 为电流互感器一、二次绕组的匝数。

1. 电流互感器的极性

在图 2-4（a）中，一、二次绕组中感应电动势 E_1 及 E_2 同时为高电位点，称同极性或同名端。一般用 L_1、K_1 表示或以"*"标注。当一次绕组中的电流由 L_1 或"*"流入时，二次绕组中的电流由 K_1 或"*"流出，这种标注方式称为减极性标注。

2. 电流互感器的等值电路及相量图

电流互感器与普通变压器的等值电路有相同的形式。由于电流互感器是在二次绕组短路

情况下工作的，二次绕组电压只有几伏，铁芯中的磁感应强度很小，一般只有 0.1T 左右。由于工作在磁化曲线较低的直线部分，所以励磁阻抗 $|X'_m| \gg |Z_L|$，其等值电路如图 2-5（a）所示，图中一次侧的参数都已归算到二次绕组。

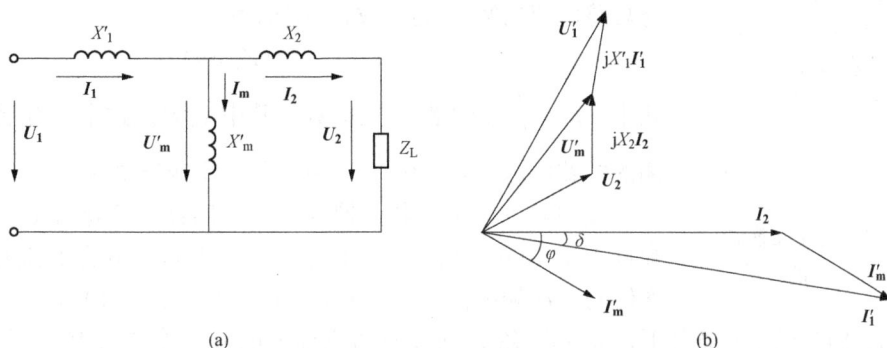

图 2-5 电流互感器的等值电路及相量图
（a）等值电路；（b）相量图

电流互感器的相量图以二次电流 I_2 为基准，可求得 $U_2 = IZ_L$ 及 $U_m = U_2 + jI_2X_2$，在已知 X'_m 时，可求得

$$I'_m = \frac{U'_m}{jX'_m}$$

则

$$I'_1 = I_2 + I'_m \tag{2-9}$$

式中：I'_m 为电流互感器的励磁电流。

3. 误差分析

（1）电流误差。归算到二次绕组的一次绕组一次电流 I'_1 与二次绕组电流 I_2 的数量差即为电流误差一般用百分数表示，即

$$\Delta I\% = \frac{I'_1 - I_2}{I'_1} \times 100\% \tag{2-10}$$

由向量图可知，当 δ 角比较小时

$$\Delta I\% = \frac{I'_m \cos\varphi}{I'_1} \times 100\%$$

而

$$I_m = \frac{I_2(jX_2 + Z_L)}{jX'_m} = f\left(\frac{Z_L}{X'_m}\right) \tag{2-11}$$

由此可见，电流互感器在正常运行时，电流误差决定于励磁电流 I'_m 的大小，而励磁电流与电流互感器的负载阻抗 Z_L 成正比，与励磁阻抗 X'_m 成反比。电流误差一般小于 1%。

（2）稳态短路电流引起的误差。当电流互感器一次侧流过大的短路电流时，尽管二次侧有很大的去磁安匝，但由于二次负载压降加大，二次电压 U_2 仍会升高，即铁芯中磁感应强度大大增加，以至铁芯饱和，磁阻增加，励磁阻抗 X'_m 下降，励磁电流增加，二次侧电流将减小且波形发生变化。电流互感器二次侧与一次侧电流的关系如图 2-6 中的曲线 3 所示。图 2-6 中横坐标表示电流互感器一次侧通入短路电流 I_k 与额定电流 I_N 之比，以 m 表示；纵

坐标为二次电流。在铁芯未饱和时，二次侧电流与一次侧电流成正比增加，如图 2-6 中曲线 1 所示。若电流互感器二次负载阻抗 Z_L 较大，则铁芯饱和更快。

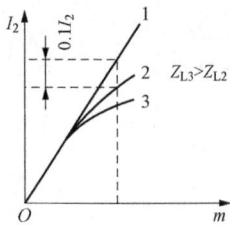

图 2-6 电流互感器 $I_2 = f(m)$ 的关系

电流互感器稳态运行时的电流误差实际是二次负载阻抗 Z_L 与短路电流倍数 m 的函数，可表示为

$$\Delta I\% = f(Z_L, m) \tag{2-12}$$

式中：$m = \dfrac{I_k}{I_{N1}}$ 为短路电流倍数，其中 I_k 为流过电流互感器一次侧的短路电流，I_{N1} 为电流互感器的一次额定电流。

按规定，用于继电保护的电流互感器，其稳态电流误差不允许大于 10%，角误差不得大于 $7°$（角误差 δ 为电流互感器一次侧与二次侧电流的相位差），即 $f(Z_L, m) \leqslant 10\%$。

在满足 10% 误差的条件下，$m = f'(Z_L)$ 的关系曲线称为电流互感器的 10% 误差曲线，它由厂家提供。例如，LGC 型的电流互感器的 10% 误差曲线如图 2-7 所示。在已知流过电流互感器的最大短路电流倍数 m 时，通过查该电流误差不超过 10% 的二次侧最大允许负载阻抗 Z_L，即按 10% 误差校核的二次负载阻抗。

（3）暂态短路电流引起的误差。假设电流互感器磁路不饱和，将一次侧向二次侧归算，接线如图 2-8（a）所示。当在 k 点发生短路时，电流互感器的一次侧有短路电流的周期分量 I_{1p} 和非周期分量 $I_{1\alpha}$。周期分量电流使电流互感器产生小于 10% 的误差 I'_m，如图 2-8（b）所示。一次侧突变的非周期分量 $I_{1\alpha}$ 在二次侧引起突变的非周期分量 $I'_{1\alpha}$。一次侧短路的衰减时间常数一般为 $T \approx 0.05s$；互感器二次侧匝数多，电感量大，衰减时间常数为 $T_2 \approx 1s$。非周期分量的误差如图 2-8（b）所示，当一次侧衰减完以后，只剩下二次侧的非周期分量电流，其全部为非周期分量误差电流。又由于非周期分量误差电流使铁芯饱和，互感器励磁阻抗 X'_m 下降，周期分量电流误差加大，总误差电流如图 2-8（b）中的 i_r。从误差曲线可以看出，最大误差发生在短

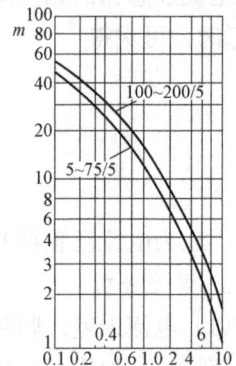

图 2-7 LGC 型的电流互感器的 10% 误差曲线

路后 3~5 个周波，短路回路非周期电流衰减以后，其值比稳态短路误差大许多倍，且含有很大的直流成分。

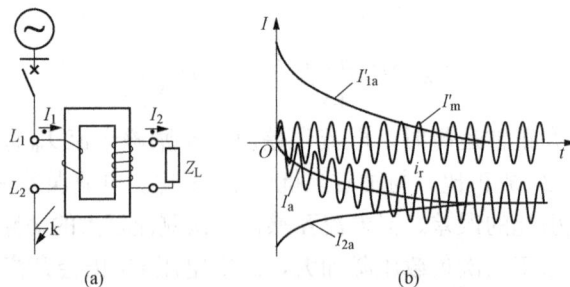

图 2-8 电流互感器暂态误差分析
(a) 电流互感器接线；(b) 电流互感器暂态误差曲线

（4）减小电流互感器误差的措施。要减小电流互感器的误差，就必须减小电流互感器的励磁电流。从制造角度看，应尽量加大电流互感器的励磁电抗 X_m，增大铁芯截面或用高导磁率的铍莫合金做铁芯。从使用角度看，应尽量减小电流互感器的二次侧负载阻抗 Z_L，降低励磁电压 U_m；选择同型号的电流互感器串联使用，使每个电流互感器的励磁电压仅为负载压降的一半；选择大电流比的电流互感器，以降低短路电流倍数。

顺便指出电流互感器为恒流源，其输出阻抗接近无穷大（一般约为 20kΩ）。互感器二次侧不应开路，否则将产生 1000V 以上的高电压，当二次侧不接负载时应将它短路。其二次侧必须接地，以免高低压损坏时危及人身及设备的安全。

三、电压互感器

电压互感器的任务是将高电压或超高电压准确地变换至二次保护及二次仪表的允许电压，使继电器和仪表既能在低电压情况下工作，又能准确地反映电力系统中高压设备的运行情况。电压互感器分为电磁式和电容式两种。

1. 电磁式电压互感器

（1）工作原理。电磁式电压互感器的工作原理与一般电力变压器相似，主要差别是二者的任务不同和功率水平不同。前者要求准确地反映电压的变化，因此要求电压损耗小，以保证其准确性；同时变送的功率很小。后者要求将某一电压等级的大功率电能变为另一电压等级的同样功率的电能，因此要求在变换过程中能量损耗尽量小，对电压损耗的要求相对较低。电磁式电压互感器的等值电路与相量图如图 2-9 所示。以二次侧电压 U_2 为参考相量，依次画出各支路的电流及各节点电压的相量，如图 2-9（b）所示。

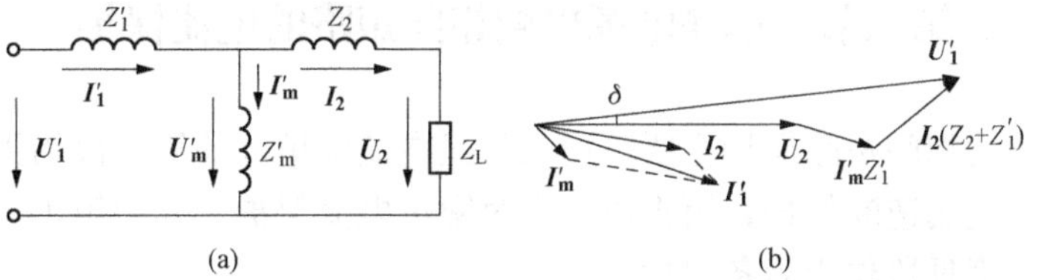

图 2-9 电磁式电压互感器的等值电路与相量图

(a) 等值电路；(b) 相量图

（2）电压误差分析。电压互感器的电压误差是指归算到二次侧的一次侧电压 U_1' 与二次侧实际电压 U_2' 的数量差，用百分数表示为

$$\Delta U\% = \frac{U_1' - U_2}{U_1'} \times 100\% \tag{2-13}$$

当一次侧与二次侧电压的相角差 δ 较小时，其电压误差可近似为

$$\Delta U\% = \frac{I_2 Z_2 + I_1' Z_1'}{U_1'} \times 100\% = \frac{I_2 Z_2 + I_2 Z_1' + I_m' Z_1'}{U_1'} \times 100\% \tag{2-14}$$

从式（2-14）可看出，电压互感器的误差是由电压互感器的阻抗压降引起的。减小负载电流能提高电压互感器的精确度。

2. 电容式电压互感器

电容式电压互感器是利用电容分压原理实现电压变换的。最简单的电容式电压互感器如图 2-10 所示。在图 2-10（a）中，C_1、C_2 为分压电容，T 为隔离变压器。二次开路时的电压 U_{20} 为

$$U_{20} = \frac{C_1}{C_1 + C_2} U_1 \quad\quad (2\text{-}15)$$

由图 2-10 （b）等值电路并根据戴维南定理可知，有载时的输出电压为

$$U_2 = U_{20} - jI_L X_L + \frac{I_L}{j\omega(C_1+C_2)} = U_{20} - I_L\left[jX_L - \frac{1}{j\omega(C_1+C_2)}\right] \quad\quad (2\text{-}16)$$

令 X_1 为隔离变压器漏抗与调节电抗 X_L 之和。调节 X_1，使 $jX_1 = -j\dfrac{1}{\omega(C_1+C_2)}$，则

$$U_2 = U_{20} \quad\quad (2\text{-}17)$$

利用可调电感 L 补偿分压器容性电抗，可大大降低电压互感器总电抗，使电压互感器更接近理想恒压源，提高电压互感器的精确度。

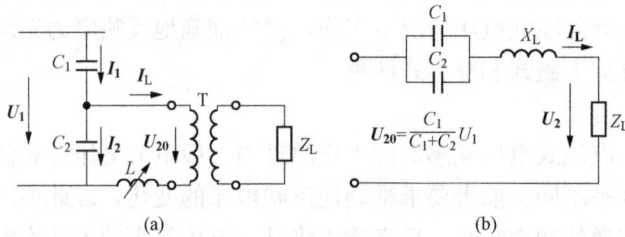

图 2-10　电容式电压互感器原理图和等值电路
（a）原理图；（b）等值电路

第二节　单侧电源电网相间短路的电流保护

单侧电源网络的相间短路保护主要采用三段式电流保护，即第 I 段为无时限电流速断保护，第 II 段为限时电流速断保护，第 III 段为定时限过电流保护。其中第 I 段、第 II 段共同构成线路的主保护，第 III 段作为后备保护。

一、无时限电流速断保护（电流 I 段）

在满足可靠性和保证选择性的前提下，当所在线路保护范围内发生短路故障时，反应电流增大而能瞬时动作切除故障的电流保护称为电流速断保护，也称无时限电流速断保护。

1. 几个基本概念

（1）系统最大运行方式与系统最小运行方式。最大运行方式就是在被保护线路末端发生短路时，系统等值阻抗最小，而通过保护装置的短路电流为最大的运行方式；最小运行方式就是在同样短路条件下，系统等值阻抗最大，而通过保护装置的短路电流为最小的运行方式。系统等值阻抗的大小与投入运行的电气设备及线路的多少等有关。

（2）最小短路电流与最大短路电流。由于在正负序阻抗相等条件下，两相短路电流 $I_k^{(2)}$ 是三相短路电流 $I_k^{(3)}$ 的 $\dfrac{\sqrt{3}}{2}$ 倍，因此有 $I_k^{(2)} < I_k^{(3)}$。对某一保护而言，在最大运行方式下三相短路时，通过保护装置的短路电流为最大，称为最大短路电流；而在最小运行方式下两相短路时，通过保护装置的短路电流为最小，称为最小短路电流。

（3）保护装置的启动值。对于电流升高而动作的电流保护来说，使保护装置启动的最小

电流值称为保护装置的启动电流，也称为继电器的动作电流，记作 I_{set}。保护装置的启动值是用电力网一次侧的参数表示的。当一次侧的电路电流 I_k 达到该数值时，安装在该处的这套保护装置就能够启动。

（4）保护装置的整定。整定就是根据对继电保护的基本要求，确定保护装置启动值（一般情况下是指电力网一次侧的参数）、灵敏系数、动作时限等过程。

2. 工作原理

无时限电流速断保护为了保证其保护的选择性，一般情况下只保护被保护线路的一部分，具体工作原理如图 2-11 所示。

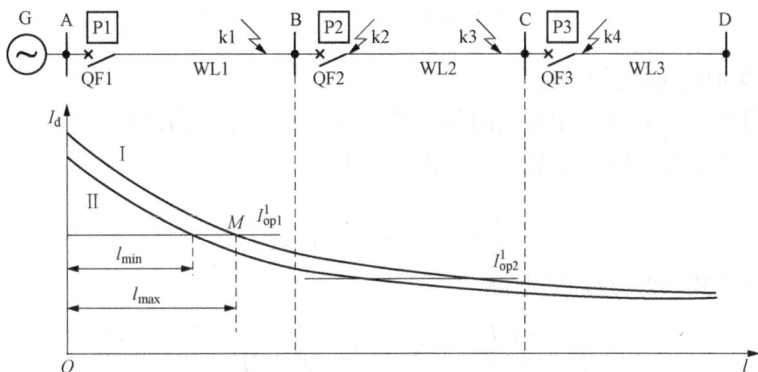

图 2-11　电流速断保护动作特性分析

对于单侧电源供电线路，在每回线路的电源侧均装有电流速断保护。在输电线路上发生短路时，流过保护安装地点的短路电流可用式（2-18）、式（2-19）计算

$$I_{k.\,max}^{(3)} = \frac{E_x}{X_{s.\,min} + X_1 l} \tag{2-18}$$

$$I_{k.\,min}^{(2)} = \frac{\sqrt{3}}{2}\frac{E_x}{X_{s.\,max} + X_1 l} \tag{2-19}$$

式中：$I_{k.\,max}^{(3)}$ 为最大三相短路电流；$I_{k.\,min}^{(2)}$ 为最小两相短路电流；E_x 为电源等值计算相电动势；$X_{s.\,min}$ 为从保护安装地点到电源的最小等值电抗；$X_{s.\,max}$ 为从保护安装地点到电源的最大等值电抗；X_1 为输电线路单位长度的正序电抗；l 为短路点至保护安装地点的距离。

由式（2-18）和式（2-19）可看出，流过保护安装地点的短路电流值随短路点的位置变化，且与系统的运行方式和短路类型有关。$I_{k.\,max}^{(3)}$ 和 $I_{k.\,min}^{(2)}$ 与 l 的关系如图 2-11 中的曲线 I 和曲线 II 所示。从图 2-11 可看出，短路点距离保护安装地点越远，流过保护安装地点的短路电流越小。

3. 整定计算

（1）动作电流。为保证选择性，保护装置整定的启动电流应按躲开下一条线路出口处（如 k2 点，即 B 变电站）短路时，通过保护的最大短路电流（最大运行方式下的三相短路电流）来整定，即

$$I_{set}' > I_{k.\,k2.\,max} = K_{rel}' I_{k.\,B\,max} \tag{2-20}$$

从而保证了在 k2 点发生各种短路时，保护 1（P1）都不动作。

引入可靠系数 $K_{rel}' = 1.2 \sim 1.3$，目的是：①考虑存在的各种误差；②实际短路电流要大

于理论计算值；③考虑必要的裕度。

所以，对 P1 来说，动作电流 $I'_{\text{set.1}}=K'_{\text{rel}}I^{(3)}_{\text{k.Bmax}}$。同理，对保护 2（P2）有

$$I'_{\text{set.2}}=K'_{\text{rel}}I^{(3)}_{\text{k.cmax}} \tag{2-21}$$

把动作电流标于图 2-11 中，可见在交点 M 至 P1 安装处的一段线路上短路时 P1 能够动作；在交点 M 以后的线路上短路时，P1 不动作。因此，一般情况下，电流速断保护只能保护本条线路的一部分，而不能保护线路的全长，其最大和最小保护范围为 l_{max} 和 l_{min}。

（2）保护范围（灵敏度）计算（校验）。有关规程规定，在最小运行方式下，速断保护范围的相对值要求 $l_b\%>15\%\sim20\%$，即

$$l_b\%=\frac{l_{\text{min}}}{l_{\text{AB}}}\times100\%\geqslant15\%\sim20\% \tag{2-22}$$

式中：l_{AB} 为被保护线路的总长度。

当系统为最大运行方式三相短路时保护范围最大，当系统为最小运行方式两相短路时保护范围最小，求保护范围时考虑后者。由图 2-11 可知

$$I'_{\text{set}}=\frac{\sqrt{3}}{2}\frac{E_x}{X_{\text{s.max}}+X_k} \tag{2-23}$$

将 $X_k=X_1l_{\text{min}}$ 代入式（2-23）整理得

$$l_{\text{min}}=\frac{1}{X_1}\left(\frac{\sqrt{3}}{2}\frac{E_x}{I'_{\text{set}}}-X_{\text{s.max}}\right)=\frac{1}{X_1}\left(\frac{U_e}{2I'_{\text{set}}}-X_{\text{s.max}}\right) \tag{2-24}$$

式中：U_e 为输电线路的额定线电压。

（3）动作时限。无时限电流速断保护没有人为延时，只考虑继电保护固有动作时间。考虑到线路中管型避雷器放电时间为 0.04~0.06s，在避雷器放电时速断保护不应该动作，因此在速断保护装置中加装一个保护出口中间继电器。一方面扩大触点的容量和数量；另一方面躲过管型避雷器的放电时间，防止误动作。由于动作时间较小，可认为 $t=0$s。

4. 电流速断保护的接线

（1）单相原理接线。电流速断保护的单相原理接线如图 2-12 所示，电流继电器接于电流互感器 TA 的二次侧，它动作后启动中间继电器，其触点闭合后，经信号继电器发出信号和接通断路器跳闸线圈，断路器跳闸。

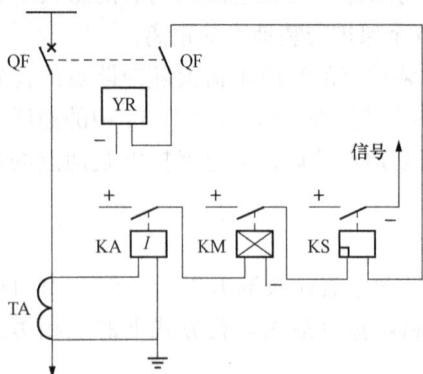

图 2-12　单相原理接线

（2）展开图。展开图是以分散形式表示二次设备之间的电气连接，分为交流回路和直流回路，如图 2-13 所示。展开图结构简单，便于理解，给复杂回路的设计、安装和调试带来许多方便。

5. 对电流速断保护的评价

优点：简单可靠，动作迅速。

缺点：①不能保护线路全长。②运行方式变化较大时，可能无保护范围。如图 2-14 所示，按最大运行方式下整定后，在最小运行方式下无保护范围。③在线路较短时，可能无保护范围。如图 2-15 所示，线路较短则短路电流变化平缓，整定时考虑了可靠系数后，在最小运行方式下保护范围小甚至等于零。

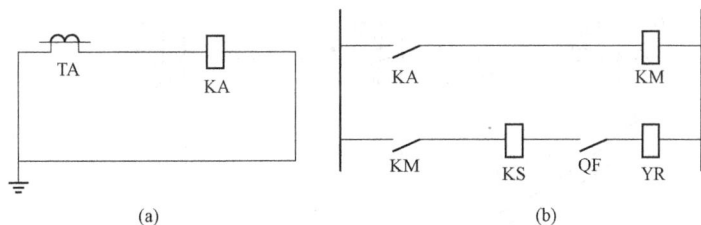

图 2-13　电流速断保护的接线展开图

(a) 交流回路；(b) 直流回路

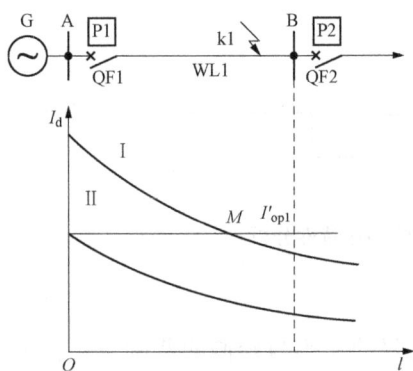

图 2-14　系统运行方式变化较大情况　　图 2-15　短路时保护范围较小的情况

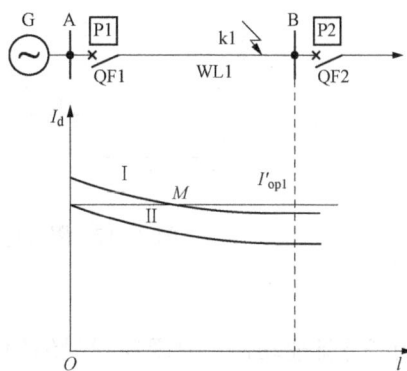

在特殊情况下，电流速断可以保护线路全长。在采用线路-变压器组接线方式的电网中，可以把线路和变压器看成一个元件，如图 2-16 所示。速断保护按躲开变压器低压侧短路出口处 k1 点短路来整定。由于变压器的阻抗一般较大，因此保护的启动电流大为减小，以至于可以保护线路的全长。

二、限时电流速断保护（电流Ⅱ段）

无时限电流速断保护在许多情况下用于任何复杂网络均能保证选择性，且接线简单，动作迅速可靠。但是电流速断保护不能保护本线路的全长，因此必须增设一套新的保护，用来切除本线路上电流速断保护范围以外的故障。限时电流速断保护是无时限电流速断保护的后备保护。

1. 工作原理

(1) 为了保护本条线路全长，限时电流速断保护的保护范围必须延伸到下一条线路中，这样当下一条线路出口处短路时，它就能切除故障，如图 2-17 所示。

图 2-16　用于线路-变压器组的电流速断保护

(2) 为了保证选择性，就必须使限时电流速断保护的动作带有一定的时限。如图 2-17 所示，k2 点处于 P2 的电流速断和 P1 的限时电流速断保护范围以内。当 k2 点短路时，为了先让 P2 的电流速断保护动作，就必须让 P1 的限时电流速断保护延时动作，以防 P1 越级

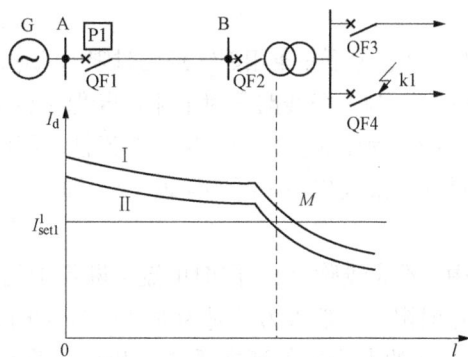

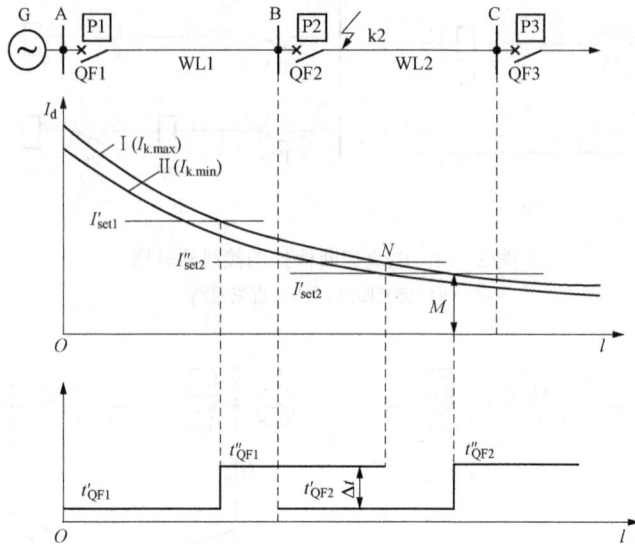

图 2-17　限时电流速断动作特性分析

跳闸。

（3）为了保证速动性，时限应尽量缩短。时限的大小与延伸的范围有关，为使时限最小，应使限时电流速断的保护范围不超出下一条线路无时限电流速断保护的范围。因此，动作时限 t'' 比下一条线路的速断保护时限 t' 高出一个时间阶段 Δt，即限时电流速断在时间上躲过电流速断的动作。

2. 整定计算

（1）动作电流。动作电流 I''_{set1} 按躲开下一条线路无时限电流速断保护的动作电流进行整定

$$I''_{set1} = K''_{rel}I'_{set2} \tag{2-25}$$

式中：I'_{set2} 为下一条相邻线路无时限电流速断保护的动作电流；K''_{rel} 为可靠系数，一般取 1.1～1.2；I''_{set1} 为本条线路限时电流速断保护的动作电流。

（2）动作时限。为了保证选择性，限时电流速断保护比下一条线路无时限电流速断保护的动作时限高出一个时间阶段 Δt，即

$$t''_1 = t'_2 + \Delta t \tag{2-26}$$

式中：t''_1 为线路 WL1 限时电流速断保护的动作时限；t'_2 为线路 WL2 无时限电流速断保护的动作时限，一般人为延时为零秒；Δt 为时限阶段。

Δt 的大小要保证在重叠保护区内发生故障时保护动作的选择性。若 Δt 过大则速动性差，Δt 过小则不能保证选择性。现以图 2-17 中 BC 线路 k2 点发生故障时 P1 与 P2 的配合为例，说明影响 Δt 的因素。

1）故障线路 QF2 的跳闸时间 t_{QF} 约为 0.2s。

2）相邻线路保护中时间继电器提前动作误差 t_t，电磁型的约为 0.05s。

3）限时速断保护的测量元件在外部故障切除后，由于惯性而不能立即返回的惯性延时 t_g，电磁型的约为 0.1s。

4）考虑一定的裕度时间 t_y，取 0.1s。

因此，在工程上考虑各种因素，Δt 的数值取 0.35～0.6s，通常取为 0.5s。

限时电流速断保护和下一条线路电流速断保护的动作时限配合关系如图 2-17 所示。

当线路上装设了电流速断和限时电流速断保护以后，它们联合工作就可以在 0.5s 内切除全线路范围内的故障，且能满足速动性的要求。具有这种作用的保护称为该线路的主保护，即无时限电流速断和限时电流速断构成线路的"主保护"。

（3）灵敏度校验。为了保护本线路的全长，限时电流速断保护必须在系统最小运行方式下，即线路末端发生两相短路时，具有足够的反应能力。灵敏度的高低用灵敏系数来衡量。对于反应数值上升而动作的过量保护装置，其灵敏系数定义为

$$K_{sen} = \frac{保护范围末端金属性短路时故障参数的最小值}{保护装置动作参数的整定值} > 1 \qquad (2-27)$$

由此，限时电流速断保护灵敏度为

$$K_{sen} = \frac{I_{k.\,min}^{(2)}}{I_{set}''} \geqslant 1.5 \qquad (2-28)$$

式中：$I_{k.\,min}^{(2)}$ 为被保护线路末端两相短路时流过限时电流速断保护的最小短路电流；I_{set}'' 为限时电流速断保护的动作电流。

$K_{sen} \geqslant 1.5$，是因为考虑了以下不利于保护动作的因素：

1）可能存在非金属性短路，使短路电流 I_k 较小。

2）实际的短路电流小于计算值。

3）电流互感器有负误差，使短路时流入保护启动元件中的电流变小。

4）继电器的实际启动值可能有正误差，使 $I_{set.\,r}$ 变大。

5）考虑一定裕度。

当 $K_{sen} < 1.5$ 时，保护在故障时可能不动，不能保护线路全长，因此应采取以下措施：

1）为了满足灵敏性，就要降低该保护的启动电流，进一步延伸限时电流速断保护的保护范围，使之与下一条线路的限时电流速断相配合（但不超过下一条线路限时电流速断保护范围）。

2）为了满足保护选择性，动作时限应比下一条线路的限时电流速断的时限高一个 Δt，即

$$t_1'' = t_2'' + \Delta t \qquad (2-29)$$

可见，保护范围的伸长（灵敏度的提高）会导致动作时限的升高。

3. 限时电流速断保护的接线

（1）单相原理接线。如图 2-18 所示，它和电流速断保护的主要区别是用时间继电器代替了中间继电器，这样当电流继电器动作后，还必须经过时间继电器的延时 t_1'' 才能动作于跳闸，而如果在 t_1'' 以前的故障已经切除，则电流继电器立即返回，整个保护即恢复原状，而不会造成误动作。

（2）展开图。限时电流速断保护的单相原理

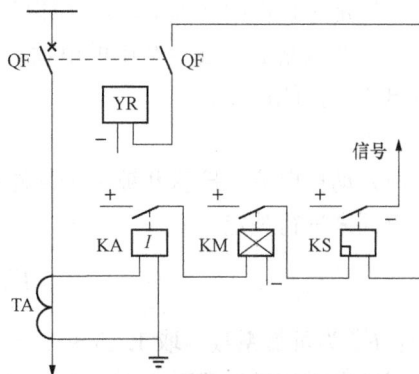

图 2-18　限时电流速断保护的单相原理接线

展开图如图 2 - 19 所示。

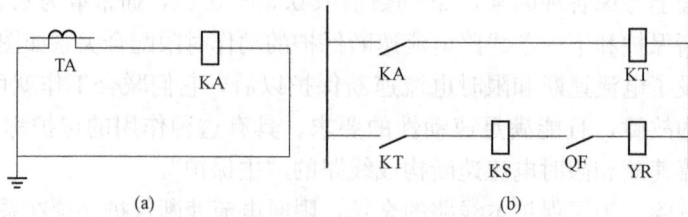

图 2 - 19　限时电流速断保护的单相原理展开图
(a) 交流展开图；(b) 直流展开图

(3) 逻辑图。限时电流速断保护的单相原理逻辑图如图 2 - 20 所示。

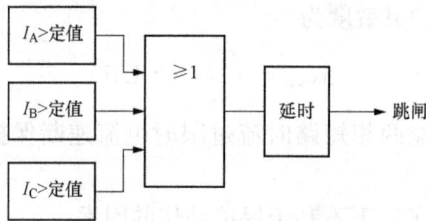

图 2 - 20　限时电流速断保护的单相原理逻辑图

4. 对限时电流速断保护的评价

限时电流速断保护结构简单，动作可靠，能保护本条线路全长，但不能作为相邻元件（下一条线路）的后备保护（有时只能对相邻元件的一部分起后备保护作用）。因此，必须寻求新的保护形式。

三、定时限过电流保护（电流Ⅲ段）

1. 工作原理

定时限过电流保护反应电流增大而动作，它要求能保护本条线路的全长和下一条线路的全长。作为本条线路主保护拒动的近后备保护，也作为下一条线路保护和断路器拒动的远后备保护，如图 2 - 21 所示，其保护范围应包括下一条线路或设备的末端。过电流保护在最大负荷时，保护不应该动作。在 k 点发生故障时，QF1、QF2 的定时限过电流保护都应该启动。在满足选择性的前提下，P2 应以较短的时限切除故障。故障切除后，变电站 B 母线电压恢复，变电站 B 母线负荷中的电动机自启动，流过 QF1 的电流为自启动电流，要求 QF1 的过电流保护能返回。

2. 整定计算

(1) 动作电流。按躲开被保护线路的最大负荷电流 $I_{\text{L max}}$，且在自启动电流下继电器能可靠返回来进行整定

$$I''_{\text{set}} = \frac{K'''_{\text{rel}} K_{\text{ss}}}{K_{\text{re}}} I_{\text{L max}} \tag{2 - 30}$$

式中：K'''_{rel} 为可靠系数，取 1.15～1.25；K_{ss} 为自启动系数，取 1～3；K_{re} 为继电器的返回系数，对于电磁型继电器取 0.85；$I_{\text{L max}}$ 为被保护线路的最大负荷电流。

(2) 灵敏度校验。过电流保护要求对本条线路及下一条线路或设备相间故障都有反应能

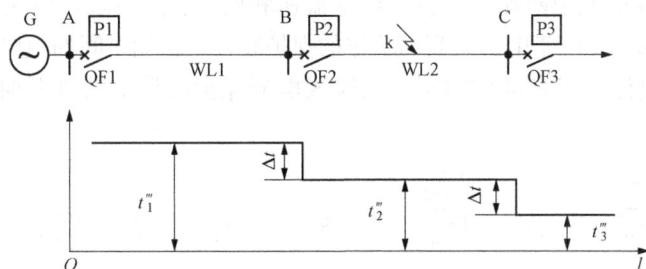

图 2-21 定时限过电流保护原理分析

力，反应能力用灵敏系数衡量。作为本条线路后备保护（近后备）的灵敏系数有关规程中规定

$$K_{sen(近)} = \frac{I_{k.min.本末}}{I'''_{set}} \geqslant 1.5 \qquad (2-31)$$

过电流保护作为下一条线路后备保护的灵敏系数（远后备），有关规程中规定

$$K_{sen(远)} = \frac{I_{k.min.下一末}}{I'''_{set}} \geqslant 1.2 \qquad (2-32)$$

当灵敏度不满足要求时，可以采用低电压闭锁的过电流保护，这时过电流保护的自启动系数可以取 1。

（3）时间整定。由于定时限过电流保护的范围很大，为保证保护动作的选择性，其保护动作延时应比下一条线路的定时限过电流的动作时间长一个时限阶段 Δt

$$t'''_1 = t'''_2 + \Delta t \qquad (2-33)$$

式中：t'''_2 为下一条线路定时限过电流的动作延时。

3．接线图

定时限过电流保护的原理接线、展开图、逻辑图与限时电流速断保护相同。

4．对定时限过电流保护的评价

定时限过电流保护结构简单，工作可靠，对单侧电源的放射型电网能保证有选择性地动作；不仅能作本线路的近后备保护（有时作为主保护），而且能作为下一条线路的远后备保护；在放射型电网中获得广泛应用，一般在 60kV 及以下网络中作为主保护。定时限过电流保护的主要缺点是越靠近电源端其动作时限越大，对靠近电源端的故障不能快速切除。

四、电流三段保护小结

电流速断保护只能保护线路的一部分；限时电流速断保护能保护线路全长，但却不能作为下一相邻线路的后备保护。因此，必须采用定时限过电流保护作为本条线路和下一段相邻线路的后备保护。由电流速断保护、限时电流速断保护及定时限过电流保护相配合构成的一整套保护，称为三段式电流保护。线路或电气设备电源端一般装设三段式电流保护。

实际上，供配电线路并不一定都要装设三段式电流保护。例如，处于电网末端附近的保护装置，当定时限过电流保护的时限不大于 0.5～0.7s 时，而且在没有防止导线烧损及保护配合上的要求的情况下，就可以不装设电流速断保护和限时电流速断保护，而将过电流保护作为主保护。在某些情况下，常采用两段组成一套保护。例如，当线路很短时，只装设限时电流速断和定时限过电流保护；又如，线路变压器组式接线，电流速断保护可保护全线路，因而不需要装设限时电流速断保护，只装设电流速断保护和定时限过电流保护。

各段电流保护都是反应于电流升高而动作的保护装置，它们之间的主要区别在于按照不同的原则来选择动作电流和确定动作时限。三段式电流保护的保护特性及时限特性如图 2-22 所示。

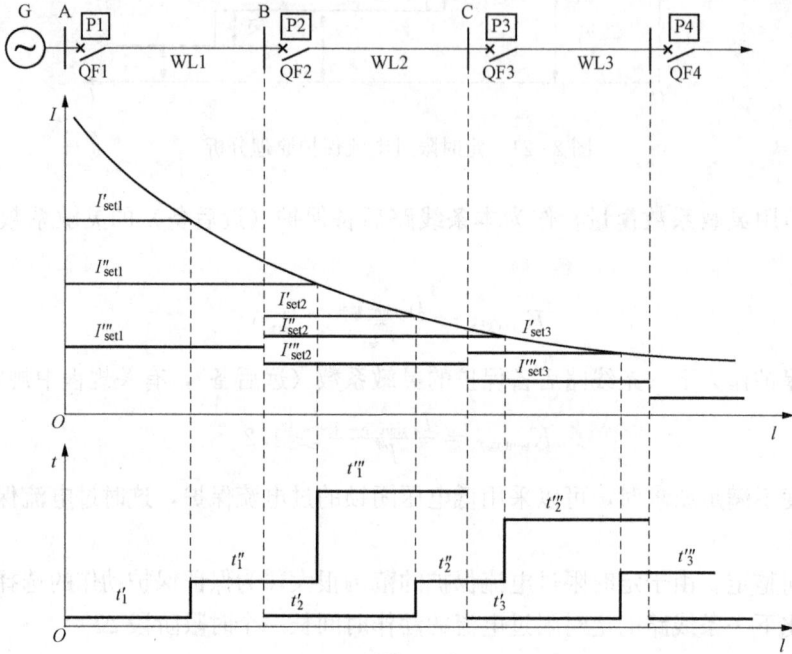

图 2-22　三段式电流保护特性及时限特性

继电保护的接线一般可以用原理图和展开图两种形式来表示。三段式电流保护的单相原理接线如图 2-23 所示，展开图如图 2-24 所示。电流速断部分由电流元件 KA1、出口中间继电器 KOM 和信号继电器 KS3 组成；限时电流速断保护部分由电流元件 KA4、时间继电器 KT5 和信号继电器 KS6 组成；过电流保护部分由电流元件 KA7、时间继电器 KT8 和信号继电器 KS9 组成。由于三段的动作电流和动作时间整定得均不相同，因此必须分别使用三个串联的电流继电器和两个不同时限的时间继电器，而信号继电器则分别用以发出 I、II、III 段的动作信号。三段式电流保护的接线也可以用功能逻辑框图表示，如图 2-25 所示。

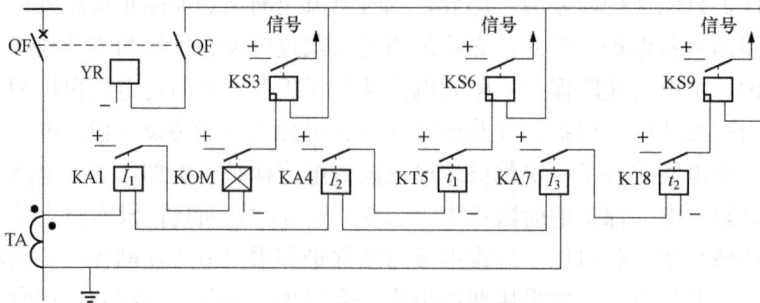

图 2-23　三段式电流保护的单相原理接线

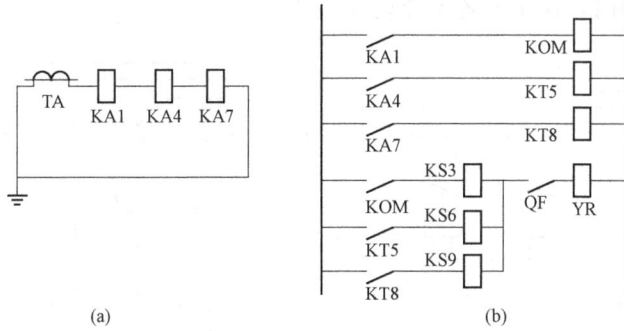

图 2-24 展开图

(a) 交流回路；(b) 直流回路

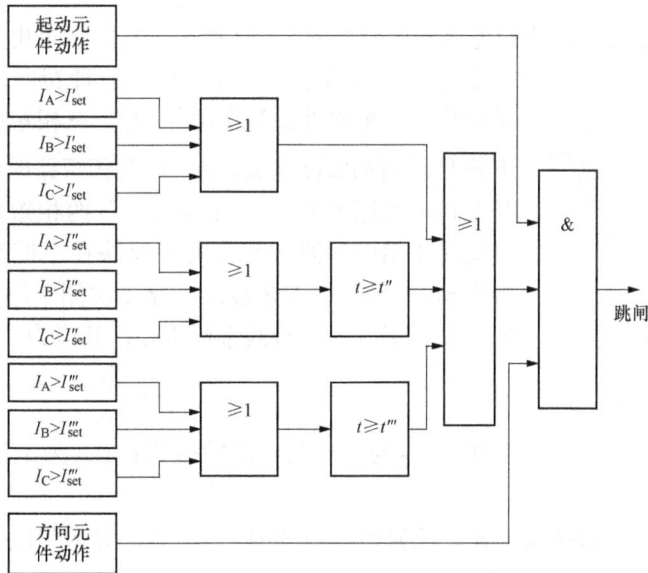

图 2-25 三段式电流保护功能逻辑框图

三段式电流保护的主要优点是简单、可靠，并且一般情况下都能较快切除故障，一般用于 60kV 及以下电压等级的单侧电源电网中。其缺点是它的灵敏度和保护范围直接受系统运行方式和短路类型的影响；此外，它只在单侧电源的网络中才有选择性。

五、电流保护的接线方式

电流保护的接线方式是指保护中电流继电器与电流互感器二次线圈之间的连接方式。

1. 相间短路电流保护的主要接线形式

(1) 三相星形接线。三相星形接线如图 2-26 所示，三个电流互感器与三个电流继电器分别按相连接在一起，形成星形。三个继电器触点并联连接，相当于"或"回路。三相星形接线方式的保护对各种故障，如三相、两相短路，单相接地短路都能动作。

(2) 两相星形接线（不完全星形接线）。两相星形接线如图 2-27 所示。装设在 A、C 相上的两个电流互感器与两个电流继电器分别按相接在一起，形成两相星形。它与三相星形的区别是 B 相上不装电流互感器和电流继电器。两相星形接线的保护能反应各种相间短路，但 B 相发生单相短路时，保护装置不会动作。

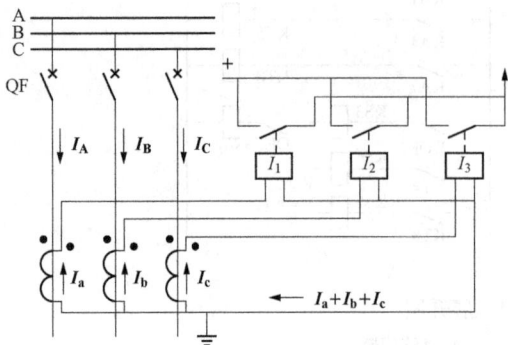

图 2-26　三相星形接线

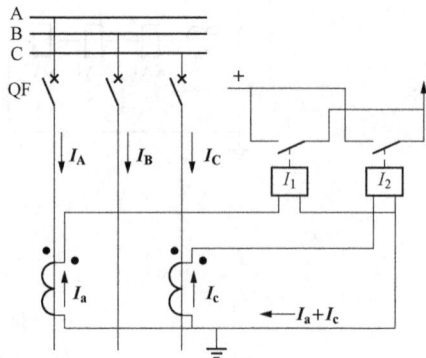

图 2-27　两相星形接线

（3）两相电流差接线。两相电流差接线如图 2-28 所示，它由两个电流互感器和一个继

图 2-28　两相电流差接线

电器组成。两相电流差接线反应各种相间短路时，保护装置不动作（一般对此设置零序保护）。三相短路时流过继电器的电流是 $\sqrt{3}$ 倍的短路电流，A、C 两相短路时流过继电器的电流是 2 倍的短路电流，A、B 或 C、B 两相短路时流过继电器的电流是 1 倍的短路电流。为了反映在不同短路类型下，流过继电器的电流 I_{KA} 与电流互感器二次侧短路电流 I_{TA2} 之间的不同关系，引入一个接线系数 K_{con}，其值为

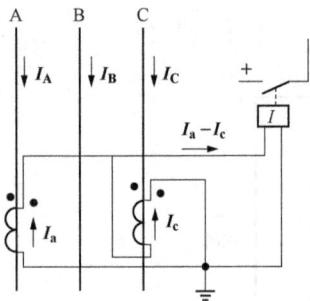

$$K_{con} = \frac{I_{KA}}{I_{TA2}} \qquad (2-34)$$

式中：I_{KA} 为流过继电器的电流；I_{TA2} 为电流互感器的二次侧电流。

对于三相和两相星形接线方式，任何短路形式时 $K_{con}=1$；对两相电流差接线方式，在对称运行或三相短路时，$K_{con}=\sqrt{3}$；在 A、C 两相短路时，$K_{con}=2$；在 A、B 或 B、C 两相短路时，$K_{con}=1$。两相电流差接线的保护能反应各种相间短路，但灵敏度不一样。

2. 各种接线方式在不同故障时的性能分析

（1）中性点直接接地或非直接接地电网中的各种相间短路。前述三种接线方式均能反应这些故障（除两相电流差接线不能保护变压器外），不同之处在于动作的继电器数目不同；对不同类型和相别的相间短路，各种接线的保护装置灵敏度有所不同。

（2）中性点非直接接地电网中的两点接地短路。在中性点非直接接地电网（小接地电流）中，某点发生单相接地时，只有不大的对地电容电流流经故障点，一般不需要跳闸，而只要给出信号，由值班人员在不停电的情况下找出接地点并消除之，这样就能提高供电的可靠性。因此，对于这种系统中的两点接地故障，希望只切除一个故障点。

1）串联线路上两点接地如图 2-29 所示，在 k_A 点和 k_B 点发生接地短路，只希望切除距电源远的线路。若保护 1 和保护 2 均采用三相星形接线，如果它们的整定值和时限都满足选择性，那么就能保证 100% 地只切除故障线路；如采用两相星形接线，则保护就不能切除 B 相接地故障，只能由保护 2 动作切除线路 MN，使停电范围扩大。这种接线方式在不同的相

别的两点接地组合中，只能有 2/3 的机会有选择地切除后面的一条线路。

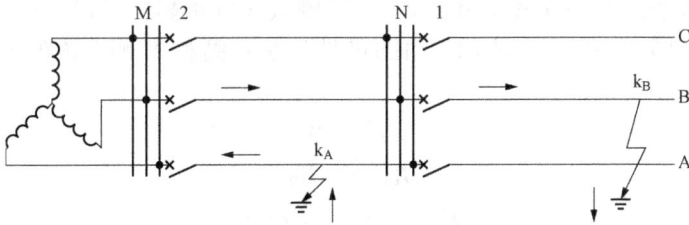

图 2 - 29　串联线路上两点接地

2）放射性线路上两点接地如图 2 - 30 所示，在 k_A、k_B 点发生接地短路时，希望任意切除一条线路即可。当采用三相星形接线时，两套保护（设时限整定得相同）均将启动；如采用两相星形接线，则保护有 2/3 的机会只切除任一线路。因此，在放射性线路中，两相星形接线比三相星形接线应用较广。

3）对 Y，d11 接线的变压器，如图 2 - 31 所示，当过电流保护装于降压变压器的高压侧（Y 侧）以作为低压侧（d 侧）线路故障的后备保护时，不同接线形式的保护有其不同的特点。当 Y，d11 接线的降压变压器低

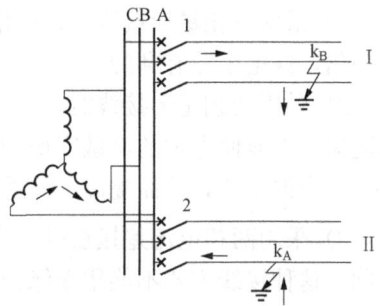

图 2 - 30　放射性线路上两点接地

压侧（d）发生 A、B 两相短路时，变压器各侧各相电流之间的关系如图 2 - 32 所示。

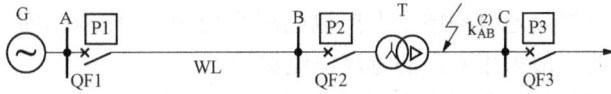

图 2 - 31　Y，d11 变压器后面的两相短路

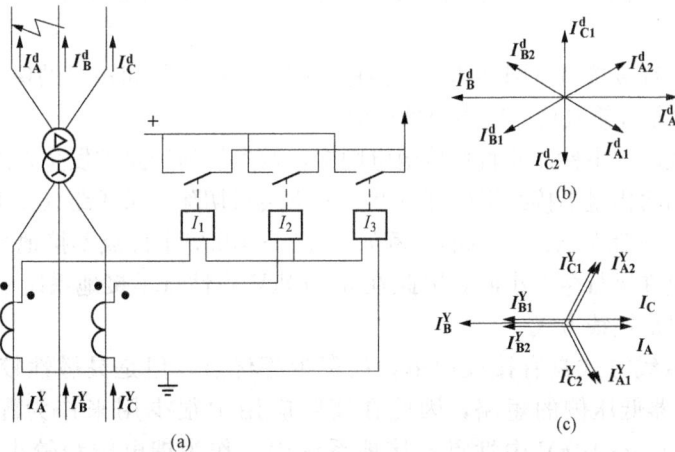

图 2 - 32　Y，d11 接线降压变压器低压侧两相短路时过电流保护的接线和 d 侧及 Y 侧电流相量图
(a) 接线；(b) d 侧电流相量图；(c) Y 侧电流相量图

当 d 侧发生 A、B 两相短路时，该侧电流相量图如图 2-32 (b) 所示。对于 Y，d 11 接线变压器，根据 Y 侧正序分量滞后 d 侧 30°，Y 侧负序分量超前 d 侧 30°的原则，可得到 Y 侧电流相量图，如图 2-32 (c) 所示。由图可见，在 d 侧和 Y 侧电流的大小分别为（以 C 相为参考相量）

$$I_C^d = 0$$

$$I_{C1}^d = - I_{C2}^d$$

$$I_B^d = - I_A^d = j\sqrt{3}I_{C1}^d$$

$$I_A^Y = I_C^Y = - I_{B1}^Y = I_{A1}^d e^{j30°}$$

$$I_B^Y = 2I_{B1}^Y = 2I_{B1}^d e^{-j30°}$$

1) 采用三相星形接线时，B 相上继电器中的电流较其他两相大一倍，因此灵敏系数增大一倍，这是十分有利的。

2) 采用两相星形接线时，由于 B 相上没有装设继电器，B 相中比 A、C 相大一倍的电流遗失，不能使保护的灵敏度得到充分提高。为克服该缺点，在两相星形接线的中性线上再接入一个继电器，从而提高了该继电器的灵敏度，如图 2-32 (a) 所示。

3) 采用两相电流差接线时，由于 $\dot{I}_A^Y = \dot{I}_C^Y$，因此流入继电器的电流为零，保护不动作。因此，这种接线方式不能用来保护变压器。

3. 各种接线方式的应用范围

三相星形接线方式能反映各种类型的故障，保护装置的灵敏度不因故障相别的不同而变化。其主要应用于如下方面：

(1) 广泛应用于变压器等大型贵重电气设备的保护中。

(2) 用在中性点直接接地电网中（大接地电流系统中），作为相间短路的保护，同时也可保护单相接地（对此一般采用专门的零序电流保护）。

(3) 当采用其他更简单和经济的接线方式不能满足灵敏度的要求时，可采用这种接线方式。

两相星形接线方式较为经济简单，能反映各种类型的相间短路。其主要应用于如下方面：

(1) 在中性点直接接地电网和非直接接地电网中，作为相间短路的保护。在 10kV 及以上，特别在 35kV 非直接接地电网中得到广泛应用。

(2) 在分布很广的中性点非直接接地电网中，两点接地短路常发生在放射形线路上。在这种情况下，采用两相星形接线以保证有 2/3 的机会只切除一条线路（要求保护装置均安装在相同的两相上，一般为 A、C 两相）。例如，在 6～10kV 中性点不接地系统中对单相接地可不立即跳闸，允许运行两个小时，因此在 6～10kV 中性点不接地系统中的过电流保护装置广泛应用两相星形接线方式。

两相电流差接线方式具有接线简单，投资少等优点，但是灵敏性较差，且不能保护 Y，d 11 接线变压器低压侧的短路，因此在实际应用中很少用来作为配电线路的保护。这种接线主要用在 6～10kV 中性点不接地系统中，作为馈电线和较小容量高压电动机的保护。

[例 2-1]　如图 2-33 所示的系统网络，试对 P1 进行电流速断、限时电流速断和定时限过电流保护整定计算（动作电流、动作时限和灵敏系数），并画出时限特性曲线（计算电

压取 115kV)。

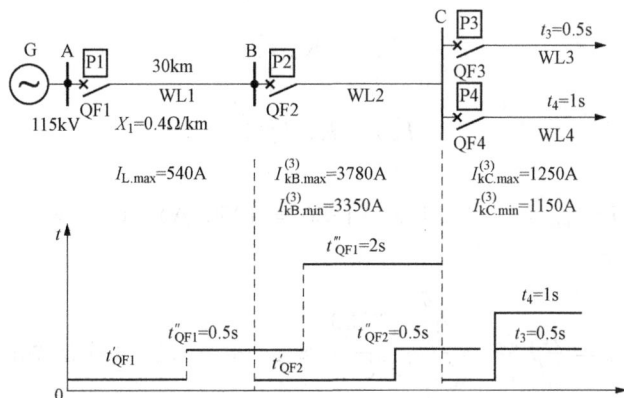

图 2-33 [例 2-1] 系统网络和求取的时限特性曲线

解 1. 电流速断保护的整定计算

(1) 动作电流为

$$I'_{set1} = K'_{rel} I^{(3)}_{k.B.max} = 1.3 \times 3780 = 4914(A) \quad (K'_{rel} 取 1.3)$$

(2) 灵敏度校验。

由

$$I^{(3)}_{k.B.max} = \frac{U_e/\sqrt{3}}{X_{s.max} + X_{AB}}$$

得

$$X_{s.max} = \frac{U_e/\sqrt{3}}{I^{(3)}_{k.B.max}} - X_{AB} = \frac{115 \times 10^3/\sqrt{3}}{3550} - 0.4 \times 30 \approx 6.7(\Omega)$$

同理，由

$$I^{(3)}_{k.B.max} = \frac{\dfrac{U_e}{\sqrt{3}}}{X_{s.min} + X_{AB}}$$

得

$$X_{s.min} = \frac{U_e/\sqrt{3}}{I^{(3)}_{k.B.max}} - X_{AB} = \frac{115 \times 10^3/\sqrt{3}}{3780} - 0.4 \times 30 = 5.56(\Omega)$$

根据

$$I'_{set1} = \frac{\sqrt{3}}{2} \frac{U_e/\sqrt{3}}{X_{s.max} + X_1 L_{min}} \quad (X_1 取 0.4\Omega/km)$$

可得

$$L_{min} = \frac{1}{X_1}\left(\frac{\sqrt{3}}{2} \frac{U_e/\sqrt{3}}{I'_{set1}} - X_{s.max}\right) \approx 12.5(km)$$

$$l_b\% = \frac{l_{min}}{l_{AB}} \times 100\% \approx 41.67\% > 15\% \quad (符合要求)$$

(3) 动作时限。电流速断保护动作时限近似为零，即 $t'_1 = 0s$。

2. 限时电流速断保护的整定计算

（1）动作电流为

$$I''_{set1} = K''_{rel}I'_{set2}$$

而

$$I'_{set2} = K'_{rel}I^{(3)}_{k.C.max}$$

则

$$I''_{set1} = K''_{rel}K'_{rel}I^{(3)}_{k.C.max} = 1.2 \times 1.3 \times 1250 = 1950(A) \quad (K'_{rel} = 1.3, K''_{rel} = 1.2)$$

（2）灵敏度校验为

$$K_{sen} = \frac{I^{(2)}_{k.B.min}}{I''_{set1}} = \frac{\frac{\sqrt{3}}{2} \times 3550}{1950} \approx 1.58 > 1.5 \quad （符合要求）$$

（3）动作时限为

$$t''_1 = t'_2 + \Delta t = 0.5(s)$$

3. 定时限电流保护整定计算

（1）动作电流为

$$I'''_{set1} = \frac{K'''_{rel}K_{ss}}{K_{re}}I_{L.max} = \frac{1.25 \times 1}{0.85} \times 540 \approx 794.12(A)$$

$$(K'''_{rel} = 1.25, K_{ss} = 1, K_{re} = 0.85)$$

（2）灵敏度校验。

1）作为本条线路的近后备保护为

$$K_{sen} = \frac{I^{(2)}_{k.B.min}}{I'''_{set1}} \approx 3.87 > 1.5 \quad （符合要求）$$

2）作为相邻线路的远后备保护为

$$K_{sen} = \frac{I^{(2)}_{k.C.min}}{I'''_{set1}} \approx 1.26 > 1.2 \quad （符合要求）$$

（3）动作时限为

$$t'''_1 = t_4 + \Delta t + \Delta t = 1 + 0.5 + 0.5 = 2(s)$$

六、反时限特性的过电流保护

在 6～10kV 线路的反时限过电流保护装置中，感应型电流继电器（GL - 10 系列）被大量采用。

1. 感应型电流继电器

（1）电流继电器的结构。GL - 10 系列感应型电流继电器的结构如图 2 - 34 所示，由感应系统和电磁系统组成，它们分别构成反时限部分和无时限部分。

（2）工作原理。

当线圈 9 通以交流电流 I 时，线圈的安匝磁动势 IW 在铁芯中产生磁通 Φ_1，由于铁芯的一个分支上有短路环，短路环中的磁通 Φ_2 不能突变，Φ_2 滞后于 Φ_1 一个角度，在铁芯的间隙产生一移进磁场，其向滞后方向移进。铝盘在移进磁场的作用下将绕螺旋杆转动。当电流 I 加大时，铝盘受力 F_1 也加大，铝盘转速增加。铝盘在永久磁铁的磁场中运动，永久磁铁对铝盘产生制动力 F_2，其大小与铝盘的转速成比例。当铝盘的转速达到一定值时，F_1、F_2 对轴 17 的转矩为 $\boldsymbol{M}_e$，当 $\boldsymbol{M}_e$ 克服了弹簧的反转矩 $\boldsymbol{M}_s$ 时，整个框架将绕轴 17 顺时针方向转动。蜗轮蜗杆啮合，这时称为继电器启动，所需的安匝数称为继电器的启动安匝。当反作用弹簧一定时，其值为常数。继电器启动以后，蜗轮蜗杆啮合，扇形轮随蜗杆转动而上升，扇形轮升高到一定程度时，触点闭合。

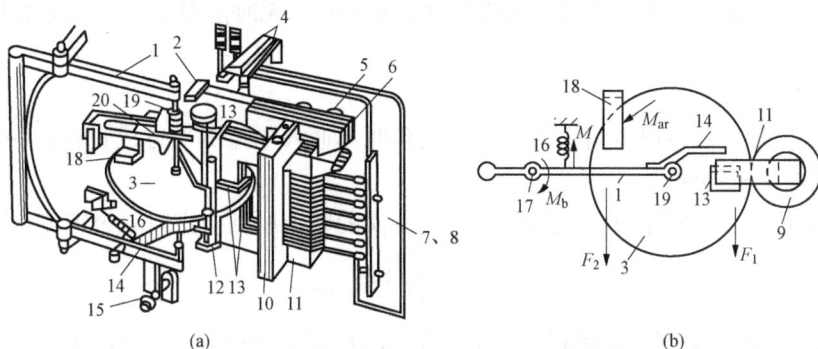

图 2-34　GL-10 系列感应型电流继电器的结构

1—可动框架；2—横担；3—转盘；4—触点；5—调整电磁元件动作电流的螺丝；6—瞬动衔铁；7—插销；
8—插座板；9—线圈；10—磁分路铁芯；11—磁导体；12—动作时限调整指示器；13—短路环；
14—钢片；15—止档；16—弹簧；17—轴；18—永久磁铁；19—螺旋杆；20—扇形齿

继电器启动后到触点闭合要经过一延时 t，延时长短与铝盘的转速 n 成反比，与触点闭合的行程成正比，即与电流的平方成反比而与扇形轮的初始位置成正比，有

$$t = K \frac{P}{I^2} \qquad (2-35)$$

式中：P 为扇形轮的初始位置，用 10 倍动作电流秒数表示；K 为比例常数。

扇形轮在最低位置与最高位置，继电器动作时间与电流的关系曲线如图 2-35 所示。当电流达到一定值时，铁芯饱和；电流更大，铝盘转速变化很小，在图 2-35 中出现曲线 1、曲线 2 的平直部分；通入继电器的电流为动作电流的 10 倍时，认为铝盘的转速达到最大值。调节扇形轮的初始位置，并以 10 倍动作电流的秒数为标志，可以得到继电器不同的时限特性曲线。

当继电器的扇形轮与蜗杆啮合时，钢片更接近铁芯。漏磁产生的附加吸引力，可以防止扇形轮与蜗杆在啮合过程中脱离，从而使继电器在启动电流的作用下可靠工作。

继电器启动以后，减少流入继电器线圈中的电流，铝盘所受的转动力矩及永久磁铁对其制动转矩减少，框架在反作用弹簧的作用下返回，扇形轮与蜗杆脱开，称为继电器返回。GL-10 系列感应型电流继电器的返回系数为 0.8～0.85，调整钢片与铁芯之间的间隙能改变返回系数。

继电器的电磁元件部分由铁芯、瞬动衔铁及磁分路铁

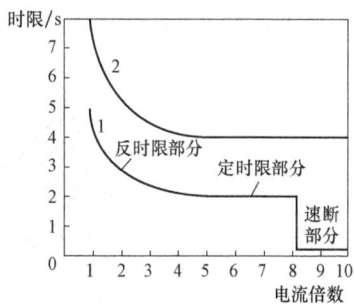

图 2-35　继电器动作时间与电流的关系曲线图

芯组成磁回路。当线圈中的电流为动作电流的 2～8 倍时（可调节），衔铁瞬时被吸下，横担 2 将触点闭合。用调整瞬动螺钉进行调节，改变衔铁与铁芯之间的间隙，可改变瞬动的电磁元件的启动电流。电磁元件的启动电流是以感应元件的启动电流倍数为标志的。

GL-10 系列感应型电流继电器的优点是触点容量大，能实现直接跳闸，可用于全电流操作；本身具有机械掉牌装置；过电流和速断保护配合时不需要另加继电器；感应系统有足够的返回系数，约为 0.85。其缺点是机械部分构造复杂，精确度不高；电磁系统的返回系数低，约为 0.4；启动电流误差大，尤其在短时冲击时，无时限电流元件部分有误动作的可能性。

2. 反时限过电流保护

(1) 工作原理。反应电流增大而动作，其延时与通入电流的平方成正比，一般可作 6～10kV 线路或电动机的保护。

(2) 整定计算。反时限过电流保护的动作电流的整定原则与定时限过电流保护相同，即

$$I'''_{set} = \frac{K'''_{rel} K_{ss}}{K_{re}} I_{L \cdot max} \qquad (2-36)$$

式中：K_{re} 为感应型电流继电器的返回系数，取 0.8；K'''_{rel} 为可靠系数；K_{ss} 为自启动系数。

灵敏度校验：保护线路全长，有

$$K_{sen} = \frac{I^{(2)}_{k1 \cdot min}}{I'''_{set}} \geqslant 1.5 \qquad (2-37)$$

时间整定：用延时保证选择性。

常规反时限电流保护特性一般用动作电流 I_{set}、瞬时动作电流 I'_{set}（瞬时动作触点闭合时间 t_b）和反时限特性曲线 $t=f(I)$ 三个参数来描述。常用的反时限过电流继电器的动作特性方程为

$$t = \frac{0.14K}{\left(\dfrac{I}{I_{set}}\right)^{0.02} - 1} \qquad (2-38)$$

式中：K 为时间整定系数；I 为流过继电器的电流；I_{set} 为启动电流。

当流过继电器的电流小于动作电流 I_{set} 时，继电器不动作；当电流大于瞬时动作电流时，继电器以最小动作时间 t_b 动作；当电流在以上两者之间时，电流继电器动作后，延时触点的闭合时间与电流倍数（流过继电器的电流 I 与动作电流 I_{set} 之比）有关。选择不同的 K 值，可以获得不同的动作时间曲线，K 值越大，动作时间越长。常规反时限过电流继电器的电流-时间对数特性曲线族如图 2-36 所示。

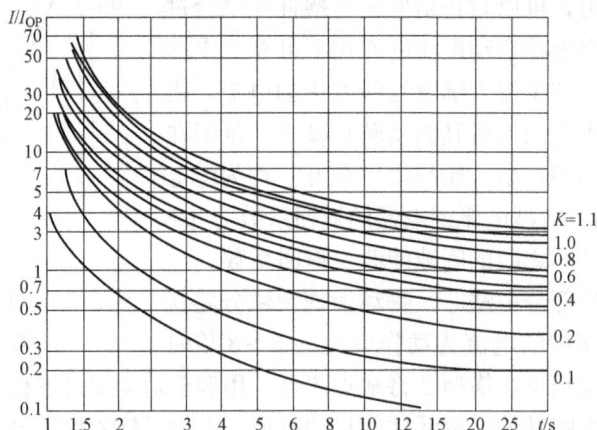

图 2-36　常规反时限过电流继电器的电流-时间对数特性曲线族

1) 两级反时限过电流保护的配合。反时限继电器的延时与被保护线路短路点位置的关系如图 2-37 所示。若已知 QF2 反时限过电流保护的整定参数，其反时限动作曲线如图 2-37 曲线 2 所示。在 QF1、QF2 反时限过电流保护重叠保护区内，可以证明，只要在电源侧的起始点 k1 处用动作延时保证选择性，重叠保护区的其他部分都能保证选择性。k1 点也称配合点，在配合点的 t_2''' 为已知，则

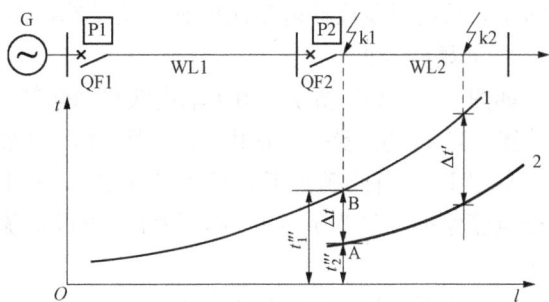

图 2-37 反时限继电器的延时与被保护线路
短路点位置的关系图

$$t_1''' = t_2''' + \Delta t \tag{2-39}$$

式中：t_2''' 为 P2 的动作时限；Δt 为时限阶段，由于反时限继电器的惯性比较大，取为 0.7s。

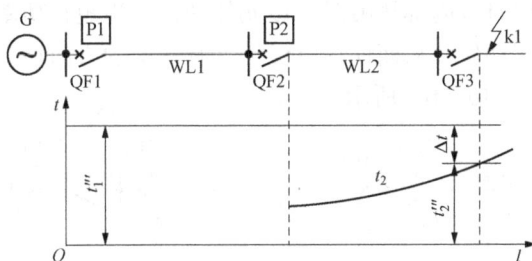

图 2-38 反时限过电流保护与电源侧的定时
限过电流保护配合

2) 反时限过电流保护与电源侧的定时限过电流保护配合如图 2-38 所示。已知 QF1 定时限过电流保护的整定参数为 I_2''' 及 t_2'''。QF1 过电流保护的保护范围到 k1 点，QF2 反时限过电流保护的时间特性如图 2-38 中的 t_2''' 所示。重叠保护区的末端 k1 称为配合点，此点发生故障时若能保证选择性，则整个重叠保护区都能保证选择性。在配合点 k1 处有

$$t_2''' = t_1''' - \Delta t \tag{2-40}$$

3. 反时限过电流保护接线

反时限过电流保护多用于 10kV 线路及电动机保护。电流互感器采用两相星形接线，如图 2-39 所示。

4. 反时限过电流保护应用范围

当线路靠近电源处短路时，短路电流大，动作时限短且保护接线简单，这是反时限过电流保护的优点；缺点是时限的配合较复杂，当短路点存在较大的过渡电阻时，或在最小运行方式下远处短路时，由于 I_k 较小，保护的动作时限可能较长。因此，反时限过电流保护主要用在 6~10kV 的网络中，作为馈线和电动机的保护。

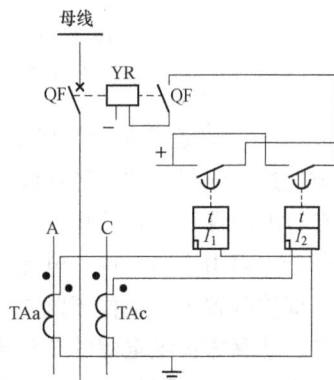

图 2-39 反时限过电流保护接线

第三节 多侧电源电网相间短路的方向性电流保护

一、方向性电流保护的工作原理

在单侧电源网络中，各个电流保护装置都安装在被保护线路靠近电源的一侧。当发生故障时，它们都是在短路功率的方向从母线流向线路的情况下有选择性地动作，但在双侧电源

网络中，只装设阶段性电流保护难以满足选择性要求。

1. 问题的提出

如图 2 - 40（a）所示，由于输电线路两侧都有电源，因此在线路两侧都装设有断路器和保护装置。当 k1 点短路时，应由 P2 和 P6 动作切除故障。但由电源 E_2 供给的短路电流 I_{k1} 通过 P1。如果 P1 采用电流速断，且 $I_{k1} > I'_{set1}$ 时，则 P1 的电流速断就要误动；如果 P1 采用定时限过电流保护，且当 $t_1 \leqslant t_6$ 时，则 P1 的过电流保护也将动作。同理，可分析 P5 的误动情况。

由上分析可见，某一保护（如 P1）的误动是在所保护的线路（如 CD 线路）反方向发生故障时，由另一个电源（如电源 E_2）供给的短路电流所引起的，并且这种引起误动的电流是由线路流向母线的，与内部故障时的短路功率方向相反。

2. 解决方法

为了消除双侧电源网络中保护无选择性的动作，需要在可能误动作的保护上加设一个功率方向闭锁元件。当短路功率由母线流向线路时（内部故障时）该元件动作，当短路功率由线路流向母线时（可发生误动作时）该元件不动作，从而使继电保护具有一定的方向性。按该要求配置的功率方向元件的动作方向如图 2 - 40（b）所示。

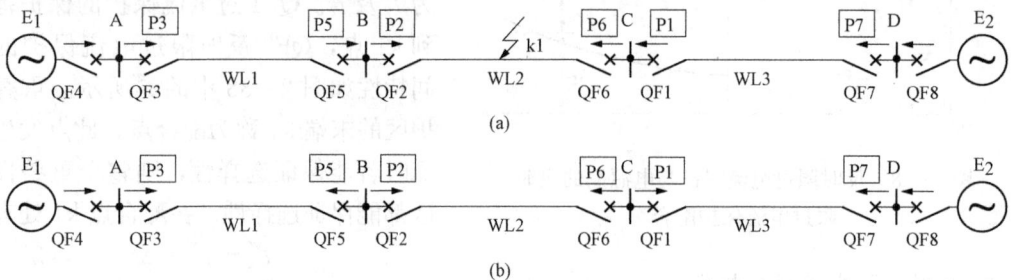

图 2 - 40　双侧电源网络保护动作方向的分析和规定
（a）k1 点短路时的功率方向；（b）各保护动作方向的规定

3. 方向过电流保护的原理接线

方向过电流保护的原理接线和相量图如图 2 - 41 所示，方向过电流保护是利用功率方向元件与过电流保护配合使用的一种保护装置，以保证在反方向故障时把保护闭锁起来而不致误动作，主要由方向元件、电流元件和时间元件组成。只有电流元件和功率方向元件同时动作时，保护装置才能动作于跳闸。

二、功率方向继电器的工作原理

功率方向继电器是通过测量保护安装处的电压和电流之间的相位关系来判断短路功率方向的。以图 2 - 42 所示网络为例，规定电流由母线流向线路为正，电压以母线高于大地为正。

当 k1 点发生三相短路时，流过 P2 的电流 I_{k1} 为正向电流，它与母线 B 上的电压 U_B 之间的夹角为线路的阻抗角 φ_{k1}，其值的变化范围为 $0° < \varphi_{k1} < 90°$，且电压超前电流（因为线路以感性为主），则短路功率为 $P_k = U_B I_{k1} \cos\varphi_{k1} > 0$；而当 k2 点短路时，流过 P2 的电流为反向电流 $-I_{k1}$，它滞后母线电压 U_B 的角度为线路阻抗角 φ_{k2}，则 I_{k2} 滞后 U_B 的相位角为 $180° + \varphi_{k2}$，此时短路功率为 $P_k = U_B I_{k2} \cos(180° + \varphi_{k2}) < 0$。其电压与电流的相位关系如图 2 - 43

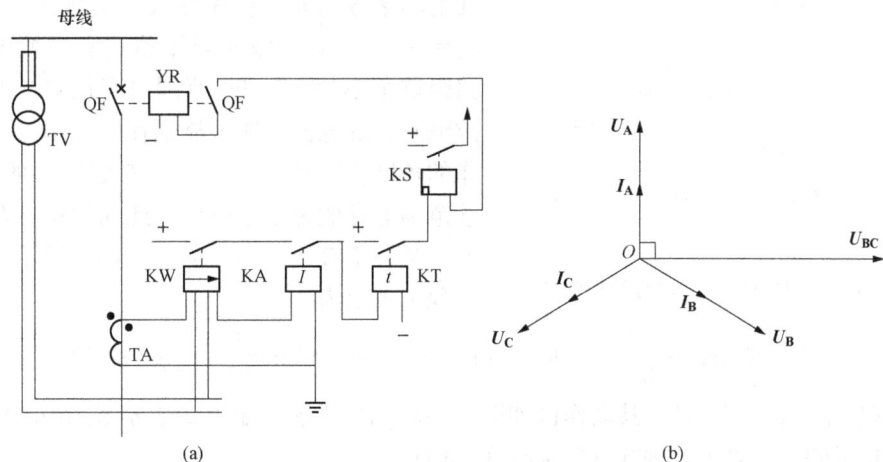

图 2-41 方向过电流保护的原理接线和相量图

(a) 原理接线；(b) 相量图

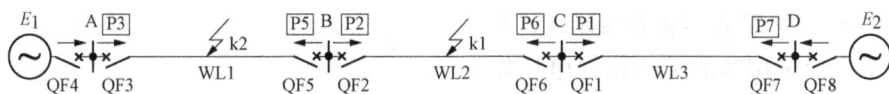

图 2-42 双侧电源网络的方向性电流保护原理

所示。

由图 2-43 可知，正方向短路时，U_B 超前 I_{k1} 的角度为锐角；反方向短路时，U_B 超前 I_{k2} 的角度为钝角。因此，功率方向继电器的工作原理实际上就是通过测量 U_B 和 I_k 之间的相位角来判别正、反方向短路的。正方向短路时，功率方向继电器动作；反

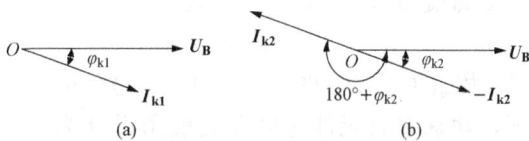

图 2-43 正反向故障时电压与电流的相位关系

(a) 正方向故障；(b) 反方向故障

方向短路时，功率方向继电器不动作。目前广泛应用的功率方向继电器都是根据相位比较或幅值比较原理构成的。

对 A 相的功率方向元件加入电压 U_r（如 U_A）和电流 I_r（如 I_A），则当正方向短路［图 2-43（a）］时，元件中电压与电流之间的相角为

$$\varphi_{rA} = \arg \frac{U_A}{I_{k1A}} = \varphi_{k1} \tag{2-41}$$

反方向短路［图 2-43（b）］时，为

$$\varphi_{rA} = \arg \frac{U_A}{I_{k2A}} = 180° + \varphi_{k2} \tag{2-42}$$

式中：arg 为相量 $\dfrac{U_A}{I_{k1A}}$ 的幅角，即分子的相量超前于分母相量的角度。

如果取 $\varphi_{k2} = 60°$，可画出相量图，如图 2-44 所示。

一般的功率方向继电器，当输入电压和电流的幅值不变时，其输出（转矩或电压）值随两者相位差的大小而改变。为了在最常见的短路情况下使方向元件动作最灵敏，采用上述接

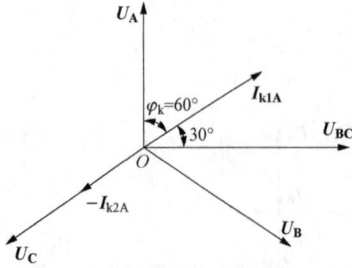

图 2-44　三相短路 $\varphi_k=60°$ 时的相量图

线的功率方向元件应做成最大灵敏角，为 $\varphi_{sen}=\varphi_k=60°$。又为了保证当短路点有过渡电阻、线路阻抗角 φ_k 在 $0°\sim90°$ 范围内变化情况下正方向故障时，继电器都能可靠动作，功率方向元件动作的角度应该是一个范围，考虑实现的方便性，该范围通常取为 $\varphi_{sen}\pm90°$。此动作特性在复数平面上是一条直线，如图 2-45（a）所示。其动作方程可表示为

$$-90°\leqslant\arg\frac{U_r e^{-j\varphi_{sen}}}{I_r}\leqslant90° \quad 或 \quad \varphi_{sen}-90°\leqslant\arg\frac{U_r}{I_r}\leqslant\varphi_{sen}+90° \quad (2-43)$$

当选取 $\varphi_{sen}=\varphi_k=60°$ 时，其动作区如图 2-45（a）所示。如用 φ_r 表示 U_r 超前于 I_r 的角度，并用功率的形式表示，则式（2-42）可写为

$$U_r I_r \cos(\varphi_r-\varphi_{sen})>0 \quad (2-44)$$

采用这种特性和接线的功率方向元件时，在其正方向出口附近短路接地，故障相对地的电压很低时，功率方向元件不能动作，称为"电压死区"。为了减小和消除死区，在实际应用中广泛采用非故障的相间电压作为接入功率方向元件的电压参考相量，判别故障相电流的相位。例如，对 A 相的功率方向元件加入电流 I_A 和电压 U_{BC}。此时，$\varphi_{rA}=\arg U_{BC}/I_A$，当正方向短路时，$\varphi_{rA}=\varphi_k-90°=-30°$；反方向短路时，$\varphi_{rA}=150°$，相量关系示于图 2-44 中。在这种情况下，功率方向元件的最大灵敏角设计为 $\varphi_{sen}=\varphi_k-90°=-30°$，动作特性如图 2-45（b）所示，动作方程为

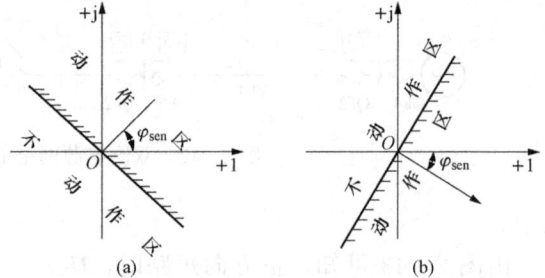

图 2-45　功率方向元件的动作特性
（阴影部分表示动作区）
（a）按式（2-43）构成；（b）按式（2-45）构成

$$-90°\leqslant\arg\frac{U_r e^{j(90°-\varphi_k)}}{I_r}\leqslant90° \quad (2-45)$$

习惯上采用 $90°-\varphi_k=\alpha$，α 称为功率方向继电器的内角，可表示为

$$-90°-\alpha\leqslant\arg\frac{U_r}{I_r}\leqslant90°-\alpha \quad (2-46)$$

如用功率的形式可表示为

$$U_r I_r \cos(\varphi_r+\alpha)>0 \quad (2-47)$$

对 A 相的功率方向继电器而言，可具体表示为

$$U_{BC} I_A \cos(\varphi_r+\alpha)>0$$

除正方向出口附近发生三相短路时，$U_{BC}\approx0$，继电器具有很小的电压死区以外，在其他任何包含 A 相的不对称短路时，I_A 的电流很大，U_{BC} 的电压很高，因此继电器不仅没有死区，而且动作灵敏度很高。

三、相间短路方向继电器的90°接线方式

1. 功率方向继电器的接线方式

由于功率方向继电器的主要任务是判断短路功率的方向，因此对其接线方式提出如下要求：

(1) 正方向任何形式的故障都能动作，而当反方向故障时则不动作。

(2) 加入故障以后继电器的电流 I_r 和电压 U_r 应尽可能大一些，并尽可能使 φ_r 接近于最大灵敏度角 φ_{sen}，以便消除和减小方向继电器的死区。为了满足以上要求，广泛采用的功率方向继电器接线方式为90°接线。90°接线方式是指在三相对称的情况下，当 $\cos\varphi=1$ 时，加入继电器的电流 I_r 和电压 U_r 相位相差90°[如图2-41 (b) 中，电流 I_A 和电压 U_{BC}]。

2. 方向过电流保护装置接线

功率方向继电器采用90°接线时，三相方向过电流保护的原理接线如图2-46所示。电流继电器 KA1、KA2、KA3 是启动元件，功率方向继电器 KW1、KW2、KW3 是方向元件，分别接于 I_A、U_{BC}，I_B、U_{CA} 和 I_C、U_{AB}。各相的电流继电器和功率方向继电器的触点是串联的，以起到按相启动的作用。时间继电器 KT 使保护获得必要的动作时限，其触点闭合可跳闸和发出信号。顺便指出，对功率方向继电器的接线，必须十分注意继电器电流线圈和电压线圈的极性问题。如果有一个线圈极性接错，就会出现正方向短路时拒绝动作，而反方向短路时误动作的现象，从而造成严重事故。

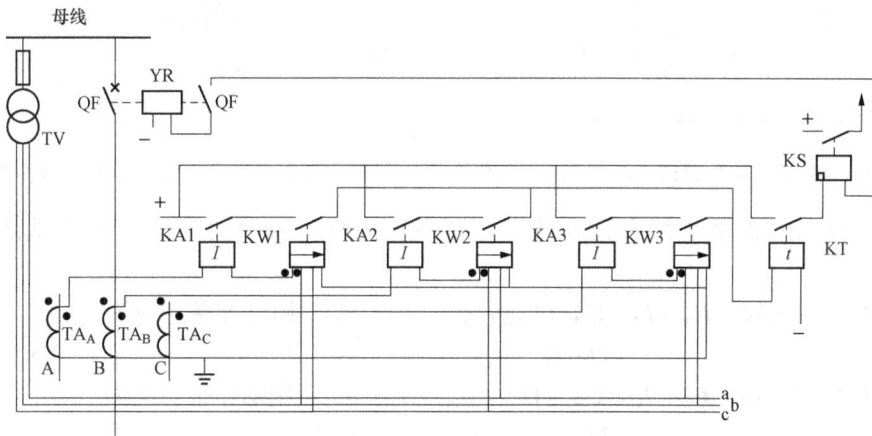

图2-46　三相方向过电流保护的原理接线

3. 各种短路情况分析

(1) 正方向三相短路。正方向发生三相短路时的相量图如图2-47所示，U_A、U_B、U_C 表示保护安装地点的母线电压，I_A、I_B、I_C 为三相的短路电流，电流滞后对应相电压的角度为线路阻抗角 φ_k。

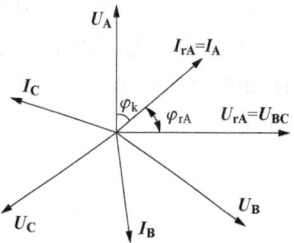

图2-47　三相短路时，对90°接线方式的分析用相量图

由于三相对称，三个方向继电器工作情况完全一样，因此可只取 A 相继电器来分析。由图2-47可见，$I_{rA}=I_A$，$U_{rA}=U_{BC}$，$\varphi_{rA}=\varphi_k-90°$，电流是超前于电压的。根据式 (2-47)，A 相继电器的动作条件应为

$$U_{BC}I_A\cos(\varphi_k-90°+\alpha)>0 \qquad (2-48)$$

为使继电器工作于最灵敏的条件下，应使 $\cos(\varphi_k-90°+\alpha)=1$，即要求 $\varphi_k+\alpha=90°$。一

一般而言，电力网任何电缆或架空线的阻抗角（包括含有过渡短路的情况）都位于 $0° < \varphi_k < 90°$ 之间。为使方向继电器在任何 φ_k 的情况下均能动作，就必须要求式（2-48）始终大于0，为此应选择 $0° < \alpha < 90°$ 之间才能满足要求。

（2）正方向两相短路。如图 2-48 所示，B、C 两相短路时，可以有两种极端情况：

1）短路点位于保护安装地点附近，短路阻抗 $Z_k \ll Z_S$（保护安装处到电源中性点网络系统阻抗），极限时取 $Z_k = 0$，此时的相量图如图 2-49 所示。短路电流 I_B 由电动势 E_{BC} 产生，I_B 滞后 E_{BC} 的角度为 φ_k，电流 $I_C = -I_B$，短路点（保护安装地点）的电压为

$$\begin{cases} U_A = U_{kA} = E_A \\ U_B = U_{kB} = -\dfrac{1}{2}E_A \\ U_C = U_{kC} = -\dfrac{1}{2}E_A \end{cases} \tag{2-49}$$

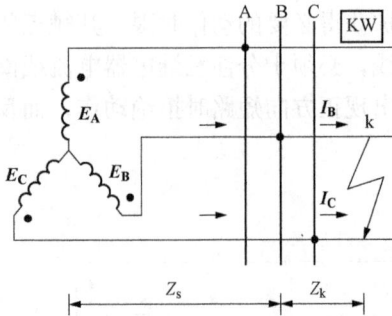

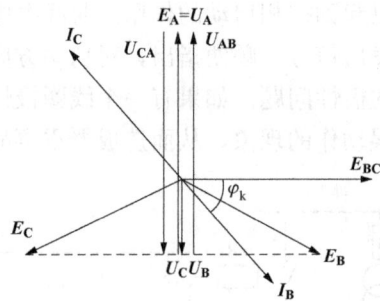

图 2-48　B、C 两相短路的系统接线　　图 2-49　保护安装地点出口处 B、C 两相短路时的相量图

此时，对 A 相继电器而言为非故障相，当忽略负荷电流时，$I_A \approx 0$，因此继电器不动作。

对于 B 相继电器，$I_{rB} = I_B$，$U_{rB} = U_{CA}$，$\varphi_{rB} = \varphi_k - 90°$，则动作条件应为

$$U_{CA}I_B\cos(\varphi_k - 90° + \alpha) > 0 \tag{2-50}$$

对于 C 相继电器，$I_{rC} = I_C$，$U_{rC} = U_{AB}$，$\varphi_{rC} = \varphi_k - 90°$，则动作条件应为

$$U_{AB}I_C\cos(\varphi_k - 90° + \alpha) > 0 \tag{2-51}$$

式（2-50）和式（2-51）与式（2-48）类似，因此同于三相短路时的分析。为了在 $0° < \varphi_k < 90°$ 范围内使继电器均能动作，也需要选择 $0° < \alpha < 90°$。

2）短路点远离保护安装地点，且系统容量很大，此时 $Z_k \gg Z_S$，极限时取 $Z_S = 0$，则相量图如图 2-50 所示。电流 I_B 仍由电动势 E_{BC} 产生，并滞后 E_{BC} 一个角度 φ_k，保护安装地点的电压为

$$\begin{cases} U_A = E_A \\ U_B = U_{kB} + I_B Z_k \approx E_B \\ U_C = U_{kC} + I_C Z_k \approx E_C \end{cases} \tag{2-52}$$

对于 B 相继电器，由于电压 $U_{CA} \approx E_{CA}$，较出口短路时相位滞后了 30°，因此，$\varphi_{rB} = -(90° + 30° - \varphi_k) = \varphi_k - 120°$，则动作条件应为

$$U_{CA}I_B\cos(\varphi_k - 120° + \alpha) > 0 \tag{2-53}$$

因此，当 $0° < \varphi_k < 90°$ 时，继电器能够动作的条件为 $30° < \alpha < 120°$。

对于 C 相继电器，由于电压 $U_{AB} \approx E_{AB}$，较出口处短路时超前方向移动了 $30°$，因此，$\varphi_{rC} = -(90° - 30° - \varphi_k) = \varphi_k - 60°$，则动作条件应为

$$U_{AB} I_C \cos(\varphi_k - 60° + \alpha) > 0 \qquad (2-54)$$

因此，当 φ_k 在 $0° \sim 90°$ 变化时，继电器能够动作的条件为 $-30° < \alpha < 60°$。

综合以上两种极限情况可得出，在正方向任何地点发生两相短路时，B 相继电器能够动作的条件为 $30° < \alpha < 90°$，C 相继电器能够动作的条件为 $0° < \alpha < 60°$。同理，分析 A、B 和 C、A 两相短路时，也可以得出相应的结论。

图 2-50 远离保护安装地点 B、C 两相短路的相量图

由三相和各种两相短路的分析得出，当 $0° < \varphi_k < 90°$ 时，使故障相方向继电器在一切故障情况下都能动作的条件应为

$$30° < \alpha < 60° \qquad (2-55)$$

应该指出，以上讨论的只是继电器在各种情况下可能动作的条件，确定了内角的范围，内角的值在此范围内根据动作最灵敏的条件来确定。为了减小死区范围，继电器动作最灵敏的条件应根据三相短路时使 $\cos(\varphi_r + \alpha) = 1$ 来决定，因此，对某一已经确定了阻抗角的送电线路而言，应采用 $\alpha = 90° - \varphi_k$，以便短路时获得最大的灵敏角。

由以上分析可见，功率方向继电器采用 $90°$ 接线方式的保护装置主要有两个优点：第一，对各种两相短路都没有死区，因为继电器加入的是非故障相的线电压，其值很高；第二，适当地选择继电器的内角 α 后，对线路上发生的各种故障都能保证动作的方向性，且有较高的灵敏性。

四、方向性电流保护的整定计算

1. 保护装置的动作电流

方向过电流保护的动作电流按以下三个条件整定：

（1）躲过最大负荷电流。为防止保护装置在正常负荷电流下和外部短路切除后因电动机的自启动而误动作，按躲过最大负荷电流 $I_{L\,max}$（考虑电动机的自启动情况）来整定，即

$$I_{set} = \frac{K_{rel} K_{ss}}{K_{re}} I_{L\,max} \qquad (2-56)$$

式中各参数的意义和取值与定时限过电流保护相同。

（2）躲过非故障相电流。在中性点直接接地系统中，当相邻线路上发生不对称短路时，在非故障相中仍有电流通过，该电流为非故障相电流 I_{unf}。方向过电流保护的动作电流 I_{set} 要躲过非故障相电流，即

$$I_{set} = K_{rel} I_{unf} \qquad (2-57)$$

式中：K_{rel} 为可靠系数，取 $1.2 \sim 1.3$。

在中性点不接地系统或中性点经消弧线圈接地系统中，非故障相电流就是负荷电流，因此可不必考虑非故障相电流。

（3）与相邻线路保护装置灵敏度的配合。方向过电流保护常用作下一相邻线路的后备保护，所以各相邻保护的灵敏度应加以配合，以保证动作的选择性。这就是使上一段线路保护

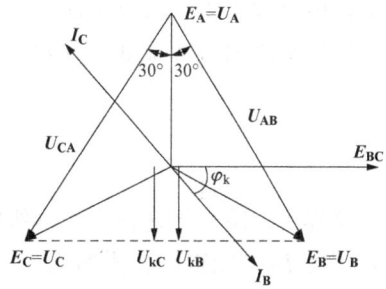

的动作电流大于下一段线路保护装置的动作电流，即沿着同一动作方向的保护装置，其动作电流应该从距离电源最远处开始逐渐增大，如图 2-42 所示，即

$$\begin{cases} I_{\text{set}.3} > I_{\text{set}.2} > I_{\text{set}.1} \\ I_{\text{set}.7} > I_{\text{set}.6} > I_{\text{set}.5} \\ I_{\text{set}.6} = K_{\text{co}} I_{\text{set}.5} \end{cases} \tag{2-58}$$

这样可以防止无选择性地越级跳闸，因当 k2 点发生短路时，由于电流按阻抗的反比分配，因此 I_{k2} 可能很小。假如 $I_{\text{set}.5} > I_{\text{set}.6}$，而且又恰好 $I_{\text{set}.5} > I_{\text{k2}} > I_{\text{set}.6}$，则 P6 将先动作，造成越级跳闸。

灵敏度的配合用配合系数 K_{co} 来表示，K_{co} 取 1.1～1.15。

2. 保护装置的灵敏度校验

方向过电流保护电流元件的灵敏度校验方法与不带方向的过电流保护相同。作为本线路的近后备保护时，其灵敏系数要求 $K_{\text{sen}} \geq 1.25 \sim 1.5$；作为下一相邻线路的远后备保护时，其灵敏系数要求 $K_{\text{sen}} \geq 1.2$。

方向过电流保护的方向元件（功率方向继电器）灵敏度较高，故不需校验。但感应型功率方向继电器在三相短路时有死区。由于一般采用电流速断保护作为方向过电流保护的辅助保护，所以也不需另行计算死区。

3. 保护装置的动作时限

方向过电流保护动作时限的整定，是将动作方向一致的保护按逆向阶梯原则进行。如图 2-51 中的保护 1、2、3 为同一方向动作的保护，P5～P7 也为同一方向动作的保护。它们的动作时限应为

$$t_1 < t_2 < t_3$$
$$t_5 < t_6 < t_7$$

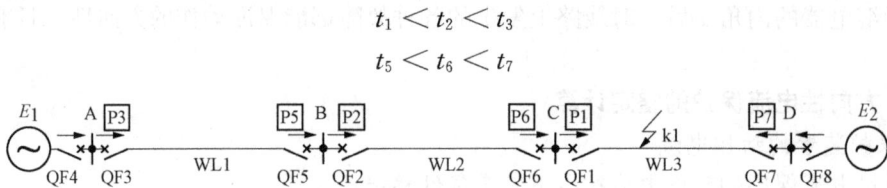

图 2-51　方向过电流保护动作时限分析

如果保护装置在启动值、动作时限整定以后能够满足选择性要求，就可以不用方向元件。例如：

（1）对于电流速断保护来说，如图 2-51 的 P6，如果反方向线路 CD 短路时，由电源 E_1 供给的短路电流 $I_k < I_{\text{set}.6}$，那么在反方向任何地点短路时，P6 都不会误动，即从整定值上躲开了反方向的短路，这时可以不用方向元件。因此，加方向元件的原则是同一母线上的两个保护，整定值小的保护加方向元件；整定值大的保护可以不加方向元件；若两个定值一致，则都加方向元件。

（2）对过电流保护来说，仍以上述 P6 为例，如果其过电流保护的动作时限 t_6 大于保护 1 过电流保护的时限 t_1，即 $t_6 \geq t_1 + \Delta t$，那么在反方向发生短路时，从时限上保证了动作的选择性，因此 P6 可以不用方向元件（但 P1 必须采用方向元件）。加方向元件的原则是同一母线上的两个保护，动作时间小的保护加方向元件；动作时间长的保护可以不加方向元件；若两个动作时间一致，则都加方向元件。

五、对方向电流保护的评价

在单电源环形网络和多电源辐射形电网中，方向过电流保护都能保证动作的选择性。但由于保护中采用了方向元件，因此接线复杂，投资增加。另外，当保护安装地点附近正方向发生三相短路时，由于母线电压降低至零，保护装置拒动，出现"死区"。

方向过电流保护常在 35kV 以下的两侧电源辐射形电网和单电源环形电网中作为主要保护；在电压为 35kV 及 110kV 辐射形电网，常常与电流速断保护配合使用，构成三段式方向电流保护，作为线路相间短路的整套保护。

第四节　中性点直接接地电网中接地短路的零序电流及方向保护

一、接地故障时零序电流、零序电压及零序功率的特点

中性点直接接地系统发生单相接地故障时，接地短路电流很大。如图 2-52（a）所示，当 k 点发生接地短路时，短路计算的零序等效网络如图 2-52（b）所示，零序电流可以看成在故障点出现一个零序电压 U_{k0} 而产生的，它经变压器接地的中性点构成回路。对零序电流的方向仍规定由母线流向线路为正，而零序电压的电位是线路高于大地为正。

由图 2-52（b）等效网络可知，接地故障具有如下特点：

（1）故障点的零序电压最高，离故障点越远，零序电压越低，如图 2-52（c）所示。

（2）零序电流的分布取决于线路的零序阻抗和中性点接地变压器的零序阻抗，以及变压器接地中性点的数目和位置，而与电源的数量和位置无关。当忽略回路电阻时，零序电流、零序电压的相量图如图 2-52（d）所示。由图 2-52（d）可见，流过故障点两侧线路保护的电流 I_0' 和 I_0'' 将超前 U_{k0} 90°；而当计及回路电阻时，如取 $\varphi_{k0}=70°$，则相量图如图 2-52（e）所示，I_0' 和 I_0'' 将超前 U_{k0} 110°。

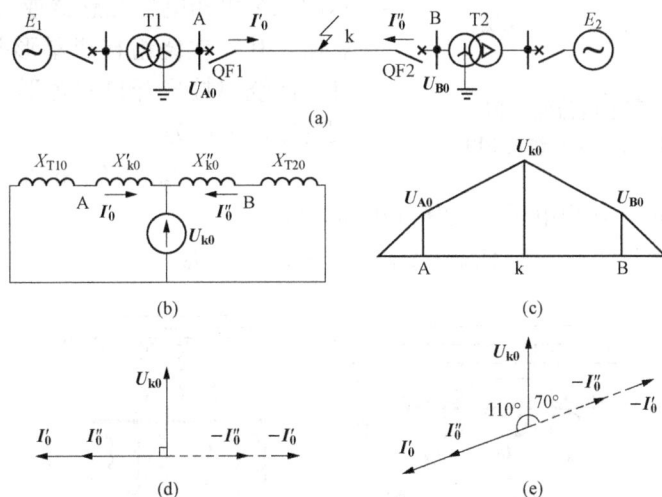

图 2-52　接地短路时的零序等效网络

（a）系统接线；（b）零序等效网络；（c）零序电压分布；（d）忽略电阻时相量图；（e）计及电阻时相量图

（3）故障线路零序功率的方向与正序功率的方向相反，是由线路流向母线的。

（4）某一保护（如 P1）安装地点处的零序电压与零序电流之间（如 U_{A0} 与 I_0'）的相位差

取决于背后元件（如 T1）的阻抗角，而与被保护线路的零序阻抗及故障点的位置无关。

（5）当系统运行方式变化时，正、负序阻抗的变化将引起 U_{k1}、U_{k2}、U_{k0} 之间电压分配的改变，因而间接地影响零序分量的大小。

二、零序电流滤过器

为取得零序电流，可以将三个电流互感器按图 2-53（a）所示方式连接，此时三相电流互感器二次侧流入继电器中的电流为

$$I_r = I_a + I_b + I_c$$

这种滤过器通过的电流实际上就是三相星形连线方式中在中性线上所流过的电流。因此，在实际使用中，零序电流滤过器只要接入相间短路保护用电流互感器的中性线上即可。

接地故障时流入继电器的电流为零序电流，即

$$I_r = I_a + I_b + I_c = 3I_0 \qquad (2-59)$$

在正常运行和相间短路时，零序电流滤过器也存在一个不平衡电流 I_{unb}，即

$$I_r = I_{unb} \qquad (2-60)$$

它是由于三个互感器铁芯的饱和程度不同，以及制造过程中的某些差别而引起的。当发生相间短路时，由于短路电流较大，铁芯饱和的程度最严重，因此不平衡电流也达到最大值，以 $I_{unb.\,max}$ 表示。

此外，对于采用电缆引出的送电线路，还广泛采用零序电流互感器接线以获得 $3I_0$，如图 2-53（b）所示。它和零序电流滤过器相比，主要是没有不平衡电流，同时接线也更简单。

三、零序电压互感器

为了取得零序电压，通常采用图 2-54 所示的三个单相电压互感器或三相五柱式电压互感器，其一次绕组接成星形并将中性点接地，其二次绕组接成开口三角形。从 mn 端子上得到的输出电压为

$$U_{mn} = U_a + U_b + U_c$$

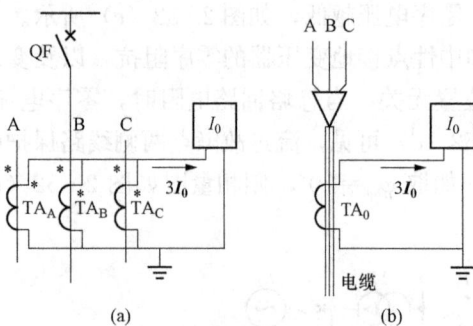

图 2-53　零序电流滤过器
（a）架空线路用；（b）电缆线路用

发生接地故障时，输出电压 U 为零序电压，即

$$U_{mn} = U_a + U_b + U_c = 3U_0 \qquad (2-61)$$

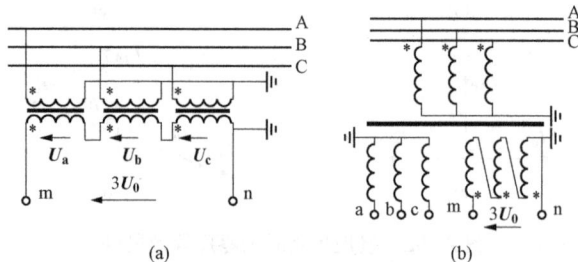

图 2-54　零序电压滤过器
（a）三个单相电压互感器接线；（b）三相五柱式电压互感器接线

正常运行和电网相间短路时，理想输出 $U_{mn}=0$。实际上由于电压互感器的误差及三相系统对地不完全平衡，在开口三角形侧也有电压输出，此电压称为不平衡电压，以 U_{unb} 表示，即

$$U_{unb} = U_{mn} \tag{2-62}$$

四、零序电流速断保护（零序Ⅰ段）

相似于相间短路电流保护，零序电流速断保护启动值的整定原则如下。

（1）躲开下一条线路出口处单相接地或两相接地短路时可能出现的最大零序电流 $3I_{0.max}$，即

$$I'_{set} = K'_{rel} 3I_{0.max} \tag{2-63}$$

式中：K'_{rel} 为可靠系数，取 $1.2\sim1.3$；$I_{0.max}$ 为单相接地短路时的零序电流 $I_0^{(1)}$ 或两相接地短路时的零序电流 $I_0^{(1,1)}$ 最大值。

一般情况下，网络的正序阻抗等于负序阻抗。如果网络总的正序阻抗和零序阻抗分别为 Z_1 和 Z_0，当 $Z_1 > Z_0$ 时，$I_0^{(1)} > I_0^{(1,1)}$，$I_{0.max}$ 取为 $I_0^{(1)}$；当 $Z_1 < Z_0$ 时，$I_0^{(1)} < I_0^{(1,1)}$，$I_{0.max}$ 取为 $I_0^{(1,1)}$。

（2）躲过断路器三相触头不同期合闸时出现的零序电流 $3I_{unc}$，即

$$I'_{set} = K'_{rel} 3I_{unc} \tag{2-64}$$

式中：K'_{rel} 为可靠系数，取 $1.1\sim1.2$；I_{unc} 为断路器不同期合闸所引起的最大零序电流。

当断路器先合一相时，相当于两相断线，最严重情况下（系统两侧电源电势相差 $180°$）流过断路器的零序电流为

$$3I_{unc} = 3\frac{2E}{2Z_1 + Z_0} \tag{2-65}$$

当断路器先合两相时，相当于一相断线，最严重情况下流过断路器的零序电流为

$$3I_{unc} = 3\frac{2E}{Z_1 + 2Z_0} \tag{2-66}$$

根据式（2-65）和式（2-66）计算 $3I_{unc}$，取大值。如果保护装置的动作时间大于断路器三相不同期合闸的时间，则可不考虑该条件。

最后，对式（2-63）和式（2-64）的计算结果进行比较，选取其中较大值作为保护装置的整定值。

（3）如果线路上采用单相自动重合闸，则零序电流速断还应躲过非全相运行产生振荡时出现的最大零序电流。

五、限时零序电流速断保护（零序Ⅱ段）

1. 启动电流

零序Ⅱ段的启动电流应与下一段线路的零序Ⅰ段保护相配合。

（1）当该保护与下一段线路保护之间无中性点接地变压器时，该保护的启动电流 I''_{set} 为

$$I''_{set} = K''_{rel} I'_{set} \tag{2-67}$$

式中：K''_{rel} 为可靠系数，取 $1.1\sim1.2$；I'_{set} 为下一段线路零序Ⅰ段保护的启动值。

（2）当该保护与下一段线路保护之间有中性点接地变压器时，该保护的启动电流 I'' 为

$$I''_{set} = K''_{rel} I_{k0.c} \tag{2-68}$$

式中：K''_{rel} 为可靠系数，取 $1.1\sim1.2$；$I_{k0.c}$ 为在下一段相邻线路保护零序Ⅰ段保护范围末端

发生接地短路时，流过本保护装置的零序电流计算值。

2. 动作时限

零序Ⅱ段的动作时限与相邻线路零序Ⅰ段相配合，动作时限一般取 0.5s。

3. 灵敏度校验

零序Ⅱ段的灵敏系数应按照本线路末端接地短路时的最小零序电流来校验，并满足 $K_{sen} \geqslant$ 1.5 的要求，即

$$K_{sen} = \frac{3I_{0.\,min}}{I''_{set}} \geqslant 1.5 \qquad (2-69)$$

式中：$I_{0.\,min}$ 为本线路末端接地短路时的最小零序电流。

六、定时限零序过电流保护（零序Ⅲ段）

零序Ⅲ段的作用相当于相间短路的过电流保护，一般作为后备保护，在中性点直接接地电网中的终端线路上也可作为主保护。

1. 启动电流

（1）躲开在下一条线路出口处相间短路时所出现的最大不平衡电流 $I_{unb.\,max}$，即

$$I'''_{set} = K'''_{rel} I_{unb.\,max} \qquad (2-70)$$

式中：K'''_{rel} 为可靠系数，取 1.1～1.2；$I_{unb.\,max}$ 为下一条线路出口处相间短路时的最大不平衡电流。

（2）与下一线路零序Ⅲ段相配合就是本保护零序Ⅲ段的保护范围，不能超出相邻线路上零序Ⅲ段的保护范围。当两个保护之间具有分支电路时（有中性点接地变压器时），启动电流整定为

$$I'''_{set} = K'''_{rel} I_{k0.\,c} \qquad (2-71)$$

式中：K'''_{rel} 为可靠系数，取 1.1～1.2。$I_{k0.\,c}$ 为在相邻线路的零序Ⅲ段保护范围末端发生接地短路时，流过本保护范围的最大零序电流计算值；如与相邻线路保护间有分支电路，则 $I_{k0.\,c}$ 取下一条相邻线路零序Ⅲ段的启动值，启动值取上述（1）、（2）结果中最大者。

2. 灵敏度校验

作为本条线路近后备保护时，按本线路末端发生接地故障时的最小零序电流 $3I_{0.\,min}$ 来校验，要求 $K_{sem} \geqslant 2$，即

$$K_{sen} = \frac{3I_{0.\,min}}{I'''_{set}} \geqslant 2 \qquad (2-72)$$

作为相邻线路的远后备保护时，按相邻线路保护范围末端发生接地故障时流过本保护的最小零序电流 $3I_{0.\,min}$ 来校验，要求 $K_{sen} \geqslant 1.5$，即

$$K_{sen} = \frac{3I_{0.\,min}}{I'''_{set}} \geqslant 1.5 \qquad (2-73)$$

3. 动作时限

零序Ⅲ段电流保护的启动值一般很小，在同电压级网络中发生接地短路时都可能动作。为保证选择性各保护的动作时限也按阶梯原则来选择，如图 2-55 所示，只有在两个接地变压器间发生接地故障时才能引起零序电流，所以只有 P4～P6 才能采用零序保护。图 2-55 中同时示出了零序过电流保护和相间短路的过电流保护的动作时限，相比可知前者具有较小的动作时限。

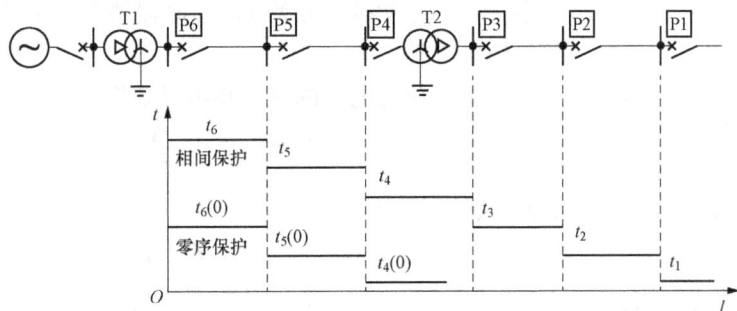

图 2-55　零序过电流保护的动作时限

七、方向性零序电流保护

在多电源大接地电流系统中，每个变电站至少有一台变压器中性点直接接地，以防止单相接地短路时，非故障相产生危险的过电压。图 2-56 为双侧电源供电系统接线，它的两侧电源处的变压器中性点均直接接地。在 k1 点接地短路时，一部分零序电流要经过变压器 T2 构成回路，一部分零序电流要经过变压器 T1 构成回路。断路器 QF1～QF4 处的零序电流保护均可能动作。为保证动作的选择性，P2、P3 的动作时间应为 $t_2 < t_3$。同理，在 k2 点发生接地故障时，要求 $t_2 > t_3$。

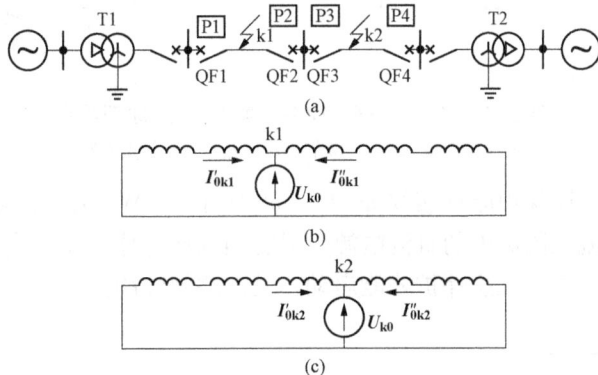

图 2-56　双侧电源供电系统接线图
(a) 网络接线；(b) k1 点短路的零序网络；(c) k2 点短路的零序网络

显然，零序电流保护的动作时限同时满足这两个条件是不可能的，必须加装功率方向元件。假设母线零序电压为正，零序电流由母线流向线路方向为正。故障线路两侧零序电流的实际方向为负，零序功率为负，非故障线路远离短路点侧的零序电流也为负，近短路点侧零序电流的方向为正。这时须加装反应零序功率而动作的继电器以保证选择性。在 k2 点接地，只需满足 $t_1 > t_3$；在 k1 点接地，只需满足 $t_2 < t_4$，即可保证选择性。

流经接地故障线路两侧的零序功率为负功率，功率继电器应该动作。以 $3U_0$ 为基准电压，零序电流 $-3I_0$ 落后于零序电压为短路阻抗角 φ_k，如图 2-57 所示。因实际电流方向与假设方向相反，则 I_0 超前 U_0 为 $180° - \varphi_k$。整流型功率方向继电器，相位比较的电压量

$$\boldsymbol{D} = -K_U \cdot 3\boldsymbol{U_0} \tag{2-74}$$

$$\boldsymbol{C} = K_I \cdot 3\boldsymbol{I_0} e^{j\varphi_r} \tag{2-75}$$

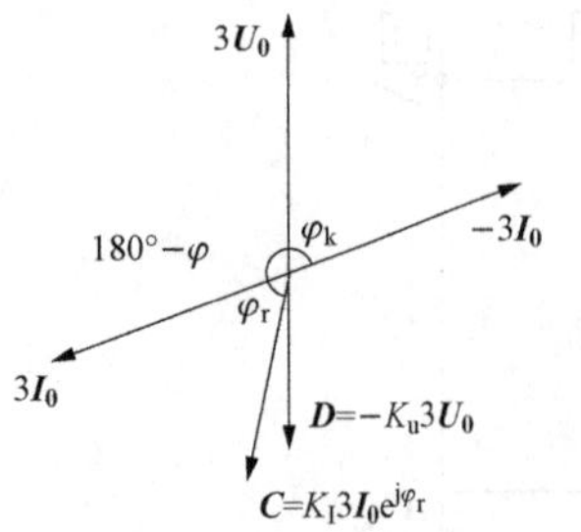

图 2-57 零序电流在保护
安装地点的相量图

式中：$\varphi_r \approx \varphi_k$ 为零序功率方向继电器整定阻抗角，使接地短路时动作最灵敏。

相位比较继电器的动作和边界条件为

$$-90° \leqslant \arg \frac{D}{C} \leqslant 90° \qquad (2-76)$$

幅值比较电量为

$$A = C + D \qquad (2-77)$$

$$B = C - D \qquad (2-78)$$

幅值比较的零序功率方向继电器的动作和边界条件为

$$|A| \geqslant |B| \qquad (2-79)$$

零序功率方向继电器 LG-12 原理接线图 2-58 所示，其由幅值比较的电压形成回路及相应的执行回路组成。

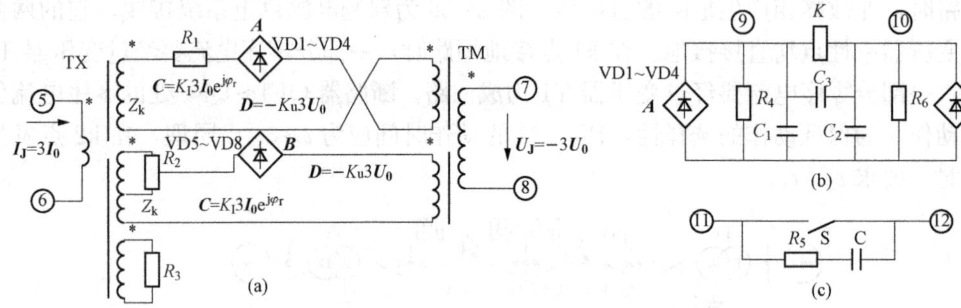

图 2-58 零序功率方向继电器 LG-12 原理接线
(a) 交流回路；(b) 幅值比较回路；(c) 触点回路

方向性零序电流三段保护原理接线如图 2-59 所示。KW0 为零序功率方向继电器，由它的触点闭锁零序电流三段保护的直流电源。只有当反应零序功率方向的 KW0 和零序电流继电器同时动作，零序电流三段保护才能启动，发出跳闸脉冲。

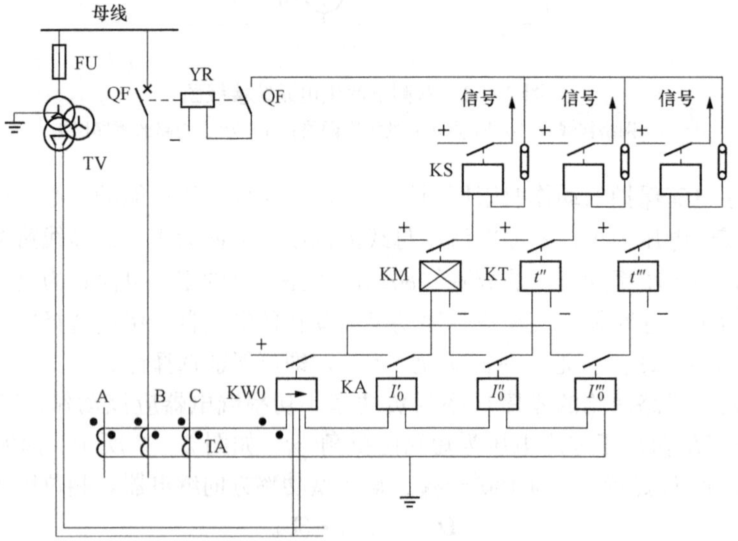

图 2-59 方向性零序电流三段保护原理接线

八、对零序电流保护和方向性零序保护的评价

相间短路电流保护的三相星形接线方式可以保护单相接地短路。由于零序电流保护有许多独特的优点，因此常常采用专门的零序保护。零序电流保护主要有如下优点：

（1）零序电流保护与相间短路的电流保护相比有较高的灵敏度。对零序Ⅰ段，由于线路的零序阻抗大于正序阻抗，线路始末两端电流变化较大，因此使零序Ⅰ段的保护范围增大，即提高了灵敏度；对零序Ⅲ段，由于启动值是按不平衡电流来整定的，因此比相间短路的电流保护的启动值小，即灵敏度高。

（2）零序过电流保护的动作时限较相间保护短，如图 2-55 所示。

（3）零序电流保护不反应系统振荡和过负荷。

（4）零序功率方向元件无死区。电压互感器二次侧回路断线时，不会误动作。

（5）接线简单可靠。

零序保护的缺点是不能反应相间短路。

根据我国电力系统几十年的故障情况统计，在大接地电流系统中，接地故障的次数为所有故障的 90% 左右。因此，采用专门的零序电流保护以反应接地故障具有显著的优越性，所以零序电流保护在我国的大接地电流系统中得到十分广泛的应用。

第五节　中性点非直接接地电网中单相接地故障的零序电压、电流及方向保护

在中性点非直接接地电网中发生单相接地时，由于故障点的电流很小，而且三相之间的线电压仍然保持对称，对负荷供电没有影响，在一般情况下都允许再继续运行 1～2h。因此，单相接地时，一般只要求继电保护有选择地发出信号，而不必跳闸。

一、中性点非直接接地电网中单相接地故障的特点

1. 简单网络

如图 2-60 所示的简单网络，在正常运行情况下，三相对地有相同的电容 C_0，在相电压 U_φ 作用下，每相都有一个电容电流 $U_\varphi \omega C$ 流入地中，而三相电流之和等于零，即

$$I_A + I_B + I_C = 0$$
$$I_A = I_B = I_C = U_\varphi \omega C_0 \tag{2-80}$$

式中：U_φ 为系统的相电压，大小与电源电势大小相等。

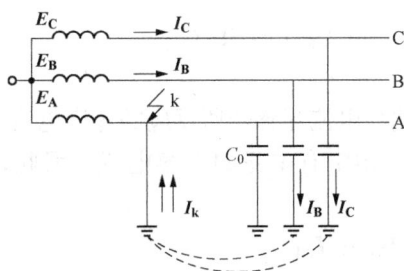

图 2-60　简单网络单相接地　　　　图 2-61　A 相接地时的相量图

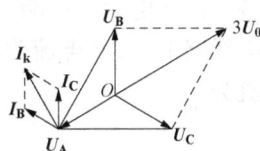

在 A 相接地时，各相对地的电压为（图 2-61）

$$\begin{cases} \boldsymbol{U}_{Ak} = 0 \\ \boldsymbol{U}_{Ak} = \boldsymbol{E}_B - \boldsymbol{E}_A = \sqrt{3}\boldsymbol{E}_A e^{-j150°} \\ \boldsymbol{U}_{Ck} = \boldsymbol{E}_C - \boldsymbol{E}_A = \sqrt{3}\boldsymbol{E}_A e^{+j150°} \end{cases} \tag{2-81}$$

可见，故障相电压为零，非故障相对地电压升高为原来的$\sqrt{3}$倍。因此，故障点 k 的零序电压为

$$\boldsymbol{U}_{k0} = \frac{1}{3}(\boldsymbol{U}_{Ak} + \boldsymbol{U}_{Bk} + \boldsymbol{U}_{Ck}) = -\boldsymbol{E}_A = \boldsymbol{U}_{A\varphi} \tag{2-82}$$

可见，故障点的零序电压大小U_{k0}与相电压U_φ相等。各相对地电容电流为

$$\begin{cases} \boldsymbol{I}_A = 0 \\ \boldsymbol{I}_B = \boldsymbol{U}_{Bk} j\omega C_0 \\ \boldsymbol{I}_C = \boldsymbol{U}_{Ck} j\omega C_0 \end{cases} \tag{2-83}$$

其有效值为 $I_B = I_C = \sqrt{3}E_A\omega C_0 = \sqrt{3}U_\varphi\omega C_0$。

从接地点流回的电流 I_k 为

$$\boldsymbol{I}_k = \boldsymbol{I}_A + \boldsymbol{I}_B + \boldsymbol{I}_C = \boldsymbol{I}_B + \boldsymbol{I}_C = j\omega C_0(\boldsymbol{U}_{Bk} + \boldsymbol{U}_{Ck}) = -3j\omega C_0\boldsymbol{E}_A = 3j\omega C_0\boldsymbol{U}_\varphi$$

或

$$\boldsymbol{I}_k = 3\omega C_0 \boldsymbol{U}_\varphi$$

即为正常运行时，三相对地电容电流的算术和。

2. 多条线路网络

如图 2-62 所示，当线路Ⅱ A 相接地时，电容电流的分布在图 2-62 中用"→"表示。

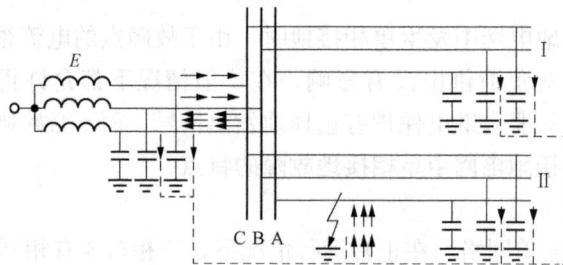

图 2-62 多路出线系统单相接地时电容电流分布

类似于简单网络的分析，在此接地电流 I_k 为

$$\boldsymbol{I}_k = (\boldsymbol{I}_{BI} + \boldsymbol{I}_{CI}) + (\boldsymbol{I}_{BⅡ} + \boldsymbol{I}_{CⅡ}) + (\boldsymbol{I}_{BE} + \boldsymbol{I}_{CE})$$

有效值

$$\boldsymbol{I}_k = 3\boldsymbol{U}_\varphi\omega(C_{0I} + C_{0Ⅱ} + C_{0E}) = 3\boldsymbol{U}_\varphi C_{0\Sigma}$$

式中：$C_{0\Sigma}$ 为全系统每相对地电容的总和。

下面分析各元件（电源出线端、线路始端）电流互感器所反应的零序电流。

（1）非故障线路 I。A 相电流为零，B、C 相中有本身的电容电流。因此，线路始端所反应的零序电流为

$$3\boldsymbol{I}_{0I} = \boldsymbol{I}_{BI} + \boldsymbol{I}_{CI}$$

有效值为

$$3\boldsymbol{I}_{0I} = 3U_\varphi\omega C_{0I} \tag{2-84}$$

即零序电流的大小为线路本身对地电容电流，电容性无功功率的方向为由母线流向线路。

（2）故障线路 II。A 相流出的电流为 $I_{AII}=-I_k$，B 相为 I_{BII}，C 相为 I_{CII}。因此，线路 II 始端所反应的零序电流为

$$3I_{0II}=-I_k+I_{BII}+I_{CII}=-j3\omega(C_{0I}+C_{0II}+C_{0E})U_{\varphi}+j3\omega C_{0II}U_{\varphi}=-j3\omega(C_{0I}+C_{0E})U_{\varphi}$$

有效值为

$$3I_{0II}=3\omega(C_{0I}+C_{0G})U_{\varphi}$$

或

$$3I_{0II}=3\omega(C_{0\Sigma}-C_{0II})U_{\varphi} \tag{2-85}$$

即故障线路上零序电流的大小为全系统非故障元件对地电容电流之和，其方向为由线路流向母线。

（3）电源 E。A 相流入为 I_k，B 相流出为 $(I_{BI}+I_{BII})$，C 相流出为 $(I_{CI}+I_{CII})$。因此，发电机出现端所反应的零序电流为

$$3I_{0E}=j3\omega C_{0E}U_{\varphi}$$

有效值为

$$3I_{0E}=j3\omega C_{0E}U_{\varphi} \tag{2-86}$$

即零序电流为电源本身的电容电流，其方向为由母线流向电源。该特点与非故障线路一样。

综上所述，可得如下结论：

（1）单相接地时，全系统都将出现零序电压，而短路点的零序电压在数值上为相电压 U_{φ}。

（2）在非故障元件上有零序电流，其数值等于本身的对地电容电流，电容性无功功率的实际方向为由母线流向线路。

（3）在故障元件上，零序电流为全系统非故障元件对地电容电流之和，电容性无功功率的实际方向为由线路流向母线。

根据以上特点可构成各种相应的保护形式。

二、中性点经消弧线圈接地电网中单相接地故障的特点

在 3～6kV 电网中，如果单相接地时接地电容电流的总和大于 30A，10kV 电网如果大于 20A，22～66kV 电网如果大于 10A，那么单相接地短路会过渡到相间短路，因此在电源中性点加装一个电感线圈。单相接地时用它产生的感性电流补偿全部或部分电容电流，这样就可以减少流经故障点的电流，避免在接地点燃起电弧。该电感线圈称为消弧线圈。

在图 2-62 所示电网中，在电源中性点接入一消弧线圈。线路 II 上 A 相接地时的电流分布如图 2-63 所示。与图 2-62 相比，图 2-63 在接地点又增加了一个电感分量的电流 I_L。因此，从中性点流回的总电流为

$$I_k=I_L+I_{C\Sigma} \tag{2-87}$$

式中：$I_{C\Sigma}$ 为全系统的对地电容电流；I_L 为消弧线圈的电流，设用 L 表示它的电感，则 $I_L=-E_A/j\omega L$。

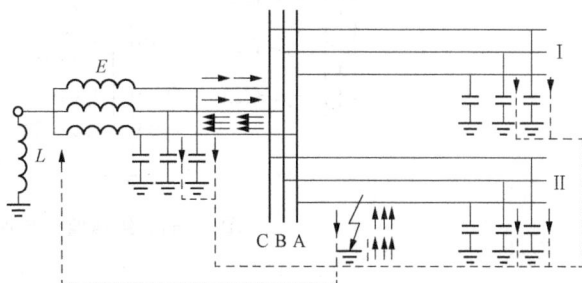

图 2-63 消弧线圈接地电网中单相接地时的电流分布

由于 $I_{C\Sigma}$ 和 I_L 的相位大约相差 $180°$，因此 I_k 将因消弧线圈的补偿而减少。

根据对电容电流的补偿程度不同，消弧线圈有完全补偿、欠补偿及过补偿三种补偿方式。

（1）完全补偿就是使 $I_L = I_{C\Sigma}$。接地点的电流 I_k 近似为零，看来很理想，但是由于

$$\omega L = \frac{1}{3\omega C_{0\Sigma}}$$

对于 $50Hz$ 交流电感 L 和三相对地电容 $3C_{0\Sigma}$，会产生串联谐振，从而使电源中性点对地电压严重升高，这是不允许的，因此在实际上不能采用这种方式。

（2）欠补偿就是使 $I_L < I_{C\Sigma}$。补偿后的接地点电流仍然是电容的。如果系统运行方式发生变化，如某个元件被切除或因故障跳闸，则电容电流就将减少，很可能又出现 $I_L = I_{C\Sigma}$ 的情况。其和（1）有相同的缺点。因此这种方式一般也不采用。

（3）过补偿就是使 $I_L > I_{C\Sigma}$。补偿后的残余电流是电感性的，采用这种方式不可能发生串联谐振的过电压问题，因此实际中获得了广泛的应用。

I_L 大于 $I_{C\Sigma}$ 的程度用过补偿度 P 来表示，其关系为

$$P = \frac{I_L - I_{C\Sigma}}{I_{C\Sigma}} \tag{2-88}$$

一般选择过补偿度 $P = 5\% \sim 10\%$，而不大于 10%。采用过补偿时，由于 $I_L > I_{C\Sigma}$，因此 I_k 的实际方向与图 2-63 所表示的方向相反。

综合上述分析可得，过补偿时，流经故障线路的零序电流是流过消弧线圈的零序与非故障元件零序电流之差，若二者相差不大，不能利用零序电流大小确定故障线路。另外，流经故障线路和非故障线路电容性无功功率的实际方向都是由母线至线路，因此无法利用功率方向的差别来判别故障线路，即无法采用零序方向保护。

三、绝缘监视

在变电站的母线上，一般装设电网单相接地的监视装置。它利用接地后出现的零序电压，带延时动作于信号。绝缘监视装置原理接线如图 2-64 所示。三相五柱式电压互感器高压侧中性点经隔离开关接地，当系统中发生接地故障时，将此隔离开关拉开；否则当接地故障在 2h 内不能消除时，会把电压互感器烧毁。

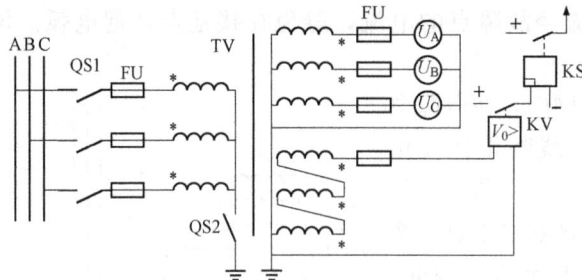

图 2-64　绝缘监视装置原理接线

正常运行时，系统三相电压对称，没有零序电压，所以三只电压表读数相等，过电压继电器 KV 不动。当系统任一出线发生接地故障时，接地相对地电压为零，而其他两相对地电压升高原来的 $\sqrt{3}$ 倍，这可以从三只电压表上指示出来。同时，在开口三角处出现零序电压，

过电压继电器 KV 动作，给出接地信号。

发生金属接地故障时，开口三角处的零序电压约为 100V；而非金属性接地故障时，开口三角处的零序电压小于 100V。为了保证过电压继电器的灵敏度，一般整定的启动电压是 40V。

绝缘监视装置不能知道哪一路出线发生接地故障，要想知道是哪一条线路发生故障，需由运行人员顺次短时断开每条线路。当断开某条线路时，若零序电压信号消失，即表明接地故障是在这条线路上。

四、零序电流保护

零序电流保护是利用故障线路零序电流较非故障线路大的特点来实现有选择性地发出信号或动作于跳闸的保护装置。

零序电流保护原理接线如图 2-65 所示，保护装置由零序电流互感器 TA0 和零序电流继电器 KCZ 组成。

零序电流保护装置的启动电流 I_{set} 必须大于本线路的零序电容电流（非故障时本身的电容电流），即

$$I_{set} = K_{rel} 3U_{\varphi} \alpha C_0 \qquad (2-89)$$

式中：U_{φ} 为线路的对地电压；C_0 为本线路每相的对地电容；K_{rel} 为可靠系数，瞬时动作的零序电流保护取 4～5，延时动作的零序电流保护取 1.5～2.0。

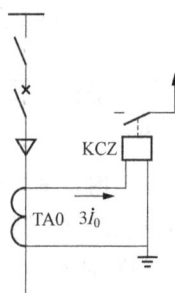

图 2-65　零序电流保护原理接线

零序电流保护装置的灵敏度，可以根据被保护线路上发生接地故障时流经保护的最小零序电流（全网络中非故障线路电容电流的总和）来校验，灵敏系数为

$$K_{sen} = \frac{3U_{\varphi}(C_{0\Sigma} - C_0)}{I_{set}} = \frac{C_{0\Sigma} - C_0}{K_{rel} C_0} \qquad (2-90)$$

式中：$C_{0\Sigma}$ 为系统在最小运行方式下各线路每相对地电容之和；K_{sen} 为灵敏系数，对电缆应大于 1.25，对架空线路应大于 1.5。

由式（2-90）可见，当全网络的电容电流越大，或被保护线路的电容电流越小时，零序电流保护的灵敏系数就越容易满足要求。

思考题与习题

2-1　什么是动作电流？什么是返回电流？什么是返回系数？

2-2　电流互感器的误差与哪些因素有关？有怎样的关系？

2-3　为什么过电流保护在整定计算时考虑返回系数和自启动系数，而电流速断保护不考虑返回系数和自启动系数？

2-4　三段式电流保护哪一段最灵敏，哪一段最不灵敏？它们是采用什么措施来保证选择性的？

2-5　在一条线路上是否一定要用三段式保护？两段可以吗？为什么？

2-6　电流保护的交流回路有哪几种接线方式？其应用范围如何？

2-7　在小接地系统中，有一变电站有两个出口线，1 号线供电给重要用户，2 号线供电给一般用户。为了保证在不同线路上发生两点接地短路时都不会停止向重要用户的供电，

过电流保护要求采取什么措施？

2-8　在什么条件下要求电流保护的动作具有方向性？

2-9　功率方向继电器能单独用作保护吗？为什么？

2-10　按 90°接线的功率方向继电器在三相短路和两相短路时会不会有死区？为什么？

2-11　对于 90°接线方式、内角为 30°的功率方向判别元件，在电网正常负荷电流（功率因数为 0.85）下，分析功率方向判别元件的动作情况。假如 A 相的功率方向元件出口与 B 相过电流元件出口串联，而不是按相连接，当反方向发生 B、C 两相短路时，会出现什么情况？

2-12　电网方向过电流保护动作时限的配合及方向元件的装设应遵守什么原则？

2-13　中性点非直接接地电网中，接地短路的特点及保护方式是什么？

2-14　在大接地电流系统中发生接地短路时，零序分量与正序分量的主要区别有哪些？

2-15　零序功率方向元件有没有死区？为什么？

2-16　中性点经消弧线圈接地电网中，单相接地短路的特点及补偿方式是什么？

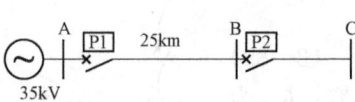

图 2-66　题 2-18 图

2-17　接地系统中，如何从绝缘监察装置的仪表指示中判断接地相？又用什么办法可以判断接地线路？

2-18　在图 2-66 所示的网络中，试对 P1 进行三段式电流保护的整定计算。已知线路的最大负荷电流 $I_{L\,max}=100A$，t_2''为 2.2s，母线 A、B、C 等处短路时流经线路 AB 的三相短路电流计算值如表 2-1 所示（单位：kA）。

表 2-1　　　　　　　　　　　　　　　　题 2-18 表

短路点	A	B	C
最大运行方式	5.34	1.525	0.562
最小运行方式	4.27	1.424	0.548

2-19　在图 2-67 所示网络中，试对 P1 进行三段式电流保护的整定计算。计算中取 $K_{rel}'=1.3$，$K_{rel}''=1.1$，$K_{rel}'''=1.2$，返回系数 $K_{re}=0.85$，自启动系数 $K_{ss}=1$，线路阻抗为 $0.4\Omega/km$。

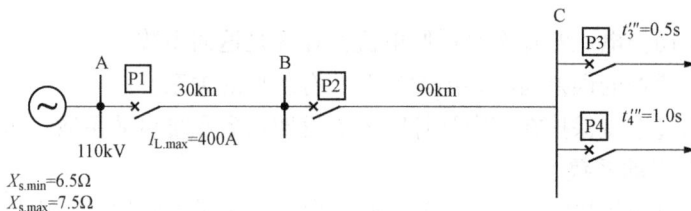

图 2-67　题 2-19 图

2-20　试确定图 2-68 中过电流保护 P1～P8 的动作时限，并确定哪些保护需加方向元件。

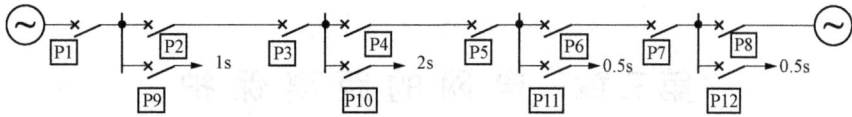

图 2-68 题 2-20 图

第三章　电网的距离保护

第一节　距离保护的基本原理

电流、电压保护的主要优点是简单、可靠、经济，但是，对于容量大、电压高、距离长、负荷重、结构复杂的网络，它们难以满足电网对保护的要求。例如，高压长距离重负荷线路，由于负荷电流大，线路末端短路时，短路电流的数值与负荷电流相差不大，因此电流保护往往不能满足灵敏度的要求；对于电流速断保护，其保护范围受电网运行方式的变化而变化，保护范围不稳定，在某些情况下可能无保护区；对于多电源复杂网络，方向过电流保护的动作时限往往不能按选择性的要求整定，且动作时限长，难以满足电力系统对保护快速动作的要求。所以，电流、电压保护一般只适用于 35kV 及以下电压等级的配电网；对于 110kV 及以上电压等级的复杂网，线路保护采用距离保护。

一、距离保护的概念

距离保护是反应保护安装处至故障点的距离，并根据距离的远近而确定动作时限的一种保护装置。测量保护安装处至故障点的距离，实际上是测量保护安装处至故障点之间的阻抗大小，故有时又称为阻抗保护。测量阻抗为保护安装处的测量电压 U_m 与测量电流 I_m 之比，即

$$Z_m = \frac{U_m}{I_m} \qquad (3-1)$$

式中：Z_m 为测量阻抗，为一复数，可表示为

$$Z_m = |Z_m| \angle \varphi_m = R_m + jX_m \qquad (3-2)$$

式中：$|Z_m|$ 为测量阻抗的阻抗值；φ_m 为测量阻抗的阻抗角；R_m 为测量阻抗的实部，称为测量电阻；X_m 为测量阻抗的虚部，称为测量电抗。

电力系统正常运行时，保护安装处测量到的电压为母线额定电压 U_N，线路电流为负荷电流 I_L，故此时测量阻抗为负荷阻抗 Z_L，即

$$Z_m = \frac{U_N}{I_L} = Z_L \qquad (3-3)$$

在被保护线路发生故障时，保护安装处的测量电压为母线的残压 U_{res}，测量电流为短路电流 I_k，这时的测量阻抗为保护安装地点到短路点的短路阻抗 Z_k，即

$$Z_m = \frac{U_m}{I_m} = \frac{U_{res}}{I_k} = Z_k \qquad (3-4)$$

在短路以后，母线电压下降，而流经保护安装地点的电流增大，这样短路阻抗 Z_k 与正常时测到的负载阻抗 Z_L 相比大大降低。所以，距离保护反应的信息量 Z_m 在故障前后变化量比电流变化量大，因而比反应单一物理量的电流保护灵敏度高。

与电流保护一样，距离保护也有一个保护范围，短路发生在这一范围内，保护动作，否则不动作，该保护范围通常用整定阻抗 Z_{set} 的大小来实现。距离保护的实质是用整定阻抗 Z_{set} 与被保护线路的测量阻抗 Z_m 比较。当短路点在保护范围以外时，即 $|Z_m| > |Z_{set}|$ 时

继电器不动；当短路点在保护范围内时，即 $|Z_m| < |Z_{set}|$ 时继电器动作。因此，距离保护又称低阻抗保护。

二、距离保护的时限特性

距离保护的动作时间 t 与保护安装处到故障点之间的距离 l 的关系称为距离保护的时限特性。为满足速动性、选择性和灵敏性要求，目前广泛应用的是阶梯型时限特性，如图 3-1 所示。这种时限特性与三段式电流保护的时限特性相同，一般也做成三段式，分别对应距离保护的 I、II 和 III 段，相应的三个动作时限分别为 t^I、t^{II} 和 t^{III}。

距离 I 段为无延时的速动段，其动作时限 t^I 仅为保护装置的固有动作时间。为了与下一条线路保护的 I 段有选择性地配合，两者保护范围不能重叠。因此，I 段的保护范围不能延伸到下一线路中去，而为本线路全长的 $80\% \sim 85\%$，即 I 段的动作阻抗整定为 $80\% \sim 85\%$ 线路全长的阻抗。

距离 II 段为带延时的速动段，其时限为 t^{II}。为了有选择性地动作，距离 II 段的动作时限和启动值要与相邻下一条

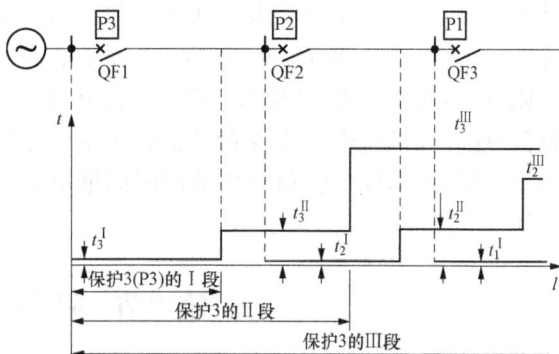

图 3-1 距离保护的时限特性

线路保护的 I 段相配合。整定时限 t^{II} 大于下一线路保护 I 段时间 t^I 一个 Δt，通常 II 段的整定时限取 0.5s；距离保护 II 段的保护范围不应超过下一线路距离 I 段的保护范围，即 II 段的动作阻抗整定为小于下一条线路 I 段保护范围末端短路时的测量阻抗。

距离 III 段为本线路和相邻线路（元件）的后备保护，其动作时限 t^{III} 的整定原则与过电流保护相同，即大于下一条变电站母线出线保护的最大动作时限一个 Δt，其动作阻抗应按躲过正常运行时的最小负荷阻抗来整定。

三、距离保护的组成

三段式距离保护装置一般由以下四种元件组成，如图 3-2 所示。

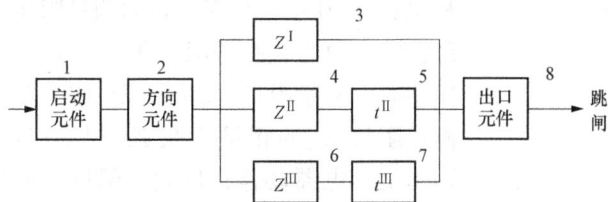

图 3-2 距离保护原理的组成元件框图

1. 启动元件

启动元件的主要作用是在发生故障的瞬间启动整套保护。早期的距离保护，启动元件采用的是过电流继电器或者阻抗继电器。近年来，为了提高启动元件的灵敏度，多采用反应负序电流或负序电流与零序电流的复合电流或其增量的元件作为启动元件。

2. 方向元件

方向元件的作用是保证保护动作的方向性，防止反方向故障时保护误动作。方向元件可采用单独的方向继电器，但更多的是采用方向元件和阻抗元件相结合而构成的方向阻抗继电器。

3. 距离元件

距离元件（Z^{I}、Z^{II}、Z^{III}）的主要作用是测量短路点到保护安装处的距离（测量阻抗），一般采用阻抗继电器。

4. 时间元件

时间元件（t^{I}、t^{II}）的主要作用是按照故障点到保护安装处的远近，根据预定的时限特性确定动作的时限，以保证保护动作的选择性，一般采用时间继电器。

正常运行时，启动元件不启动，保护装置处于被闭锁状态。当正方向发生故障时，启动元件和方向元件动作，距离保护投入工作；如果故障点位于第Ⅰ段保护范围内，则 Z^{I} 动作，直接启动出口元件，瞬时动作于跳闸；如果故障点位于距离Ⅰ段之外的距离Ⅱ段保护范围内，则 Z^{I} 不动作，而 Z^{II} 动作，启动距离Ⅱ段时间继电器，经 Z^{II} 时限，出口元件动作，使断路器跳闸，切除故障；如果故障点位于距离Ⅱ段之外的距离Ⅲ段保护范围内，则 Z^{I}、Z^{II} 不动作，而 Z^{III} 动作，启动距离Ⅲ段时间继电器，经 t^{III} 时限，出口元件动作，使断路器跳闸，切除故障。

第二节　阻抗继电器

阻抗继电器是距离保护装置的核心元件，其主要作用是测量短路点到保护安装处之间的距离，并与整定阻抗值进行比较，以确定保护是否应该动作。

由于测量阻抗 $Z_{\mathrm{m}} = U_{\mathrm{m}}/I_{\mathrm{m}}$ 可以写成 $R+\mathrm{j}X$ 的复数形式，因此可以利用复平面来分析阻抗继电器的动作特性，并用一定的几何图形把它表示出来，如图 3-3 所示。

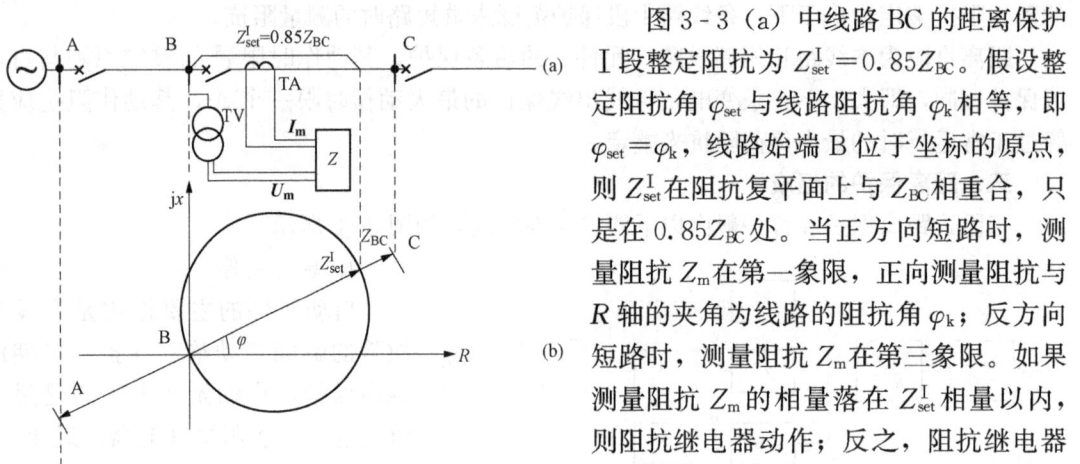

图 3-3　用复数平面分析阻抗继电器的特性
(a) 系统图；(b) 阻抗特性图

图 3-3 (a) 中线路 BC 的距离保护Ⅰ段整定阻抗为 $Z_{\mathrm{set}}^{\mathrm{I}} = 0.85 Z_{\mathrm{BC}}$。假设整定阻抗角 φ_{set} 与线路阻抗角 φ_{k} 相等，即 $\varphi_{\mathrm{set}} = \varphi_{\mathrm{k}}$，线路始端 B 位于坐标的原点，则 $Z_{\mathrm{set}}^{\mathrm{I}}$ 在阻抗复平面上与 Z_{BC} 相重合，只是在 $0.85Z_{\mathrm{BC}}$ 处。当正方向短路时，测量阻抗 Z_{m} 在第一象限，正向测量阻抗与 R 轴的夹角为线路的阻抗角 φ_{k}；反方向短路时，测量阻抗 Z_{m} 在第三象限。如果测量阻抗 Z_{m} 的相量落在 $Z_{\mathrm{set}}^{\mathrm{I}}$ 相量以内，则阻抗继电器动作；反之，阻抗继电器不动作。然而，在出口附近发生经由过渡电阻的短路，测量阻抗向量 Z_{m} 将偏离 Z_{BC} 的方向，阻抗继电器将不动作。另外，在实际系统的接线中，加于阻抗继电器上的电压和电流分别来自电压互感器和电流互感器的二次侧，由于互感器有数值误差和相位误差，继电器也有误差，从而导致测量阻抗不能与 Z_{BC} 方向完全一致。所以，阻抗继电器的动作特性不应只是一条线段，而应是包含该线段在内的某些简单图形的面积。

为了能消除过渡电阻及互感器误差的影响，尽量简化继电器的接线，以便于制造和调试，通常把阻抗继电器的动作特性扩大为一个圆。如图 3-3（b）所示的阻抗继电器的动作特性为方向特性圆，圆内为动作区，圆外为不动作区。

一、具有圆及直线动作特性的阻抗继电器

圆特性和直线特性阻抗继电器的构成方法有两种：对两个电气量的幅值进行比较（比幅式阻抗继电器）和对两个电气量的相位进行比较（比相式阻抗继电器）。

（一）特性分析及电压形成回路

1. 全阻抗继电器

（1）幅值比较。全阻抗继电器的动作特性如图 3-4 所示，它是以整定阻抗 Z_{set} 为半径，以坐标原点为圆心的一个圆，动作区在圆内。测量阻抗在圆内任何象限时，阻抗继电器都能动作，即它没有方向性。全阻抗继电器的动作与边界条件为

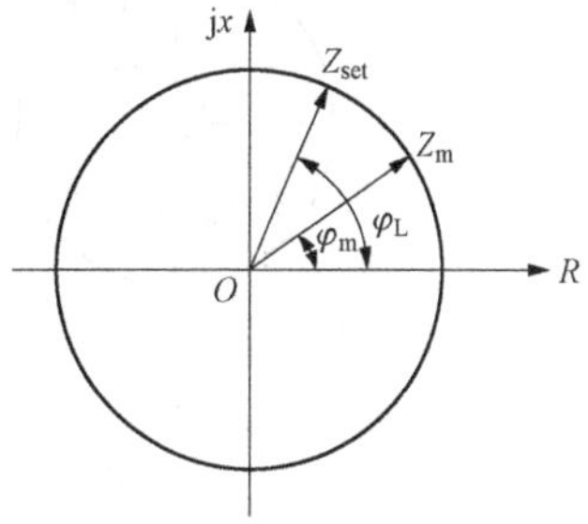

图 3-4 全阻抗继电器的动作特性

$$|Z_{set}| \geqslant |Z_m| \tag{3-5}$$

或

$$|Z_{set} I_m| \geqslant |Z_m I_m| \tag{3-6}$$

式（3-6）中的电压有两种形式，一种是输入继电器的电流 I_m 在某一已知整定阻抗 Z_{set} 上的电压降 $Z_{set} I_m$，可以采用电抗变换器 UX 获得；另一种是加于继电器端子上的测量电压 U_m，可以直接从母线电压互感器 TV 的二次侧取得，但为了便于调整阻抗继电器的整定值，还需经一个电压变换器 UV 接入。全阻抗继电器的幅值比较电压形成回路如图 3-5 所示。电抗变换器二次侧绕组电压用 $K_I I_m$ 表示，电压变换器二次侧电压用 $K_U I_m$ 表示，则全阻抗继电器动作方程为

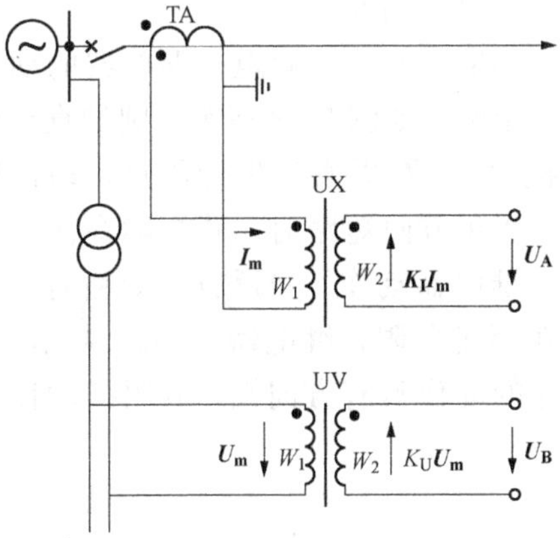

图 3-5 全阻抗继电器的幅值比较电压形成回路

$$|K_I I_m| \geqslant K_U U_m| \tag{3-7}$$

令电压形成回路输出的用于比较幅值的两电气量为

$$\begin{cases} 动作量 \ U_A = K_I I_m \\ 制动量 \ U_B = K_U U_m \end{cases} \tag{3-8}$$

故幅值比较的动作方程可写为

$$|U_A| \geqslant |U_B| \tag{3-9}$$

（2）相位比较。相位比较方式分析全阻抗继电器的动作特性如图 3-6 所示，继电器的动作与边界条件为 $Z_{set}-Z_m$ 与 $Z_{set}+Z_m$ 的夹角不大于 90°，即

$$-90° \leqslant \arg \frac{Z_{set}-Z_m}{Z_{set}+Z_m} = \theta \leqslant 90° \tag{3-10}$$

分子、分母同乘以测量电流，得

$$-90° \leqslant \arg \frac{Z_{set} I_m - Z_m I_m}{Z_{set} I_m + Z_m I_m} \leqslant 90° \tag{3-11}$$

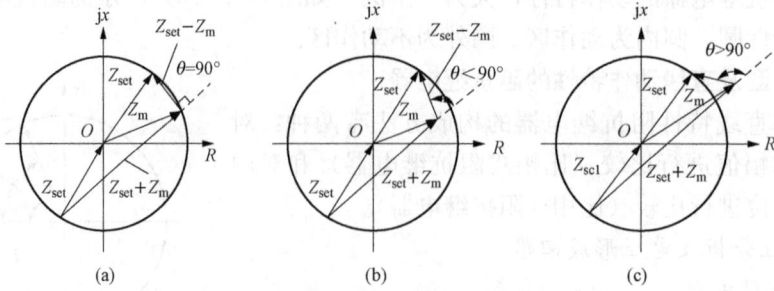

图 3-6　相位比较方式分析全阻抗继电器的动作特性

（a）继电器刚动作；（b）继电器动作；（c）继电器不动作

全阻抗继电器的相位比较电压形成回路如图 3-7 所示。

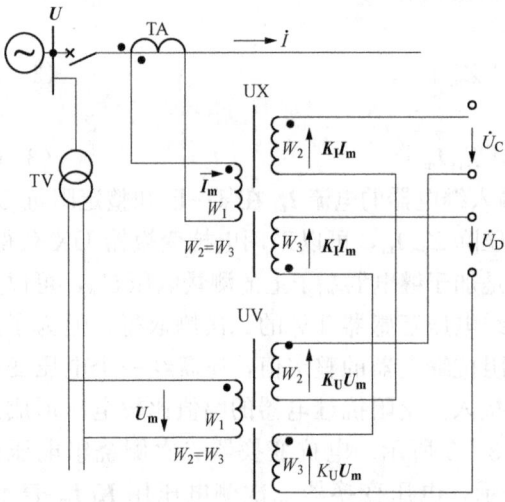

图 3-7　全阻抗继电器的相位比较电压形成回路

令

$$\begin{cases} \boldsymbol{U}_{\mathbf{C}} = \boldsymbol{K}_{\mathbf{I}}\boldsymbol{I}_{\mathbf{m}} - \boldsymbol{K}_{\mathbf{U}}\boldsymbol{U}_{\mathbf{m}} \\ \boldsymbol{U}_{\mathbf{D}} = \boldsymbol{K}_{\mathbf{I}}\boldsymbol{I}_{\mathbf{m}} + \boldsymbol{K}_{\mathbf{U}}\boldsymbol{U}_{\mathbf{m}} \end{cases} \quad (3\text{-}12)$$

故相位比较的动作方程为

$$-90° \leqslant \arg\frac{\boldsymbol{U}_{\mathbf{C}}}{\boldsymbol{U}_{\mathbf{D}}} = \theta \leqslant 90° \quad (3\text{-}13)$$

2. 方向阻抗继电器

（1）幅值比较。方向阻抗继电器的动作特性为一个圆，如图 3-8 所示，圆的直径为整定阻抗 Z_{set}，圆周通过坐标原点，动作区在圆内。当正方向短路时，若故障在保护范围内部，继电器动作；当反方向短路时，测量阻抗在第Ⅲ象限，继电器不动。因此，这种继电器的动作具有方向性，其阻抗动作方程为

$$Z_{\text{m}} \leqslant Z_{\text{set}}\cos(\varphi_{\text{set}} - \varphi_{\text{m}}) \quad (3\text{-}14)$$

当阻抗继电器测量阻抗角 φ_{m} 为不同数值时，其动作值也不同；当 φ_{m} 等于整定值阻抗角 φ_{set} 时，动作阻抗最大，等于圆的直径，这时阻抗继电器的保护范围最大，工作最灵敏，故这时测量阻抗角称为最大灵敏角，用 φ_{s} 表示。幅值比较的动作与边界条件为

$$\left| \frac{1}{2}Z_{\text{set}} \right| \geqslant \left| Z_{\text{m}} - \frac{1}{2}Z_{\text{set}} \right| \quad (3\text{-}15)$$

两边同乘以测量电流，得

$$\left| \frac{1}{2}Z_{\text{set}}\boldsymbol{I}_{\mathbf{m}} \right| \geqslant \left| \boldsymbol{U}_{\mathbf{m}} - \frac{1}{2}\boldsymbol{I}_{\mathbf{m}}Z_{\text{set}} \right| \quad (3\text{-}16)$$

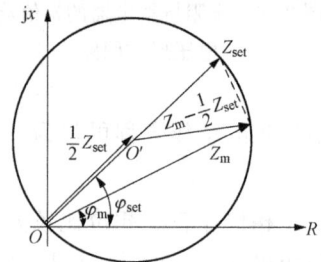

图 3-8　方向阻抗继电器的动作特性

其电压形成回路如图 3-9 所示。电抗变换器 UX 有三个二次绕组，其中 W_2、W_3 匝数相等，获得两个电抗变换器二次侧电压分量 $\frac{1}{2}\boldsymbol{I}_{\mathbf{m}}Z_{\text{set}}$；第三个二次绕组 W_4 用来调整继电器整定阻

抗角。电抗变换器二次侧两绕组电压用 $\frac{1}{2}K_I I_m$ 表示，电压变换器二次侧电压用 $K_U U_m$ 表示，则方向阻抗继电器动作方程可写为

$$\left|\frac{1}{2}K_I I_m\right| \geqslant \left|K_U U_m - \frac{1}{2}K_I I_m\right| \quad (3-17)$$

令电压形成回路输出的用于比较幅值的两电气量为

$$\begin{cases} \text{动作量 } U_A = \frac{1}{2}K_I I_m \\ \text{制动量 } U_B = K_U U_m - \frac{1}{2}K_I I_m \end{cases} \quad (3-18)$$

故幅值比较的动作方程可写为

$$|U_A| \geqslant |U_B| \quad (3-19)$$

（2）相位比较。相位比较的方向阻抗继电器动作特性如图 3-10 所示，其动作与边界条件为

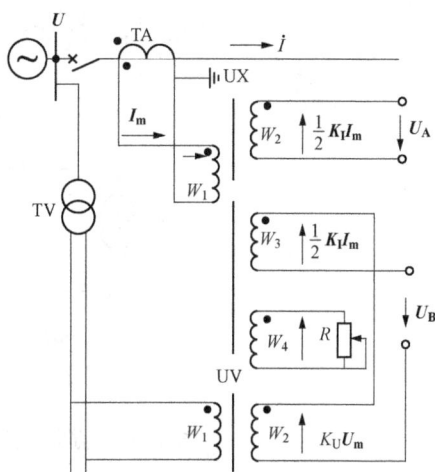

图 3-9 方向阻抗继电器的幅值比较
电压形成回路

$$-90° \leqslant \arg\frac{Z_{set} - Z_m}{Z_m} = \theta \leqslant 90° \quad (3-20)$$

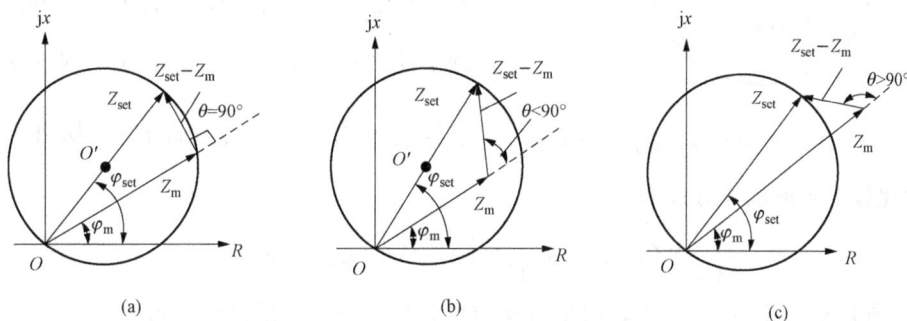

图 3-10 相位比较的方向阻抗继电器动作特性
（a）继电器刚动作；（b）继电器动作；（c）继电器不动作

分式上下同乘以测量电流，得

$$-90° \leqslant \arg\frac{Z_{set} I_m - U_m}{U_m} \leqslant 90° \quad (3-21)$$

构成方向阻抗继电器相位比较的电压形成回路，如图 3-11 所示。

令电压形成回路输出的用于比较相位的两电气量为

$$\begin{cases} U_C = K_I I_m - K_U U_m \\ U_D = K_U U_m \end{cases} \quad (3-22)$$

故相位比较的动作方程为

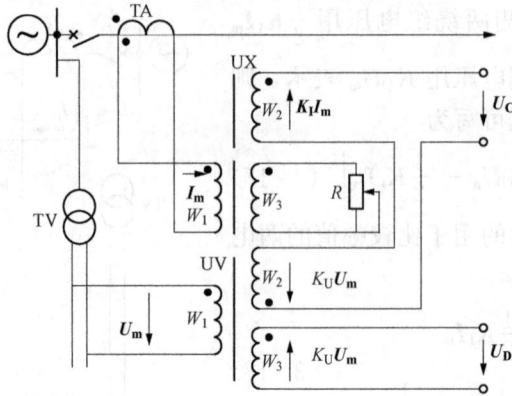

图 3-11　方向阻抗继电器相位比较的电压形成回路

$$-90° \leqslant \arg \frac{U_C}{U_D} = \theta \leqslant 90°$$ (3-23)

3. 偏移特性阻抗继电器

(1) 幅值比较。偏移特性阻抗继电器的动作特性如图 3-12 所示，它有两个整定阻抗，即正方向整定阻抗 Z_{set1} 和反方向整定阻抗 Z_{set2}。$Z_{set1} + Z_{set2}$ 为圆的直径，坐标原点在圆内，特性圆半径为 $\left| \frac{1}{2}(Z_{set1} + Z_{set2}) \right|$，圆心坐标为 $Z_{OO'} = \frac{1}{2}(Z_{set1} - Z_{set2})$。圆内为动作区，圆外为不动作

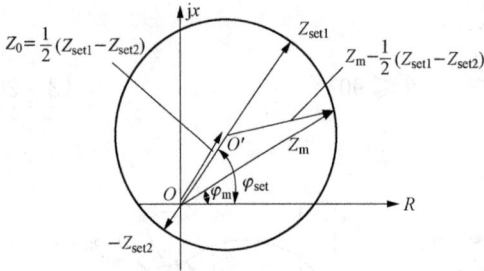

图 3-12　偏移特性阻抗继电器的动作特性

区。幅值比较形式的动作方程为

$$\left| \frac{1}{2}(Z_{set1} + Z_{set2}) \right| \geqslant \left| Z_m - \frac{1}{2}(Z_{set1} - Z_{set2}) \right|$$ (3-24)

用电流 I_m 乘以式 (3-24) 两边，得出偏移特性阻抗圆继电器的动作特性方程为

$$\left| \frac{1}{2}(Z_{set1} + Z_{set2})I_m \right| \geqslant \left| U_m - \frac{1}{2}(Z_{set1} + Z_{set2})I_m \right|$$ (3-25)

令

$$Z_{set1} = \frac{K_{I1}}{K_U}, \ Z_{set2} = \frac{K_{I2}}{K_U}$$

则式 (3-25) 可表示为

$$\left| \frac{1}{2}(K_{I1} + K_{I2})I_m \right| \geqslant \left| K_U U_m - \frac{1}{2}(K_{I1} - K_{I2})I_m \right|$$ (3-26)

令电压形成回路输出的比较幅值两电气量分别为

$$\begin{cases} \text{动作量 } U_A = \frac{1}{2}(K_{I1} + K_{I2})I_m \\ \text{制动量 } U_B = K_U U_m - \frac{1}{2}(K_{I1} - K_{I2})I_m \end{cases}$$ (3-27)

故幅值比较的动作方程可写为

$$|\boldsymbol{U}_{\mathbf{A}}| \geqslant |\boldsymbol{U}_{\mathbf{B}}| \qquad (3-28)$$

（2）相位比较。偏移特性阻抗继电器的相位比较分析如图 3-13 所示，其相位比较的动作与边界条件为

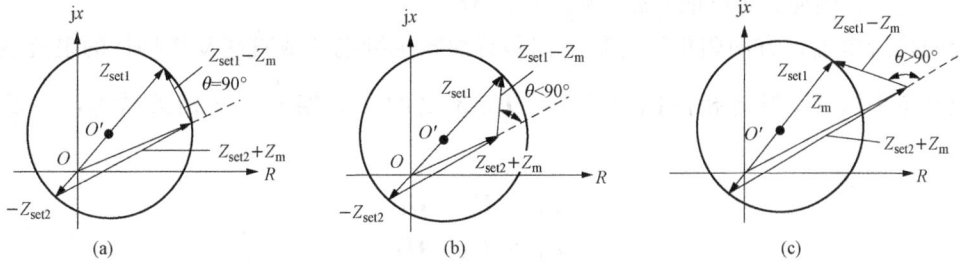

图 3-13 偏移特性阻抗继电器的相位比较分析
(a) 继电器刚动作；(b) 继电器动作；(c) 继电器不动作

$$-90° \leqslant \arg \frac{Z_{\text{set1}} - Z_{\text{m}}}{Z_{\text{set2}} + Z_{\text{m}}} = \theta \leqslant 90° \qquad (3-29)$$

分式上下同乘以测量电流，得

$$-90° \leqslant \arg \frac{Z_{\text{set1}} \boldsymbol{I}_{\mathbf{m}} - \boldsymbol{U}_{\mathbf{m}}}{Z_{\text{set2}} \boldsymbol{I}_{\mathbf{m}} + \boldsymbol{U}_{\mathbf{m}}} = \theta \leqslant 90° \qquad (3-30)$$

偏移特性阻抗继电器幅值比较和相位比较的电压形成回路与方向阻抗继电器类似，这里从略。令相位比较偏移特性阻抗继电器的两电气量为

$$\begin{cases} \boldsymbol{U}_{\mathbf{C}} = \boldsymbol{K}_{\mathbf{I1}} \boldsymbol{I}_{\mathbf{m}} - \boldsymbol{K}_{\mathbf{U}} \boldsymbol{U}_{\mathbf{m}} \\ \boldsymbol{U}_{\mathbf{D}} = \boldsymbol{K}_{\mathbf{I2}} \boldsymbol{I}_{\mathbf{m}} + \boldsymbol{K}_{\mathbf{U}} \boldsymbol{U}_{\mathbf{m}} \end{cases} \qquad (3-31)$$

故相位比较的动作方程为

$$-90° \leqslant \arg \frac{\boldsymbol{U}_{\mathbf{C}}}{\boldsymbol{U}_{\mathbf{D}}} = \theta \leqslant 90° \qquad (3-32)$$

4. 直线特性阻抗继电器

阻抗圆的半径为无穷大时，圆特性变为直线特性，如图 3-14 所示，AA' 为动作特性边界线，直线的一侧为动作区（如下侧），另一侧为不动作区。其整定阻抗 Z_{set} 为垂直于边界线 AA' 的有向线段 OC，延长 Z_{set} 的二倍便得 $2Z_{\text{set}}$ 向量，则幅值比较的动作与边界条件为

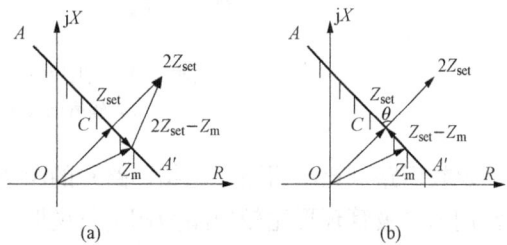

图 3-14 直线特性阻抗继电器的动作特性
(a) 幅值比较式的分析；(b) 相位比较式的分析

$$|2Z_{\text{set}} - Z_{\text{m}}| \geqslant |Z_{\text{m}}| \qquad (3-33)$$

两边同乘以电流 $\boldsymbol{I}_{\mathbf{m}}$，得

$$|\boldsymbol{U}_{\mathbf{A}}| = |2\boldsymbol{K}_{\mathbf{I}} \boldsymbol{I}_{\mathbf{m}} - \boldsymbol{K}_{\mathbf{U}} \boldsymbol{U}_{\mathbf{m}}| \geqslant |\boldsymbol{K}_{\mathbf{U}} \boldsymbol{U}_{\mathbf{m}}| = |\boldsymbol{U}_{\mathbf{B}}| \qquad (3-34)$$

相位比较的动作与边界条件为

$$-90° \leqslant \arg \frac{Z_{\text{set}} - Z_{\text{m}}}{Z_{\text{set}}} = \theta \leqslant 90° \qquad (3-35)$$

式（3-35）中分子分母同乘以电流 $\boldsymbol{I}_{\mathbf{m}}$，则有

$$-90° \leqslant \arg \frac{K_{\mathrm{I}}I_{\mathrm{m}} - K_{\mathrm{U}}U_{\mathrm{m}}}{K_{\mathrm{I}}I_{\mathrm{m}}} = \frac{U_{\mathrm{C}}}{U_{\mathrm{D}}} = \theta \leqslant 90° \tag{3-36}$$

当 $Z_{\mathrm{set}} = \mathrm{j}x$ 时，动作特性直线与 R 轴平行，称为电抗继电器，该继电器的动作行为与 R 值的大小无关，因而有较好的避越电弧电阻的能力。

全阻抗继电器、方向阻抗继电器、偏移特性阻抗继电器或直线动作特性的阻抗继电器幅值比较的 U_{A}、U_{B} 量与相位比较的 U_{C}、U_{D} 量之间在忽略 $\frac{1}{2}$ 或 2 倍关系时，满足下列关系

$$\begin{cases} U_{\mathrm{C}} = U_{\mathrm{A}} - U_{\mathrm{B}} \\ U_{\mathrm{D}} = U_{\mathrm{A}} + U_{\mathrm{B}} \end{cases} \tag{3-37}$$

或满足

$$\begin{cases} U_{\mathrm{A}} = U_{\mathrm{C}} + U_{\mathrm{D}} \\ U_{\mathrm{B}} = U_{\mathrm{D}} - U_{\mathrm{C}} \end{cases} \tag{3-38}$$

应该说明的是，$\arg \dfrac{U_{\mathrm{C}}}{U_{\mathrm{D}}}$ 表示相量 U_{C} 与 U_{D} 之间的夹角，U_{D} 作参考相量，U_{C} 超前 U_{D} 时角度为正。

（二）阻抗继电器的比较回路

具有圆或直线特性的阻抗继电器可以用比较两个电气量幅值的方法来构成，也可以用比较两个电气量相位的方法来实现，被比较的一般是 U_{A}、U_{B} 或 U_{C}、U_{D}，至于每个电气量应包括哪些组成分量，应由欲构成的阻抗继电器的动作特性而定。所有继电器都可以认为由图 3-15 所示的两个基本部分组成，即由电压形成回路和幅值比较回路（比幅回路）或相位比较回路（比相回路）组成。

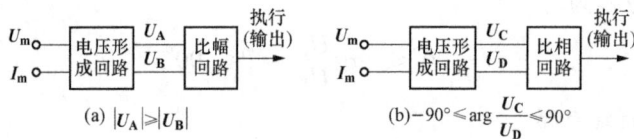

图 3-15 阻抗继电器的构成原理方框图
(a) 幅值比较式；(b) 相位比较式

比较回路（比幅回路、比相回路）的组成和工作原理有多种，下面仅以方向阻抗继电器中常用的二极管环形比较回路为例进行说明。

1. 二极管环形相位比较回路

二极管环形相位比较回路基于把两个进行比较的电气量的相位变化关系转换为直流输出脉动电压的极性变化，它对相位变化的反应比较灵敏，且有整流功能，故又称为相敏整流比较回路。图 3-16 为这种比相电路的原理接线和其等效电路。加于图 3-16 中的比较量（输入）是同频率的电压量 U_{C} 和 U_{D}，电压变换器 UV 二次侧电压 U_1 与 U_{C} 同相、U_2 与 U_{D} 同相，并假定 $U_1 > U_2$，两者相位角 $\theta = \arg(U_1/U_2) = \arg(U_{\mathrm{C}}/U_{\mathrm{D}})$，负载电阻 $R_1 = R_2$。根据等效电路所示极性，$E_1 = U_1 + U_2$，$E_2 = U_1 - U_2$，当相位角 θ 变化时，比相回路的输出电压 U_{mn} 脉冲宽度及极性相应产生变化，现分析如下。

（1）当 $\theta = 0°$ 时，E_1、E_2 及比较量 U_1、U_2 的相量关系如图 3-17（a）所示。当交流比

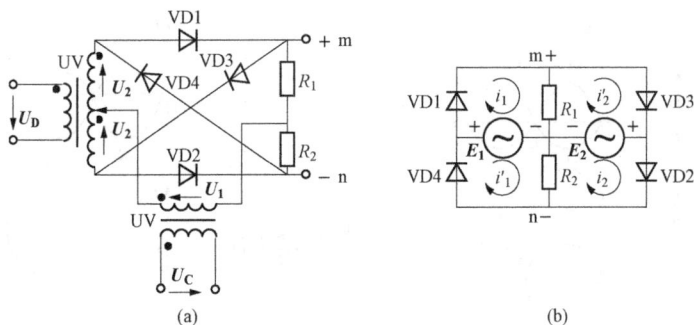

图 3-16　二极管环形整流比相电路

(a) 原理接线；(b) 等效电路

较量为正半周时，在 E_1 和 E_2 作用下分别使二极管 VD1、VD2 导通，VD3 和 VD4 截止，在相应回路中产生电流 i_1 和 i_2，i_1 在 R_1 上产生正向压降 i_1R_1，i_2 在 R_2 上同样形成反向压降 i_2R_2，且 $i_1R_1 > i_2R_2$。当比较量为负半周时，E_1、E_2 变为反极性，VD4、VD3 分别导通，VD1 和 VD2 截止。E_1 产生的电流 i_1' 在 R_2 上形成正向压降 $i_1'R_2$，而 E_2 产生的电流 i_2' 则在 R_1 上形成反向压降 $i_2'R_1$，且 $i_1'R_2 > i_2'R_1$。输出电压 U_{mn} 等于在一周期内电阻 R_1、R_2 上电压降的代数和，即 $U_{mn} = (i_1' + i_2)R_2 + (i_1 + i_2')R_1$。由于 $E_1 > E_2$，在整流电路导通的任一半周期（π）内，U_{mn} 为正脉冲，且宽度为 π，如图 3-17（a）所示。这时输出电压的平均值 $U_{mn.av}$ 为正极性最大值。

（2）当 $\theta = 180°$ 时，E_1、E_2 与比较量的相量关系如图 3-17（b）所示。此时，在比较量分别为正、负半周情况下，整流电路导通和 E_1、E_2 分别在 R_1 和 R_2 上产生电压降的正反向极性都与 $\theta = 0°$ 时相同，但因 $E_1 < E_2$，故在任一半周期 π 内，U_{mn} 为负脉冲，E_1、E_2 脉冲宽度为 π，如图 3-17（b）所示。这时输出电压的平均值为负极性最大值。

（3）当 $\theta = 90°$ 时，E_1、E_2 及比较量的相量关系如图 3-17（c）所示。这时 $E_1 = E_2$，且 E_2 超前 E_1 为 φ 角。与上述分析相同，从一个周期内整流电路导通后各电流在电阻 R_1 和 R_2 上产生的电压降代数和关系，可得到 U_{mn} 的波形图［图 3-17（c）下部］。从波形图可知，U_{mn} 为正、负脉冲，其脉冲宽度均为 90°。显然，这时输出电压的平均值是零。

当 θ 为其他任意角度时，同样可得到相应的输出电压 U_{mn} 的正、负脉冲的宽度及其幅值，从而可绘出图 3-18 所示的 $U_{mn.av} = f(\theta)$ 关系曲线。由图 3-18 可知，仅当相位角的变化在 $-90° \leqslant \theta \leqslant 90°$ 范围的条件下，输出电压平均值为正值，这就保证了阻抗继电器动作条件。在二极管环形整流比相电路后接入"滤波电路"，取出电压中的平均值 $U_{mn.av}$，然后用高灵敏的"零指示器"来鉴别，便构成了满足相位比较条件的测定平均值正极性的相位比较回路，从而便实现了相位比较式阻抗继电器的功能。

在 $U_1 < U_2$ 的情况下同样可得到上述相同结论。

2. 二极管环形幅值比较回路

图 3-19 所示为 ZJL-31 型方向阻抗继电器采用的二极管环形幅值比较回路的简化示意图。设幅值比较的动作方程为 $|U_A| \geqslant |U_B|$，当 U_A 加入时，利用 VD1、VD3 进行单相全波整流，整流电流都从极化继电器线圈的星标流入，使继电器动作；故 U_A 是动作量。当 U_B 加入时，利用 VD2、VD4 进行单相全波整流，整流电流都从极化继电器非星标流入，使继电器制动，

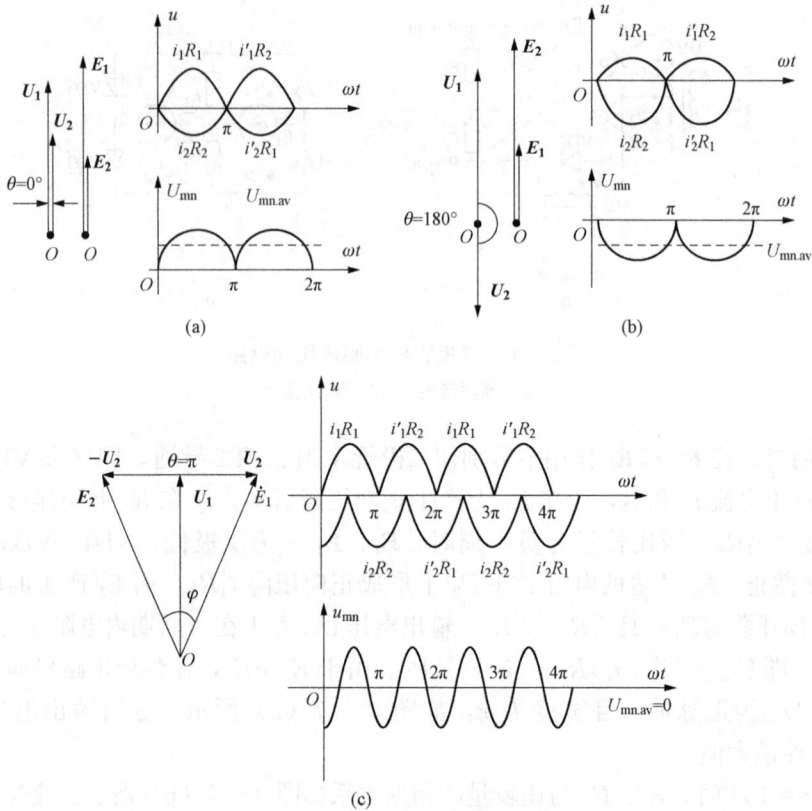

图 3 - 17　二极管环形整流比相回路原理分析图

(a) $\theta=0°$，$E_1>E_2$；(b) $\theta=180°$，$E_1<E_2$；(c) $\theta=90°$，$E_1=E_2$

故 U_B 是制动量；当 U_A 和 U_B 都存在时，极化继电器的动作情况取决于 U_A 和 U_B 的大小，当 $|U_A|>|U_B|$ 时继电器动作。

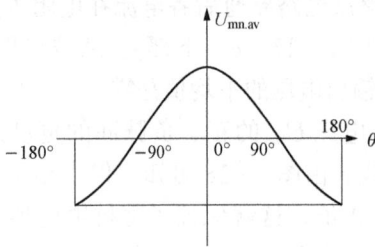

图 3 - 18　环形整流比相电路输出电压
平均值 $U_{\text{mn.av}}$ 与相位角 θ 的关系曲线

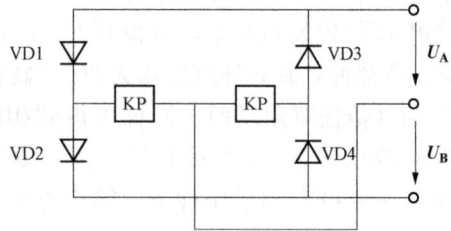

图 3 - 19　二极管环形幅值比较回路

二、具有多边形动作特性的阻抗继电器

1. 四边形特性阻抗继电器的动作特性

前述圆特性阻抗继电器虽然构造简单，调节方便，但它存在两个缺点：当用于短路时，整定阻抗较小，继电器的动作受短路点过渡电阻的影响较大；当用于长距离重负荷线路时，整定阻抗值较大，继电器躲开负荷阻抗的能力差。为弥补以上不足，近年来，具有四边形动作特性的阻抗继电器得到了推广应用。图 3 - 20 所示为一种类型的阻抗继电器四边形动作特

性，四边形以内为动作区，以外为不动作区，即测量阻抗 Z_m 末端位于四条边上，为动作边界。

在双侧电源线路上，为防止下一条线路始端经过渡电阻短路时，造成本线路第 I 段保护误动作，四边形上界不取与 R 轴平行，而取其与 R 轴的偏离角 $\alpha = 7° \sim 10°$ 的下倾直线，其高度由整定阻抗 Z_{set} 的末端应落于该上界 AB 直线上来确定。为保证出口经过渡电阻短路时能可靠动作，四边形的下界也应该下倾，下倾角 $\delta \approx 30°$，并且根据可能出现的过渡电阻的大小来确定 CD 的长度。设被保护线路

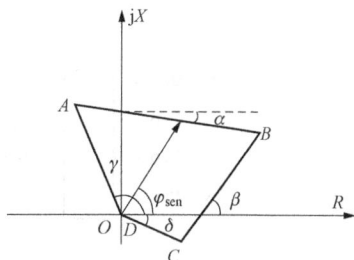

图 3-20 阻抗继电器的四边形动作特性

阻抗角为 φ_k（设整定阻抗 Z_{set} 的最灵敏角 $\varphi_{sen} = \varphi_k$），沿线各点金属性短路时，测量阻抗的相角也是 φ_k，而由于互感器和继电器都有误差，使测量阻抗相角偏离 φ_k，为此整定 DA 线倾角 $\gamma > \varphi_k$，一般 $\gamma = \varphi_k + 30°$。为使距离保护可靠避越重载运行（此时阻抗角较小），β 角宜选用较小值。此外，考虑到线路首端短路的电流大于末端短路电流，而且故障切除时间较短，因而电弧电阻对末端短路影响较大，因而 β 总是小于 φ_k。

2. 四边形特性阻抗继电器的构成原理

多边形在复平面上确定之后，多边形各个顶点对应的阻抗为已知，如四边形的顶点 A、

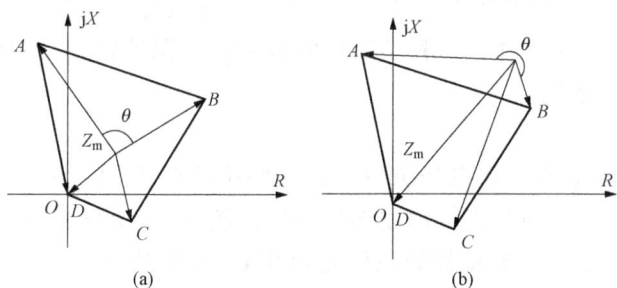

图 3-21 四边形特性阻抗继电器的动作特性
(a) 继电器动作；(b) 继电器不动作

B、C、D 对应的阻抗为 Z_A、Z_B、Z_C、Z_D。若测量阻抗 Z_m 落在四边形以内，则 $(Z_A - Z_m) = Z_1$、$(Z_B - Z_m) = Z_2$、$(Z_C - Z_m) = Z_3$、$(Z_D - Z_m) = Z_4$ 四个阻抗中任两相邻阻抗之间的最大夹角小于 $180°$ [图 3-21 (a)]，要求继电器动作。若测量阻抗 Z_m 落在四边形之外，则 $(Z_A - Z_m) = Z_1$、$(Z_B - Z_m) = Z_2$、$(Z_C - Z_m) = Z_3$、$(Z_D - Z_m) = Z_4$ 四个阻抗

中任两相邻阻抗之间的最大夹角大于 $180°$ [图 3-21 (b)]，要求继电器不动作。

将四个阻抗 Z_1、Z_2、Z_3、Z_4 通以正弦波电流，则得到相应的电压量：$U_1 = Z_1 I_m$、$U_2 = Z_2 I_m$、$U_3 = Z_3 I_m$、$U_4 = Z_4 I_m$。$U_1 \sim U_4$ 皆为正弦电压，并可用旋转相量表示。当两相邻电压相量之间的最大夹角小于 $180°$ 时，任何瞬间都存在负电压及正电压；当两相邻电压相量之间的最大夹角大于 $180°$ 时，在一周期时间内存在均为正电压或均为负电压的时刻。也就是说，在一个周期时间段内，当区内短路时，四个电压瞬时值同时为正或同时为负的时刻不会出现；而区外短路时，四个电压瞬时值同时为正或同时为负的时刻会出现，但持续时间小于 $20ms$。利用该差别，采用四个电压的连续相位比较便可构成多边形继电器，其原理接线如图 3-22 所示。当 U_1、U_2、U_3、U_4 为同极性连续时，"或"门有连续的输出信号，启动时间电路，经 $20ms$ 后相位比较电路动作；当 U_1、U_2、U_3、U_4 同极性不连续时，"或"门的连续输出不能达到 $20ms$，即时间电路不能动作，相位比较元件无输出。

三、方向阻抗继电器的死区及死区消除方法

对于方向阻抗继电器，当保护出口正方向发生相间短路时，故障线路母线上的残余电压

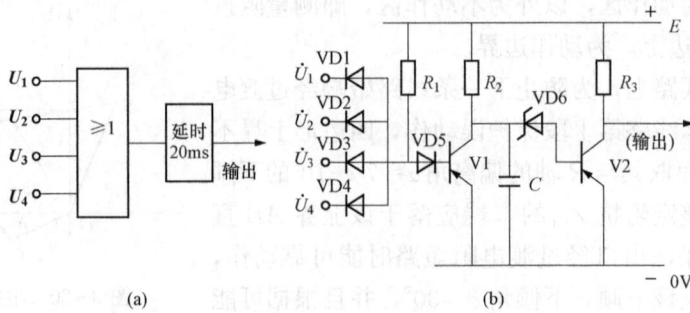

图 3 - 22　同极性连续比相电路原理接线

(a) 比相电路；(b) 电路

将降低到零，即 $U_m = 0$。对幅值比较的方向阻抗继电器，其动作条件为 $\left| \frac{1}{2} K_I I_m \right| \geqslant$ $\left| K_U U_m - \frac{1}{2} K_I I_m \right|$，此时，该式变为 $\left| \frac{1}{2} K_I I_m \right| \geqslant \left| -\frac{1}{2} K_I I_m \right|$，被比较的两个电压相等，理论上处于动作边界。实际上，由于继电器的执行元件动作需要消耗一定的功率，因此继电器不动作。对于相位比较的方向阻抗继电器，其动作条件为 $-90° \leqslant \arg \frac{K_I I_m - K_U U_m}{K_U U_m} \leqslant 90°$，当 $U_m = 0$ 时，无法进行比相，因而继电器也不动作。这种不动作的范围称为保护装置的"死区"。为了减小和消除死区，常采用以下措施。

1. 记忆回路

对瞬时动作的距离 I 段方向阻抗继电器，在电压 $K_U U_m$ 的回路中广泛采用"记忆回路"接线，即将电压回路看作一个 50Hz 工频交流的串联谐振回路。图 3-23 所示是常用的接线之一。图 3-23 中，R_r、C_r、L_r 是在原幅值比较的测量电压 U_m 回路中接入的一个串联谐振回路。取 $j\omega L_r = \frac{1}{j\omega C_r}$，则谐振回路中的电流 I_r 与外加测量电压 U_m 同相位，所以在电阻 R 上的压降 U_R 也与外加电压 U_m 同相位，记忆电压 U_p 通过记忆变压器 UV 与 $K_U U_m$ 同相位。

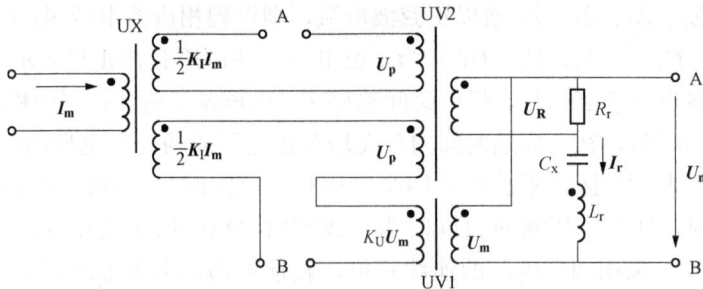

图 3 - 23　具有记忆的幅值比较方向阻抗继电器电压形成回路

引入记忆电压以后，幅值比较的动作条件为

$$\left| \frac{1}{2} K_I I_m + U_p \right| \geqslant \left| K_U U_m - \frac{1}{2} K_I I_m + U_p \right| \qquad (3 - 39)$$

在出口短路时，$U_m = 0$，由于谐振回路的储能作用，极化电压 U_p 在衰减到零之前存在，且与 U_m 同相位。由于继电器记录了故障前的电压，因此方向阻抗继电器消除了死区。

2. 引入第三相电压

记忆回路作用时间有限，只能保证方向阻抗继电器在暂态过程中正确动作，因此引入非故障相电压，以克服此缺点。图 3-24（a）所示为在方向阻抗继电器中引入第三相电压，并将第三相电压和记忆回路并用的方案。由图 3-24（a）可见，第三相电压为 C 相，它通过高阻值的电阻 R 接到记忆回路中 C_r 和 L_r 的连接点上。正常时，由于 U_{AB} 电压较高且 L_r、C_r 处于工频谐振状态，而 R 值又很大，因此作用在 R_r 上的电流主要来自 U_{AB} 且是电阻性的，第三相电压 U_C 基本上不起作用。当系统中 AB 相发生突然短路时，U_{AB} 突然为零，此时记忆回路发挥作用，使继电器得到一个和故障前 U_m 相位相同的极化电压 U_p，但它将逐渐衰减到零，这时第三相电压的作用表现出来。图 3-24（b）为图 3-24（a）在保护出口 AB 两相短路时，记忆电压消失后的等值电路。电阻 R 中的电流 I_R 与 U_{AC} 同相位，因为电阻 R 的数值远大于 $\left(R_r + \dfrac{1}{j\omega C_r}\right) // j\omega L_r$ 的值，而 I_r 在 R_r、C_r 支路中的分流为

$$I_r = I_R \frac{jX_{Lr}}{R_r - jX_{Cr} + jX_{Lr}} \approx I_R \frac{jX_{Lr}}{R_r} \tag{3-40}$$

在电阻 R_r 上的压降为

$$U_R = I_r R_r = jI_R X_{Lr} \tag{3-41}$$

从相量图 3-24（c）中可以看出，I_r 超前 I_R 近 $90°$，电阻 R_r 上电压降 U_R 超前 U_{AC} $90°$，即极化电压与故障前电压 U_{AB} 同相位。因此，当出口两相短路时，第三相电压可以在继电器中产生和故障前电压 $U_{AB}(U_m)$ 同相且不衰减的极化电压 U_p，以保证方向阻抗继电器正确动作，即能消除死区。但是这种方法对消除三相短路时的死区是不起作用的，因为此时三个相电压和相间电压均为零。

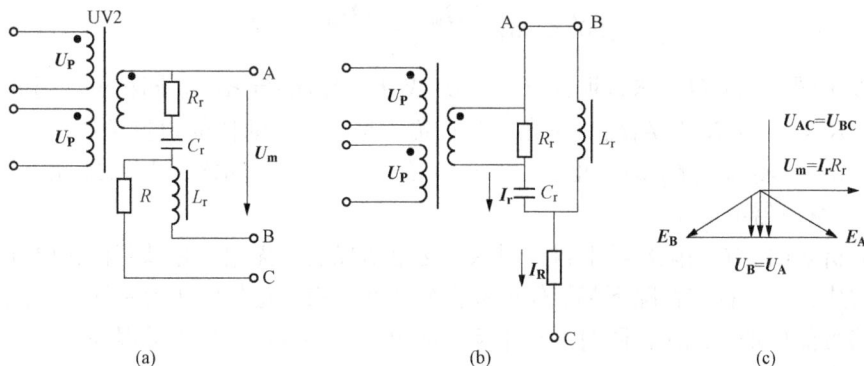

图 3-24 引入第三相电压产生极化电压的工作原理

(a) 原理图；(b) 短路后的等值电路；(c) 相量分析

3. 方向阻抗继电器的稳态特性

对幅值比较的方向阻抗继电器引入记忆电压 U_p 后，幅值比较的动作条件为

$$\left| \frac{1}{2} K_I I_m + U_p \right| \geqslant \left| K_U U_m - \frac{1}{2} K_I I_m + U_p \right| \tag{3-42}$$

此时的动作特性如图 3-25（a）所示。

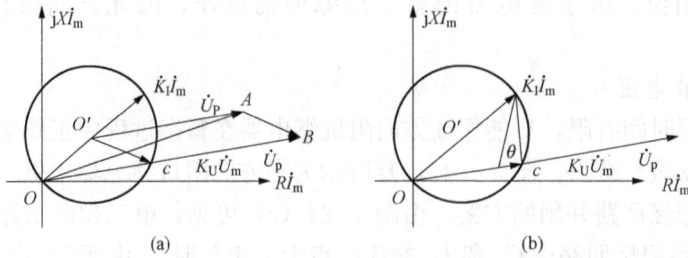

图 3-25　具有记忆回路阻抗继电器的动作特性
(a) 幅值比较；(b) 相位比较

继电器未引入记忆电压 U_p 时的边界条件为 $\left|\dfrac{1}{2}K_II_m\right| = \left|K_UU_m - \dfrac{1}{2}K_II_m\right|$。三角形 $OO'C$ 为等腰三角形，在 $\triangle OO'C$ 上加入记忆电压 U_p 后，$OO'AB$ 成为等腰梯形，其对角线相等，满足引入记忆电压 U_p 后的边界条件。因此，记忆电压的引入并不改变阻抗继电器的稳态特性。当保护安装处出口短路时，$K_UU_m=0$，引入 U_p 后继电器动作条件为

$$\left|\frac{1}{2}K_II_m + U_p\right| \geqslant \left|K_UU_m - \frac{1}{2}K_II_m + U_p\right| \tag{3-43}$$

只要 U_p 存在并能维持短路前 K_UU_m 电压相位，这一条件就一定能得到满足，所以继电器此时能正确动作。

引入记忆电压 U_p 前相位比较的方向阻抗继电器动作与边界条件为

$$-90° \leqslant \arg\frac{U_C}{U_D} = \arg\frac{K_II_m - K_UU_m}{K_UU_m} = \theta \leqslant 90° \tag{3-44}$$

既然记忆电压 U_p 能记住短路前 K_UU_m 的相位，即 U_p 与 K_UU_m 同相位，那么将式（3-44）分母中的 K_UU_m 改成 U_p，方向阻抗继电器的动作边界条件也应成立，即式（3-45）成立

$$-90° \leqslant \arg\frac{K_II_m - K_UU_m}{U_p} \leqslant 90° \tag{3-45}$$

也可以用图 3-25（b）来证明式（3-45）成立。若 U_p 与 K_UU_m 同相位，当 K_UU_m 落在圆周上时，$K_UU_m - K_II_m$ 与 K_II_m 的夹角 θ 为直角，是继电器动作的边界条件；当 K_II_m 落在圆内时，$K_UU_m - K_II_m$ 与 U_p 的夹角 θ 小于 $90°$，继电器动作；同样，当 K_II_m 落在圆外时，θ 角大于 $90°$，继电器不动作。

以上分析表明，方向阻抗继电器在引入记忆电压以后，无论它是基于比相原理还是基于比幅原理构成的，在稳态情况下都能保证动作特性和未引入记忆电压前一样，并能消除正方向出口短路可能出现的死区，同时能防止反方向出口短路时可能发生的误动。

四、阻抗继电器的精工电流和精工电压

前述分析阻抗继电器的动作特性时，都是在理想情况下得出的结果，即认为执行元件的灵敏度很高，晶体管和二极管的正向压降为零，因此继电器的动作特性只与加入继电器的电压和电流的比值，即测量阻抗有关，而与电流的大小无关。但实际上，当涉及这些因素的影响时，方向阻抗继电器的临界动作方程为

$$\left|\frac{1}{2}K_II_m\right| - \left|K_UU_m - \frac{1}{2}K_II_m\right| \geqslant U_0 \tag{3-46}$$

式中：$|U_0|$ 为动作量克服二极管正向压降及极化继电器动作反力所需的剩余电压。

假设式（3-46）中各相量均为同相位，各项可以采用代数相加减，则上列方程可写为

$$\frac{1}{2}K_I I_m - K_U U_m + \frac{1}{2}K_I I_m = U_0$$

$$K_U U_m = K_I I_m - U_0 \tag{3-47}$$

等式两边同除以电流 I_m，则有

$$Z_{OP \cdot m} = Z_{set} - \frac{U_0}{I_m} \tag{3-48}$$

式中：Z_{set} 为继电器的整定值；$Z_{OP \cdot m}$ 为继电器的实际动作阻抗。

考虑 U_0 的影响后，给出 $Z_{OP \cdot m} = f(I_m)$ 的关系曲线，如图 3-26 所示。由图 3-26 可见，当加入继电器的电流较小时，继电器的动作阻抗将下降，使阻抗继电器的实际保护范围缩短。这将影响到与相邻线路阻抗元件的配合，甚至引起非选择性动作。为了把动作阻抗的误差限制在一定范围内，规定了精工电流 $I_{ac \cdot min}$。所谓精工电流，就是当 $I_m = I_{ac \cdot min}$ 时，继电器的动作阻抗 $Z_{OP \cdot m} = 0.9Z_{set}$，即比整定阻抗缩小了 10%。因此，当 $I_m > I_{ac \cdot min}$ 时，就可以保证启动阻抗的误差在 10% 以内，而该误差在选择可靠系数时已经被考虑进去了。

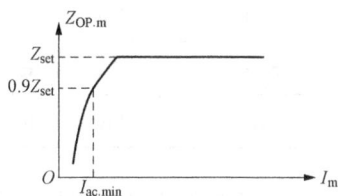

图 3-26　方向阻抗继电器 $Z_{OP \cdot m}$ $= f(I_m)$ 的关系曲线

在继电器通以精工电流的条件下，其动作方程为

$$Z_{OP \cdot m} = Z_{set} - \frac{U_0}{I_{ac \cdot min}} \tag{3-49}$$

根据允许条件

$$Z_{set} - Z_{OP \cdot min} = 0.1 Z_{set} \tag{3-50}$$

得

$$Z_{set} = \frac{U_0}{0.1 I_{ac \cdot min}} \tag{3-51}$$

即

$$I_{ac \cdot min} = \frac{U_0}{0.1 Z_{set}} \tag{3-52}$$

由式（3-52）可见，精工电流与反应元件的灵敏性（U_0）及电抗变压器的整定阻抗有关。为了便于衡量阻抗继电器的灵敏度，有时应用精工电压作为继电器的质量指标。精工电压是精工电流和整定阻抗的乘积，用 $U_{ac \cdot min}$ 表示，则

$$U_{ac \cdot min} = I_{ac \cdot min} Z_{set} = \frac{U_0}{0.1} \tag{3-53}$$

$U_{ac \cdot min}$ 不随继电器的整定阻抗而变，对某指定的继电器而言，它是常数。在整定阻抗一定的情况下，U_0 越小，$I_{ac \cdot min}$ 越小，即 U_{ac} 越小，继电器性能越好。

第三节　阻抗继电器的接线方式

一、对距离保护接线方式的要求及接线种类

根据距离保护的工作原理，加入继电器的电压和电流应满足如下要求：

（1）继电器的测量阻抗应能准确判断故障地点，即与故障点至保障安装处的距离成正比。

（2）继电器的测量阻抗应与故障类型无关，即保护范围不随故障类型而变化。

类似功率方向继电器的定义方式，阻抗继电器常用的接线方式有四类，如表 3 - 1 所示。

表 3 - 1　　　　　　　　　　　　阻抗继电器的常用接线方式

接线方式 继电器	$0°$		$-30°$		$30°$		$\dfrac{U_Y}{I_Y+3KI_0}$	
	U_m	I_m	U_m	I_m	U_m	I_m	U_m	I_m
KR1	U_{AB}	I_A-I_B	U_{AB}	$-I_B$	U_{AB}	I_A	U_A	I_A+3KI_0
KR2	U_{BC}	I_B-I_C	U_{BC}	$-I_C$	U_{BC}	I_B	U_B	I_B+3KI_0
KR3	U_{CA}	I_C-I_A	U_{CA}	$-I_A$	U_{CA}	I_C	U_C	I_C+3KI_0

二、反应相间短路阻抗继电器的 0°接线

首先分析采用 0°接线方式的阻抗继电器在各种相间短路时的测量阻抗。分析时用一次值表示，即假定电流互感器和电压互感器的变比均为 1。

1. 三相短路

如图 3 - 27 所示，由于三相对称，三个阻抗继电器 KR1～KR3 的工作情况完全相同，因此仅以 KR1 为例进行分析。设短路点至保护安装地点之间的距离为 L km，线路每千米的正序阻抗为 Z_1 Ω，则保护安装地点的电压 U_{AB} 应为

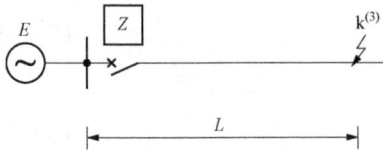

图 3 - 27　三相短路测量阻抗分析

$$U_{AB} = U_A - U_B = I_A Z_1 L - I_B Z_1 L = (I_A - I_B) Z_1 L \tag{3-54}$$

此时，阻抗继电器的测量阻抗为

$$Z_m^{(3)} = \frac{U_{AB}}{I_A - I_B} = Z_1 L \tag{3-55}$$

当三相短路时，三个继电器的测量阻抗均等于短路点到保护安装地点之间的正序阻抗，三个继电器均能正确动作。

2. 两相短路

如图 3 - 28 所示，以 AB 两相短路为例，分析此时三个阻抗继电器的测量阻抗。对 KR1 而言

$$U_{AB} = I_A Z_1 L - I_B Z_1 L = (I_A - I_B) Z_1 L \tag{3-56}$$

则

图 3 - 28　两相短路测量阻抗分析

$$Z_m^{(2)} = \frac{U_{AB}}{I_A - I_B} = Z_1 L \tag{3-57}$$

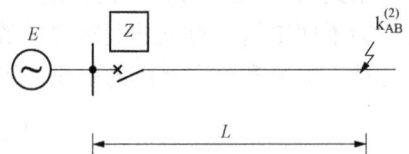

与三相短路时的测量阻抗相同。因此，KR1 能正确动作。但对于 KR2 和 KR3，由于所加电压为故障相与非故障相间的电压，其值较 U_{AB} 高，而电流又只有一个故障相的电流，数值较 $(I_A - I_B)$ 小。因此，其测量阻抗必然大于 $Z_1 L$，不能动作。但由于 KR1 能正确动作，因此 KR2 和 KR3 拒动不会影响整套保护的动作。

同理，在 BC 或 CA 两相短路时，相应地分别有 KR2 和 KR3 能准确测量出 Z_1L 而正确动作。

3. 中性点直接接地电网中两相接地短路

如图 3-29 所示，设故障发生在 A、B 相，它与两相短路不同之处是地中有电流流回，因此 $\boldsymbol{I}_A \neq -\boldsymbol{I}_B$。把 A 相和 B 相看成两个"导线-地"的送电线路并有互感耦合在一起，设 Z_L 表示每千米的自感阻抗，Z_M 表示每千米的互感阻抗，则保护安装地点的故障相电压应为

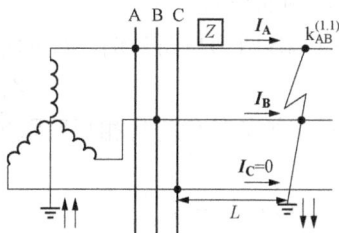

图 3-29　两相接地短路测量阻抗分析

$$\begin{cases} \boldsymbol{U}_A = \boldsymbol{I}_A Z_L L + \boldsymbol{I}_B Z_M L \\ \boldsymbol{U}_B = \boldsymbol{I}_B Z_L L + \boldsymbol{I}_A Z_M L \end{cases} \tag{3-58}$$

继电器 KR1 的测量阻抗为

$$\begin{aligned} Z_m^{(1.1)} = \frac{\boldsymbol{U}_{AB}}{\boldsymbol{I}_A - \boldsymbol{I}_B} &= \frac{(\boldsymbol{I}_A - \boldsymbol{I}_B)(Z_L - Z_M)L}{\boldsymbol{I}_A - \boldsymbol{I}_B} \\ &= (Z_L - Z_M)L = Z_1 L \end{aligned} \tag{3-59}$$

其值与三相短路时相同，保护能够正确动作。

由以上分析可知，阻抗继电器的 0°接线适合各种类型相间短路故障。

三、反应相间短路阻抗继电器的 30°接线

如表 3-1 所示，这种接线方式有 ±30°两种。以继电器 KR1 为例，在三相和 AB 两相短路时，其测量阻抗为

$$\begin{cases} Z_{m(+30°)} = \dfrac{\boldsymbol{U}_{AB}}{\boldsymbol{I}_A} = \dfrac{(\boldsymbol{I}_A - \boldsymbol{I}_B)Z_1 L}{\boldsymbol{I}_A} = (1 - e^{-j\varphi})Z_1 L \\ Z_{m(-30°)} = \dfrac{\boldsymbol{U}_{AB}}{-\boldsymbol{I}_B} = \dfrac{(\boldsymbol{I}_A - \boldsymbol{I}_B)Z_1 L}{-\boldsymbol{I}_B} = (1 - e^{j\varphi})Z_1 L \end{cases} \tag{3-60}$$

式中：φ 为 $\boldsymbol{I}_A$ 超前 $\boldsymbol{I}_B$ 的角度；$Z_1 L$ 为短路点到保护安装地点之间每相的正序阻抗。

为了便于分析，将式（3-60）合并，写为

$$Z_m = (1 - e^{\mp j\varphi})Z_1 L \tag{3-61}$$

1. 正常运行情况

三相对称，$\boldsymbol{I}_A$ 超前 $\boldsymbol{I}_B 120°$，$Z_1 L$ 为每相的负荷阻抗 Z_L。因此有

$$Z_m = (1 - e^{\mp j120°})Z_L = \sqrt{3}Z_L e^{\pm j30°} \tag{3-62}$$

即测量阻抗的数值为每相负荷阻抗的 $\sqrt{3}$ 倍，阻抗角则较负荷阻抗的角度偏移 ±30°，当采用 +30°接线时，测量阻抗的阻抗角向超前于每相负荷阻抗的方向移动 30°；而当采用 -30°接线时，则向滞后方向移动 30°。

2. 三相短路

三相短路与正常运行时相似，只是 $Z_1 L$ 为短路点到保护安装地点之间每相的正序阻抗。因此有

$$Z_m = \sqrt{3}Z_1 L e^{\pm j30°} \tag{3-63}$$

即测量阻抗的数值为每相线路阻抗的 $\sqrt{3}$ 倍，相位则比线路阻抗角偏离 ±30°。

3. 两相短路

以 AB 两相短路为例，I_A 超前于 I_B 180°。因此有

$$Z_m = (1 - e^{\mp j180°})Z_1 L = 2Z_1 L \qquad (3\text{-}64)$$

即测量阻抗的数值为每相短路阻抗的 2 倍，相位则等于线路的阻抗角。

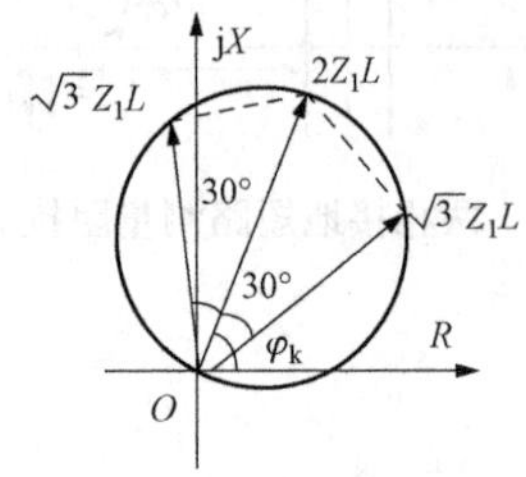

图 3-30　方向阻抗继电器用于 30°接线时的动作特性

由以上分析可知，采用 30°接线方式的阻抗继电器在不同故障类型时，其测量阻抗的数值与相位均不相同，这种接线方式可应用于圆特性方向阻抗继电器。如图 3-30 所示，若整定值的选择以两相短路时为准，即圆的直径为 $2Z_1 L$，最灵敏角等于线路短路阻抗角 φ_k，则三相短路时继电器的动作阻抗将减小为 $2Z_1 L\cos30°$，即 $\sqrt{3}Z_1 L$，而在这种情况下继电器的测量阻抗与此相同。因此，实际上三相短路与两相短路时的保护范围一样。

由于这种接线方式较简单，电流互感器的负担也较小，因此，除了用于圆特性的方向阻抗继电器外，还可作为启动元件的全阻抗继电器。此外，在输电线路的送电端，当采用 −30°接线时，在正常情况下其测量阻抗一般位于第四象限，它将具有更好的避越长距离重负荷线路负荷阻抗的能力；而在输电线路的受电端，当采用 +30°接线时，也具有同样的效果。

四、反应接地短路阻抗继电器的接线

在大接地电流系统中，当零序电流保护不能满足要求时，一般采用接地距离保护。

单相接地故障时，只有故障相电压降低，电流增大，而任何相间电压都是很高的。因此，应将故障相的电压和电流加入继电器中，即采用表 3-1 所示的第四种接线方式。对 A 相阻抗继电器，接入继电器的电压为

$$
\begin{aligned}
U_A &= U_{k1} + U_{k2} + U_{k0} + I_1 Z_1 L + I_2 Z_2 L + I_0 Z_0 L \\
&= I_1 Z_1 L + I_2 Z_2 L + I_0 Z_0 L \\
&= (I_1 + I_2 + I_0)Z_1 L - I_0 Z_1 L + I_0 Z_0 L \\
&= I_A Z_1 L + \frac{Z_0 L - Z_1 L}{Z_1 L}I_0 Z_1 L \\
&= (I_A + 3KI_0)Z_1 L
\end{aligned}
$$

$$(3\text{-}65)$$

式中：KI_0 为零序补偿电流，其中 $K = \dfrac{1}{3}\dfrac{Z_0 - Z_1}{Z_1}$，为常数；$Z_1$、$Z_2$、$Z_0$ 分别为线路的正序阻抗、负序阻抗和零序阻抗，且 $Z_1 = Z_2$。

接入继电器的电流 $I_m = I_A + 3KI_0$，则故障相阻抗继电器的测量阻抗为

$$Z_{Am}^{(1)} = \frac{U_A}{I_A + 3KI_0} = Z_1 L \qquad (3\text{-}66)$$

它能正确地测量从短路点到保护安装地点间的阻抗。为了反应任一相的单相接地短路，接地距离保护也必须采用三个阻抗继电器。这种接线方式同样能够正确反应两相接地短路和三相短路，此时接于故障相的阻抗继电器的测量阻抗均为 $Z_1 L$。

第四节　影响距离保护正确动作的因素及采取的防止措施

影响距离保护正确动作的因素很多，如电网的接线中可能具有分支电路，在星形/三角形接线变压器后面发生短路，输电线路可能具有串联电容补偿，电力系统发生振荡，短路点具有过渡电阻，电流互感器和电压互感器的误差、过渡过程及二次回路断线等。这些因素的存在可能使阻抗继电器不能正确动作，故应对这些因素加以分析研究，然后采取适当的措施予以防止。

一、短路点过渡电阻对距离保护的影响

当短路点存在过渡电阻时，必然直接影响阻抗继电器的测量阻抗。例如，对图 3-31（a）所示的单电源网络，当线路 WL2 的出线端经过渡电阻 R_t 短路时，保护 1（P1）的测量阻抗为 R_t，保护 2（P2）的测量阻抗为 $Z_{AB}+R_t$。由图 3-31（b）可见，在这种情况下，过渡电阻会使测量阻抗增大，且增大的数值是不同的。当 R_t 较大时，可能出现 Z_{m1} 已超出 P1 第 I 段整定的特性圆范围，而 Z_{m2} 仍位于 P2 第 II 段整定的特性圆范围以内现象。此时 P1 和 P2 将同时以第 II 段的时限动作，因而失去了选择性。

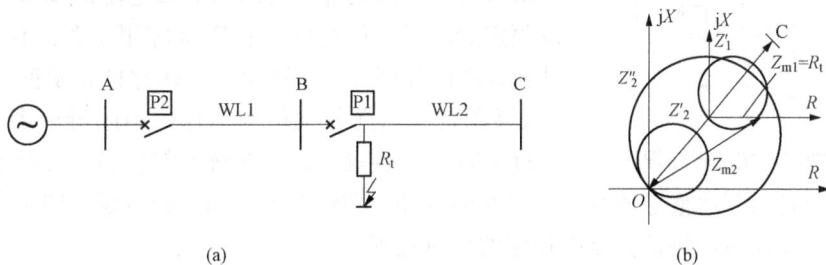

图 3-31　过渡电阻对不同安装地点距离保护的影响
(a) 电网接线；(b) 保护范围

由以上分析可见，保护装置距短路点越近，Z_{m1} 受过渡电阻的影响越大，同时保护装置的整定值越小，则相对地受过渡电阻的影响也越大。

但是，对图 3-32（a）所示的双侧电源的网络，短路点的过渡电阻可能使测量阻抗增大，也可能使测量阻抗减小。设 I_{k1} 和 I_{k2} 分别为两侧电源供给的短路电流，在线路 BC 出口处短路时，流经过渡电阻 R_t 的电流为 $I_k = I_{k1} + I_{k2}$，P1 和 P2 的测量阻抗分别为

$$Z_{m1} = \frac{U_B}{I_{k1}} = \frac{I_k}{I_{k1}}R = \frac{I_k}{I_{k1}}R_t e^{j\alpha} \tag{3-67}$$

$$Z_{m2} = \frac{U_A}{I_{k1}} = Z_{AB} + \frac{I_k}{I_{k1}}R_t e^{j\alpha} \tag{3-68}$$

式中：α 为 I_k 超前 I_{k1} 的角度。

当 α 为正时，测量阻抗增大；当 α 为负时，测量阻抗的电抗部分将减小。在后一种情况下，可能导致保护无选择性地动作。为了使阻抗继电器能正确动作，必须采取措施来消除或减小过渡电阻的影响。

研究表明，短路点的过渡电阻主要是纯电阻性的电弧电阻 R_t，且电弧的长度和电流的大小都随时间而变化，在短路开始瞬间电弧电流很大，电弧的长度很短，R_t 很小。随着电弧

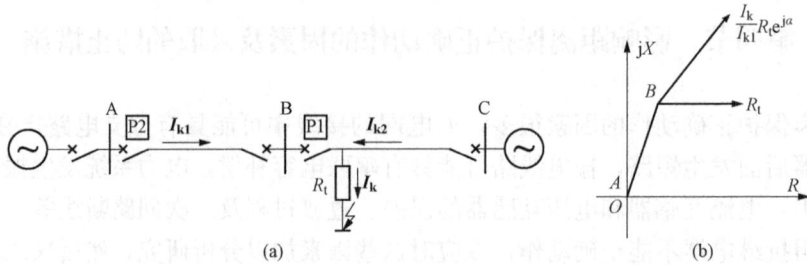

图 3-32　双侧电源通过 R 短路的接线及阻抗电流相量图
(a) 系统接线；(b) 相量图

电流的衰减和电弧长度的增长，R_t 随之增大，经 $0.1\sim0.15s$ 后，R_t 剧烈增大。

根据电弧电阻的变化规律，为了减小过渡电阻对距离保护的影响，通常采用以下两种措施。

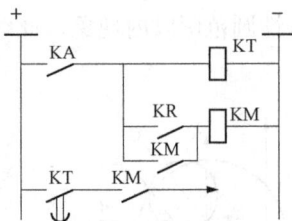

图 3-33　瞬时测定装置原理接线

（1）采用瞬时测定装置。瞬时测定是把距离元件的最初动作状态，通过启动元件的动作而固定下来，当电弧电阻增大时，距离元件不会因为电弧电阻的增大而返回，仍以预定的时限动作跳闸。它通常应用于距离保护第Ⅱ段，其原理接线如图 3-33 所示。在短路的初瞬间，电流元件 KA 及阻抗测量元件 KR 均动作，中间继电器 KM 启动。通过 KM 自保持触点，使 KM 始终保持动作状态。等时间继电器 KT 的延时到达整定值时，发出跳闸脉冲。即使在 KT 动合触点延时闭合期间电弧电阻增大，使 KR 返回，保护仍能以预定的延时跳闸。

（2）采用能容许较大的过渡电阻而不致拒动的阻抗继电器，如电抗型继电器、四边形动作特性继电器、偏移特性阻抗继电器等。

二、电力系统振荡对距离保护的影响及振荡闭锁回路

电力系统在正常运行时，所有接入系统的发电机都处于同步运行状态。当系统因短路切除太慢或因遭受较大冲击时，并列运行的发电机失去同步，系统发生振荡。振荡时，系统中各发电机电势间的相角差发生变化，因此可能导致保护误动作。通常系统振荡若干周期后可以被拉入同步，恢复正常运行。因此，距离保护必须考虑系统振荡对其工作的影响。

1. 电力系统振荡时电流、电压的分布

图 3-34 为系统振荡等值电路。当系统发生振荡时，设 E_M 超前于 E_N 的相位角为 δ，$|E_M|=|E_N|=E$，且系统中各元件的阻抗角相等，则振荡电流为

$$I = \frac{E_M - E_N}{Z_M + Z_L + Z_N} = \frac{E_M - E_N}{Z_\Sigma} = \frac{E(1-e^{-j\delta})}{Z_\Sigma} \tag{3-69}$$

振荡电流滞后于电势差 $E_M - E_N$ 的角度为系统振荡阻抗角，为

$$\varphi = \arctan\frac{X_M + X_L + X_N}{R_M + R_L + R_N} \tag{3-70}$$

系统 M、N、Z 点的电压分别为

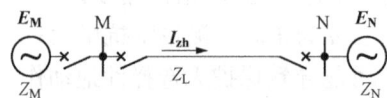

图 3-34　系统振荡等值电路

$$U_M = E_M - IZ_M$$

$$U_N = E_N + IZ_N$$

$$U_Z = E_M - I\frac{1}{2}Z_\Sigma$$

系统振荡时电压、电流相量图如图 3-35 所示。Z 点位于 $\frac{1}{2}Z_\Sigma$ 处。当 $\delta=180°$ 时，$I=\frac{2E}{Z_\Sigma}$，达最大值，电压 $U_Z=0$，此点称为系统振荡中心。从电压、电流的数值来看，这和在此点发生三相短路无异。但是系统振荡属于不正常运行状态而非故障，继电保护装置不应动作切除振荡中心所在线路。因此，继电保护装置必须具备区别三相短路和系统振荡的能力，才能保证在系统振荡状态下的正确动作。当系统振荡时，振荡电流和系统各点电压随 δ 变化的波形如图 3-36 所示。

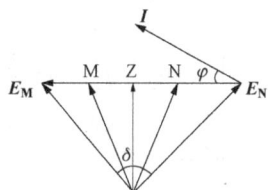

图 3-35 系统振荡时电压、电流相量图

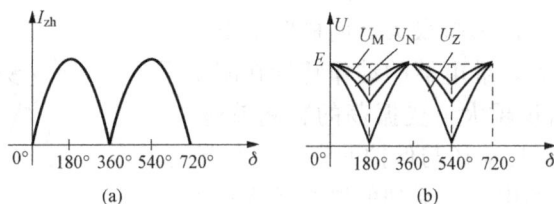

图 3-36 系统振荡时，振荡电流和系统各点电压的变化波形
(a) 振荡电流 I；(b) 电压 U_M、U_N 和 U_Z

2. 电力系统振荡对距离保护的影响

设 $E_M=E_N$，E_M 超前 E_N 的角度为 δ，则图 3-34 所示的系统振荡时，M 母线上阻抗继电器的测量阻抗为

$$Z_{Mm} = \frac{U_M}{I} = \frac{E_M - IZ_M}{I} = \frac{E_M}{I} - Z_M$$

$$= \frac{E_M}{E_M - E_N}Z_\Sigma - Z_M = \frac{1}{1-e^{-j\delta}}Z_\Sigma - Z_M$$

$$(3-71)$$

应用尤拉公式及三角公式，有

$$e^{-j\delta} = \cos\delta - j\sin\delta$$

$$1 - e^{-j\delta} = \frac{2}{1 - j\cot\frac{\delta}{2}}$$

于是

$$Z_{Mm} = \left(\frac{1}{2}Z_\Sigma - Z_M\right) - j\frac{1}{2}Z_\Sigma\cot\frac{\delta}{2} \qquad (3-72)$$

将此继电器测量阻抗随 δ 变化的关系画在以保护安装地点 M 为原点的复数阻抗平面上。当系统所有元件的阻抗角都相同时，阻抗继电器的测量阻抗将在 Z_Σ 的垂直平分线 OO' 上移动，如图 3-37 所示。当 $\delta=0°$ 时，测量阻抗 $Z_{Mm}=\infty$；当 $\delta=180°$ 时，测量阻抗 $Z_{Mm}=\frac{1}{2}Z_\Sigma$

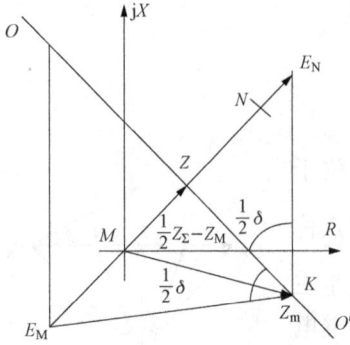

图 3-37　系统振荡时测量
阻抗的变化

$-Z_M$，即为保护安装地点到振荡中心 Z 点的线路阻抗。垂直平分线 OO' 上任一点 K 与 M 点的连线即为 E_M 端当电势夹角为 δ 时所对应的测量振荡阻抗。

系统振荡对距离保护的影响如仍以变电站 M 处的保护为例，其距离 I 段启动阻抗整定为 $0.85Z_L$，在图 3-38 中用长度 MA 表示，由此可绘出各种继电器的动作特性曲线。其中曲线 1 为方向椭圆继电器的特性，曲线 2 为方向阻抗继电器的特性，曲线 3 为全阻抗继电器的特性。系统振荡时，测量阻抗的变化如图 3-38 所示，找出各种动作特性与垂线的两个交点，其所对应的各种动作特性与直线 OO' 对应的角度为 δ' 和 δ''，在这两个交点的范围以内继电

器的测量阻抗均位于动作特性圆内，因此继电器就要启动，即在此范围内距离保护受振荡的影响可能会误动。由图 3-38 可见，在同样整定值条件下，全阻抗继电器受振荡的影响最大，而椭圆继电器所受的影响最小。一般而言，继电器的动作特性在阻抗平面沿 OO' 方向所占的面积越大，受振荡的影响就越大。此外，距离保护受振荡的影响还与保护的安装地点有关。保护安装地点越靠近振荡中心，受到的影响越大；而振荡中心在保护范围以外时，系统振荡，距离保护不会误动。当保护的动作带有较大的（$\geqslant 1.5s$）延时，如距离 III 段，可利用延时躲开振荡的影响。

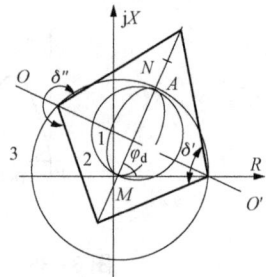

图 3-38　阻抗继电器受振荡影响分析

3. 振荡闭锁回路

对于在系统振荡时可能误动作的保护装置，应该装设专门的振荡闭锁回路，以防止系统振荡时误动。当系统振荡使两侧电源之间的角度摆到 $\delta=180°$ 时，保护所受到的影响与在系统振荡中心处三相短路时的效果是一样的。因此，就必须要求振荡闭锁回路能够有效区分系统振荡和发生三相短路这两种不同情况。

（1）电力系统振荡和短路时的主要区别如下：

1）振荡时电流和各电压幅值的变化速度 $\left(\dfrac{di}{dt}、\dfrac{du}{dt}\right)$ 较慢；而短路时电流是突然增大，电压也突然降低。

2）振荡时电流和各点电压幅值均作周期变化，各点电压与电流之间的相位角也作周期变化。

3）振荡时三相完全对称，电力系统中不会出现负序分量；而短路时，总要长期（在不对称短路过程中）或瞬间（在三相短路开始时）出现负序分量。

（2）对振荡闭锁回路的要求如下：

1）系统振荡而没有故障时，应可靠将保护闭锁。

2）系统发生各种类型故障时，保护不应被闭锁。

3）在振荡过程中发生故障时，保护应能正确动作。

4）先故障，且故障发生在保护范围之外，而后振荡，保护不能无选择性动作。

（3）振荡闭锁回路的工作原理。

1）利用负序（和零序）分量或其增量启动的振荡闭锁回路。

a. 负序电压滤过器。从三相不对称电压中取出其负序分量的回路称为负序电压滤过器。目前广泛应用的是阻容双臂式负序电压滤过器，其原理接线如图 3 - 39 所示。其参数关系为 $R_1 = \sqrt{3} X_1$，$X_2 = \sqrt{3} R_2$。

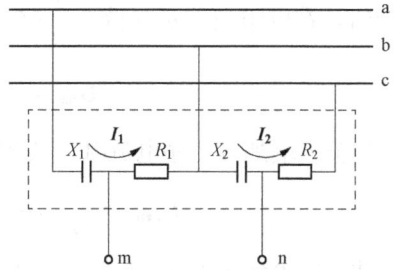

图 3 - 39　负序电压滤过器原理接线

当输入端只有正序电压加入时，其相量图如图 3 - 40（a）所示，在 m—n 端的空载输出电压为

$$U_{mn} = U_{R1} + U_{X2} = \frac{\sqrt{3}}{2} U_{ab1} e^{j30°} + \frac{\sqrt{3}}{2} U_{bc1} e^{-j30°} = 0 \tag{3-73}$$

当输入端有负序电压加入时，其相量图如图 3 - 40（b）所示，在 m—n 端的空载输出电压为

$$U_{mn2} = U_{R1} + U_{X2} = \frac{\sqrt{3}}{2} U_{ab2} e^{j30°} + \frac{\sqrt{3}}{2} U_{bc2} e^{-j30°} = \frac{3}{2} U_{ab2} e^{j60°} = 1.5\sqrt{3} U_{a2} e^{j30°} \tag{3-74}$$

因此，滤过器的空载输出电压与输入端的负序相电压成正比，且相位较 U_{a2} 超前 30°。

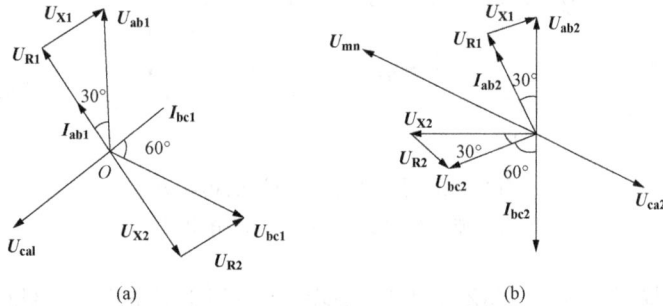

图 3 - 40　负序电压滤过器向量图
（a）加入正序电压；（b）加入负序电压

当系统中出现 5 次谐波分量的电压时，由于它的相位关系和负序分量相同，因此也会在输出端有电压输出，可能引起保护的误动作。必要时可在输出端加装 5 次谐波滤过器以消除其影响。

根据对称分量的基本原理，只要将引入负序电压滤过器的三相端子中的任意两个调换一下，即可得到正序电压滤过器。

b. 负序电流滤过器。从三相不对称电流中取出其负序分量的回路称为负序电流滤过器。目前常用的一种负序电流滤过器由电抗变压器 UX 和电流变换器 UA 组成，其原理接线如图 3 - 41 所示。其中电抗变压器输出 $U_X = -jZ_X(I_b - I_c)$，电流变换器的电流比为 $n=$

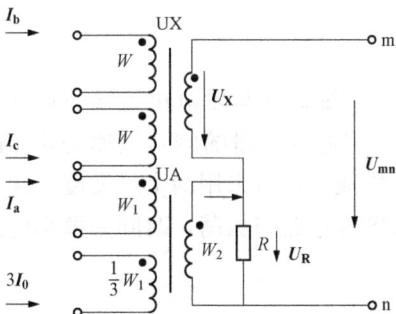

图 3 - 41　负序电流滤过器原理接线

W_2/W_1，在电阻 R 上的压降为 $\frac{1}{n}(\boldsymbol{I}_{\mathrm{a}}-\boldsymbol{I}_0)R$。在 m—n 端子上的输出电压为

$$U_{\mathrm{mn}} = \frac{1}{n}(\boldsymbol{I}_{\mathrm{a}}-\boldsymbol{I}_0)R - \mathrm{j}Z_{\mathrm{X}}(\boldsymbol{I}_{\mathrm{b}}-\boldsymbol{I}_{\mathrm{c}}) \tag{3-75}$$

当输入端加入正序电流时，其相量如图 3-42（a）所示，输出电压为

$$U_{\mathrm{mn1}} = \frac{1}{n}\boldsymbol{I}_{\mathrm{a1}}R - \mathrm{j}Z_{\mathrm{X}}(\boldsymbol{I}_{\mathrm{b1}}-\boldsymbol{I}_{\mathrm{c1}}) = \boldsymbol{I}_{\mathrm{a1}}\left(\frac{R}{n}-\sqrt{3}Z_{\mathrm{X}}\right) \tag{3-76}$$

若选取参数为 $R=n\sqrt{3}Z_{\mathrm{X}}$，则 $U_{\mathrm{mn1}}=0$。

当只有零序电流输入时，因 $\boldsymbol{I}_{\mathrm{a0}}=\boldsymbol{I}_{\mathrm{b0}}=\boldsymbol{I}_{\mathrm{c0}}$，因此，在 UX 和 UA 一次侧的安匝互相抵消，$U_{\mathrm{mn0}}=0$。

当只输入负序电流时，如图 3-42（b）所示，负序电流滤过器的输出电压为

$$U_{\mathrm{mn}} = \frac{1}{n}\boldsymbol{I}_{\mathrm{a2}}R - \mathrm{j}Z_{\mathrm{X}}(\boldsymbol{I}_{\mathrm{b2}}-\boldsymbol{I}_{\mathrm{c2}}) = \boldsymbol{I}_{\mathrm{a2}}\left(\frac{R}{n}+\sqrt{3}Z_{\mathrm{X}}\right) = 2\frac{R}{n}\boldsymbol{I}_{\mathrm{a2}} \tag{3-77}$$

即输出电压与 $\boldsymbol{I}_{\mathrm{a2}}$ 成正比且同相位，从而达到滤出负序电流的目的。

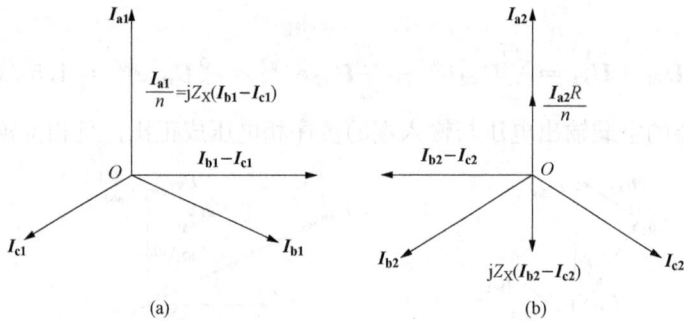

图 3-42　负序电流滤过器的相量图
（a）加入正序电流；（b）加入负序电流

如果在参数选择时使 $R>n\sqrt{3}Z_{\mathrm{X}}$，在输入端引入一组不对称电流，此时滤过器输出为

$$\begin{aligned}
U_{\mathrm{mn}} &= U_{\mathrm{mn1}} + U_{\mathrm{mn2}} = \boldsymbol{I}_{\mathrm{a1}}\left(\frac{R}{n}-\sqrt{3}Z_{\mathrm{X}}\right) + \boldsymbol{I}_{\mathrm{a2}}\left(\frac{R}{n}+\sqrt{3}Z_{\mathrm{X}}\right) \\
&= \frac{1}{n}(R-n\sqrt{3}Z_{\mathrm{X}})\left(\boldsymbol{I}_{\mathrm{a1}} + \frac{R+n\sqrt{3}Z_{\mathrm{X}}}{R-n\sqrt{3}Z_{\mathrm{X}}}\boldsymbol{I}_{\mathrm{a2}}\right) \\
&= K_1(\boldsymbol{I}_{\mathrm{a1}} + K_2\boldsymbol{I}_{\mathrm{a2}})
\end{aligned} \tag{3-78}$$

式中：K_1、K_2 为与负序电流滤过器参数有关的常数。

这是一个与 $\boldsymbol{I}_1+K_2\boldsymbol{I}_2$ 成正比的复合电流滤过器。

2）利用电气量变化速度的不同来构成振荡闭锁回路。系统振荡与发电机组转子运动有关，振荡过程中 $\boldsymbol{I}$、$\boldsymbol{U}$ 等诸电气量变化很慢，而突然短路将引起这些量的剧烈快速变化。因此，振荡闭锁装置可根据这些电气量变化速度快慢的特性构成；也可采用两个灵敏度不同的阻抗继电器，通过测定这两个继电器先后动作时间差值来区分短路与振荡，时间差值小的是短路，大的是振荡。

三、分支电流的影响

当短路点与保护安装处之间存在分支电路时，就会出现分支电流，距离保护受到此分支

电流的影响，其阻抗继电器的测量阻抗将增大或减小。

如图 3-43 所示电路，当在 BC 线路上的 k 点发生短路时，通过故障线路的电流 $I_{Bk} = I_{AB} + I_{A'B}$，此值将大于 I_{AB}，这种使故障线路电流增大的现象称为助增。这时，在变电站 A 距离保护 1（P1）的测量阻抗为

$$Z_{m1} = \frac{U_A}{I_{AB}} = \frac{I_{AB}Z_{AB} + I_{Bk}Z_k}{I_{AB}} = Z_{AB} + \frac{I_{Bk}}{I_{AB}}Z_k = Z_{AB} + K_b Z_k \qquad (3-79)$$

式中：$K_b = \dfrac{I_{Bk}}{I_{AB}}$，为分支系数。

一般情况下，K_b 为一复数，但在实用中可以近似认为两个电流同相位而取为实数，在有助增电流时 $K_b > 1$。由于助增电流 $I_{A'B}$ 的存在，使保护 A 的测量阻抗增大，保护范围缩短。

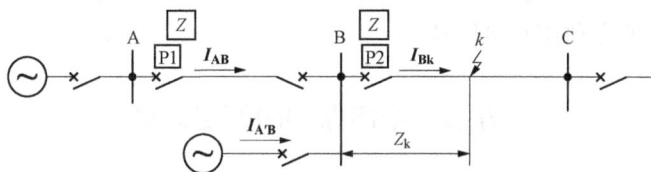

图 3-43 有助增电流的网络接线

又如图 3-44 所示线路，当在平行线路上的 k 点发生短路时，通过故障线路的电流 I_{Bk} 将小于线路 AB 中的电流 I_{AB}。这种使故障线路中电流减小的现象称为外汲。

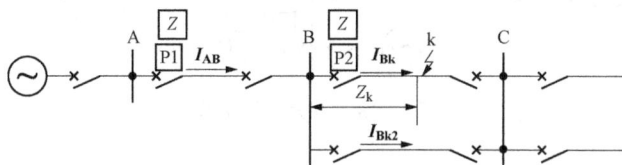

图 3-44 有外汲电流的网络接线

这时，在变电站 A 距离 P1 的测量阻抗为

$$Z_{m1} = \frac{U_A}{I_{AB}} = \frac{I_{AB}Z_{AB} + I_{Bk}Z_k}{I_{AB}} = Z_{AB} + \frac{I_{Bk}}{I_{AB}}Z_k = Z_{AB} + K_b Z_k$$

具有外汲电流时，$K_b < 1$，与无分支的情况相比，将使 P1 的测量阻抗减小，保护范围增大，可能引起无选择性动作。

四、电压回路断线对距离保护的影响

当电压互感器二次回路断线时，距离保护将失去电压，这时阻抗元件失去电压而电流回路仍有负荷电流通过，可能造成误动作。对此，在距离保护中应装设断线闭锁装置。

对断线闭锁装置的主要要求是：当电压互感器发生各种可能导致保护误动作的故障时，断线闭锁装置均应动作，将保护闭锁并发出相应的信号。而当被保护线路发生各种故障时，不因故障电压的畸变错误地将保护闭锁，以保证保护可靠动作。

当距离保护的振荡闭锁回路采用负序电流和零序电流（或它们的增量）启动时，它可兼作断线闭锁。为了避免在断线后又发生外部故障，造成距离保护无选择性动作，一般还应装设断线信号装置，以便值班人员能及时发现并进行处理。断线信号装置大都是反应于断线后

所出现的零序电压来构成的，其原理接线如图 3-45 所示。断线信号继电器 KS 有两组线圈，其工作线圈 W_1 接于由 C_a、C_b、C_c 组成的零序电压滤过器的中性线上。

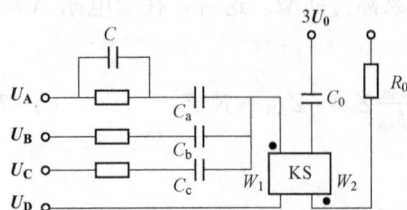

图 3-45　电压回路断线信号装置原理接线

当电压回路断线时，断线信号继电器 KS 动作，一方面将保护闭锁，另一方面发出断线信号。这种反应于零序电压的断线信号装置，在系统发出接地故障时也会动作。因此，将 KS 的另一组线圈 W_2 经 C_0 和 R_0 接于电压互感器二次侧开口三角形的输出电压 $3U_0$ 上，当系统中出现零序电压时，两组线圈 W_1 和 W_2 所产生的零序电压安匝大小相等、方向相反，合成磁通为零，KS 不动作。为防止三相熔断器同时熔断而 KS 不动作，可在一相熔断器上并联一个参数适当的电容器，这样当电压回路三相断线时，就可通过此电容器给 KS 加入一相电压，使它动作发出信号。

第五节　距离保护的整定计算

以图 3-46 为例，说明三段式距离保护的整定计算。

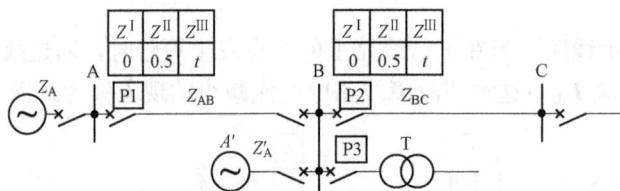

图 3-46　电力系统接线

一、距离保护Ⅰ段

1. 动作阻抗

对输电线路，按躲过本线路末端短路来整定，即取

$$Z_{\text{set.1}}^{\text{I}} = K_{\text{rel}}' Z_{\text{AB}} \tag{3-80}$$

式中：K_{rel}' 为可靠系数，取 0.8~0.85。

2. 动作时限

距离保护第Ⅰ段的动作时限由保护装置的继电器固有动作时限决定，人为延时为零，即 $t_1^{\text{I}} \approx 0\text{s}$。

二、距离保护第Ⅱ段

1. 动作阻抗

（1）与下一线路的Ⅰ段保护范围配合，并用分支系数考虑助增电流及外汲电流对测量阻抗的影响，即

$$Z_{\text{set.1}}^{\text{II}} = K_{\text{rel}}^{\text{II}}(Z_{\text{AB}} + K_{\text{b}} K_{\text{rel}}^{\text{I}} Z_{\text{BC}}) \tag{3-81}$$

式中：$K_{\text{rel}}^{\text{II}}$ 为可靠系数，取 0.8；K_{b} 为分支系数，取相邻线路距离保护Ⅰ段保护范围末端短路时，流过相邻线路的短路电流与流过被保护线路的短路电流实际可能的最小比值，即

$$K_{\text{b}} = \left(\frac{I_{\text{BC}}}{I_{\text{AB}}}\right)_{\text{min}} \tag{3-82}$$

（2）与相邻变压器的快速保护相配合

$$Z_{\text{set.1}}^{\text{II}} = K_{\text{rel}}^{\text{II}}(Z_{\text{AB}} + K_{\text{b}}Z_{\text{T}})\qquad(3-83)$$

式中：Z_T 为变压器短路阻抗；考虑到 Z_B 的数值有较大偏差，所以取 $K_{\text{kel}}^{\text{II}}=0.7$；$K_b$ 也取实际可能的最小值。

取（1）、（2）计算结果中的小者作为 $Z_{\text{set.1}}^{\text{II}}$。

2. 动作时限

保护Ⅱ段的动作时限应比下一线路保护Ⅰ段的动作时限大一个时限阶段，即

$$t_1^{\text{II}} = t_2^{\text{I}} + \Delta t \approx \Delta t\qquad(3-84)$$

3. 灵敏度校验

$$K_{\text{sen}} = \frac{Z_{\text{set.1}}^{\text{II}}}{Z_{\text{AB}}} \geqslant 1.5\qquad(3-85)$$

如灵敏度不能满足要求，可按照与下一线路保护Ⅱ段相配合的原则选择动作阻抗，即

$$Z_{\text{set.1}}^{\text{II}} = K_{\text{rel}}^{\text{II}}(Z_{\text{AB}} + K_{\text{b}}Z_{\text{set.2}}^{\text{II}})\qquad(3-86)$$

这时，第Ⅱ段的动作时限应比下一线路第Ⅱ段的动作时限大一个时限阶段，即

$$t_1^{\text{II}} = t_2^{\text{II}} + \Delta t\qquad(3-87)$$

三、距离保护Ⅲ段

1. 动作阻抗

按躲开最小负荷阻抗来选择，若Ⅲ段采用全阻抗继电器，其动作阻抗为

$$Z_{\text{set.1}}^{\text{III}} = \frac{1}{K_{\text{rel}}^{\text{III}}K_{\text{re}}K_{\text{ss}}}Z_{\text{L min}}\qquad(3-88)$$

式中：$K_{\text{rel}}^{\text{III}}$ 为可靠系数，取 1.2～1.3；K_{re} 为继电器返回系数，取 1.1～1.25；K_{ss} 为考虑电动机自启动时的自启动系数，其值大于 1；$Z_{\text{L min}}$ 为最小负荷阻抗。

$$Z_{\text{L min}} = \frac{0.9U_{\text{N}}}{\sqrt{3}I_{\text{L max}}}$$

式中：U_N 为电网的额定线电压；$I_{\text{L max}}$ 为被保护线路可能最大负荷电流。

2. 动作时限

保护Ⅲ段的动作时限较相邻与之配合的元件保护的最大动作时限大一个时限阶段，即

$$t_1^{\text{III}} = t_2^{\text{III}} + \Delta t\qquad(3-89)$$

3. 灵敏度校验

作近后备保护时

$$K_{\text{sen·近}} = \frac{Z_{\text{set.1}}^{\text{III}}}{Z_{\text{AB}}} \geqslant 1.5\qquad(3-90)$$

作远后备保护时

$$K_{\text{sen·远}} = \frac{Z_{\text{set.1}}^{\text{III}}}{Z_{\text{AB}} + K_{\text{b}}Z_{\text{BC}}} \geqslant 1.2\qquad(3-91)$$

式中：K_b 为分支系数，取最大可能值。

当灵敏度不能满足要求时，可采用方向阻抗继电器，以提高灵敏度，其动作阻抗的整定原则与全阻抗继电器相同。考虑到正常运行时，负荷阻抗的阻抗角 φ_L 较小（约为 25°），而短路时架空线路短路阻抗角 φ_k 较大（一般为 65°～85°），如果选取方向阻抗继电器的最大灵敏角 $\varphi_{\text{sen}}=\varphi_k$，则方向阻抗继电器的动作阻抗为

$$Z_{\text{set.}1}^{\text{III}} = \frac{Z_{\text{L.min}}}{K_{\text{rel}}^{\text{III}} K_{\text{re}} K_{\text{ss}} \cos(\varphi_{\text{k}} - \varphi_{\text{L}})} \qquad (3\text{-}92)$$

因此，采用方向阻抗继电器时，保护的灵敏度比采用全阻抗继电器时可提高 $1/\cos(\varphi_{\text{k}} - \varphi_{\text{L}})$，如图 3-47 所示。

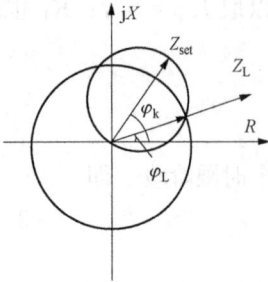

图 3-47　全阻抗继电器和方向阻抗继电器灵敏度比较

以上动作阻抗的整定计算都是一次动作值，当换算到继电器动作阻抗时，必须计及互感器的变比及继电器的接线方式。

四、阻抗继电器的整定

以上求出的是保护的一次侧动作阻抗。由于阻抗继电器都接于电流互感器和电压互感器的二次侧，且阻抗继电器的接线方式又不同，因此保护二次侧动作阻抗和保护一次侧动作阻抗之间存在下列关系

$$Z_{\text{set. T}} = Z_{\text{set}} \frac{n_{\text{TA}}}{n_{\text{TV}}} K_{\text{con}} \qquad (3\text{-}93)$$

式中：Z_{set} 为保护的一次动作阻抗；n_{TA} 为电流互感器的电流比；n_{TV} 为电压互感器的电压比；K_{con} 为接线系数。

对全阻抗继电器：0°接线，$K_{\text{con}} = 1$；±30°接线，$K_{\text{con}} = \sqrt{3}$。对方向阻抗继电器：0°接线，$K_{\text{con}} = 1$；±30°接线，$K_{\text{con}} = 2$。

在阻抗继电器内部，通过调整电抗变压器 UX 的电抗值 Z_{X} 和电压变换器 UV 的抽头位置 K_{u} 的方法来调整阻抗继电器的整定阻抗 Z_{set}

$$Z_{\text{set}} = Z_{\text{set. T}} = \frac{Z_{\text{X}}}{K_{\text{u}}} \qquad (3\text{-}94)$$

$$K_{\text{u}} = \frac{Z_{\text{X}}}{Z_{\text{set. T}}} = \frac{Z_{\text{X}}}{Z_{\text{set}}} \qquad (3\text{-}95)$$

五、精确工作电流校验

为保证阻抗继电器的测量误差不超过 10%，要求流过距离保护的短路电流应大于每段阻抗继电器的最小精确工作电流，并有一定的裕度。裕度系数为

$$K_{\text{u}} = \frac{I_{\text{k.min}}}{I_{\text{ac}}} \geqslant 1.5 \qquad (3\text{-}96)$$

式中：$I_{\text{k.min}}$ 为流过保护的可能的最小短路电流；I_{ac} 为阻抗继电器的最小精确工作电流。

对于计算 $I_{\text{k.min}}$ 时短路点的选取：精确计算时应选在各段保护范围的末端。通常对于距离 Ⅰ 段近似选在本条线路末端，Ⅱ 段近似选在相邻线路中间，Ⅲ 段近似选为相邻线路末端。

六、对距离保护的评价

1. 主要优点

（1）能满足多电源复杂电网对保护动作选择性的要求。

（2）阻抗继电器是同时反应电压的降低与电流的增大而动作的，因此距离保护较电流保护有较高的灵敏度。其中 Ⅰ 段距离保护基本不受运行方式的影响，而 Ⅱ、Ⅲ 段仍受系统运行方式变化的影响，但比电流保护要小些，保护区域和灵敏度比较稳定。

2. 主要缺点

（1）不能实现全线瞬动。对双侧电源线路，将有全线的 30% ～40% 以第 Ⅱ 段时限跳闸，

这对稳定有较高要求的超高压远距离输电系统来说是不能接受的。

（2）阻抗继电器本身较复杂，还增设了振荡闭锁装置和电压断线闭锁装置。因此，距离保护装置调试比较麻烦，可靠性也相对较低。

[**例3-1**] 在图3-48所示网络中，各线路均装有距离保护，试对其中保护1（P1）的相间短路保护Ⅰ、Ⅱ、Ⅲ段进行整定计算。已知线路 AB 的最大负荷电流 $I_{L.max}=350A$，功率因数 $\cos\varphi=0.9$，各线路每千米阻抗 $Z_1=0.4\Omega/km$，阻抗角 $\varphi_k=70°$，电动机的自启动系数 $K_{ss}=1$，正常时母线最低工作电压 $U_{MA.min}$ 取 $0.9U_N$（$U_N=110kV$）。

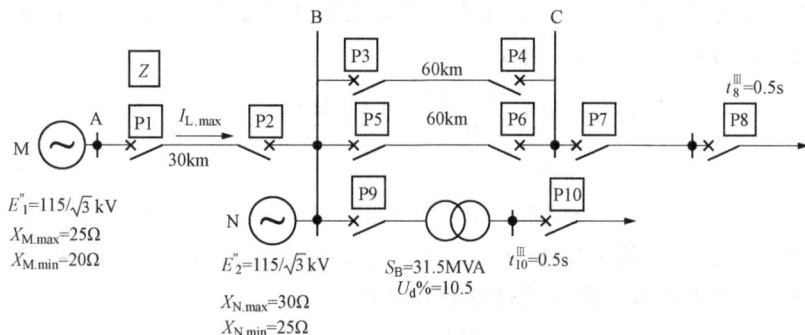

图 3-48 网络接线

解 1. 有关各元件阻抗值的计算

AB 线路的正序阻抗为

$$Z_{AB} = Z_1 L_{AB} = 0.4 \times 30 = 12(\Omega)$$

BC 线路的正序阻抗为

$$Z_{BC} = Z_1 L_{BC} = 0.4 \times 60 = 24(\Omega)$$

变压器的等值阻抗为

$$Z_T = \frac{U_k\%}{100}\frac{U_T^2}{S_T} = \frac{10.5}{100} \times \frac{115^2}{31.5} \approx 44.1(\Omega)$$

2. 距离Ⅰ段的整定

（1）动作阻抗为

$$Z_{set.1}^{I} = K_{rel}^{I} Z_{AB} = 0.85 \times 12 = 10.2(\Omega)$$

（2）动作时间为

$$t_1^{I} = 0(s)$$

3. 距离Ⅱ段

（1）动作阻抗：按下列两个条件选择。

1）与相邻线路 BC 的保护3（P3）[或保护5（P5）] 的Ⅰ段配合为

$$Z_{set.1}^{II} = K_{rel}^{II}(Z_{AB} + K_{rel}^{I} K_{b.min} Z_{BC})$$

式中，取 $K_{rel}^{I}=0.85$，$K_{rel}^{II}=0.8$，$K_{b.min}$ 为 P3 的Ⅰ段末端发生短路时对 P1 而言的最小分支系数。

如图3-49所示，当 k1 点短路时，分支系数计算式为

$$K_b = \frac{I_2}{I_1} = \frac{X_M + Z_{AB} + X_N}{X_N} \times \frac{(1+0.15)Z_{BC}}{2Z_{BC}} = \left(\frac{X_M + Z_{AB}}{X_N} + 1\right) \times \frac{1.15}{2}$$

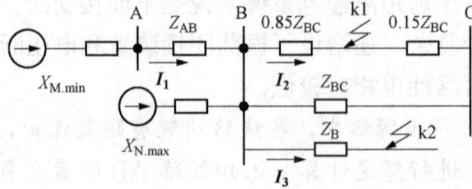

图 3-49 整定距离Ⅱ段时求 $K_{\text{jz.min}}$ 的等值电路

为了得出最小的分支系数 $K_{\text{b.min}}$，上式中 X_M 应取可能最小值，即 X_M 最小，X_N 应取最大可能值，相邻双回线路应投入，因而

$$K_{\text{b.min}} = \left(\frac{20+12}{30}+1\right)\times\frac{1.15}{2}\approx 1.19$$

于是

$$Z''_{\text{set.1}} = 0.8(12+1.19\times0.85\times24)\approx 29.02(\Omega)$$

2）按躲开相邻变压器低压侧出口 k2 点短路整定（在此认为变压器装有可保护变压器全部的差动保护，此原则为与该快速差动保护相配合）

$$Z^{\text{II}}_{\text{set.1}} = K^{\text{II}}_{\text{rel}}(Z_{\text{AB}}+K_{\text{b.min}}Z_T)$$

此处分支系数 $K_{\text{b.min}}$ 为在相邻变压器出口 k2 点短路时对保护 1 的最小分支系数，由图 3-49可知

$$K_{\text{b.min}} = \frac{I_3}{I_1} = \frac{X_{\text{M.min}}+Z_{\text{AB}}}{X_{\text{N.max}}}+1 = \frac{20+12}{30}+1\approx 2.07$$

$$Z^{\text{II}}_{\text{set.1}} = 0.7(12+2.07\times44.1)\approx 72.3(\Omega)$$

此处取 $K^{\text{II}}_{\text{rel}}=0.7$。

取以上两个计算值中较小者为Ⅱ段动作值，即取 $Z^{\text{II}}_{\text{set}}=29.02$（Ω）。

（2）动作时间：与相邻 P3 的Ⅰ段配合，则

$$t^{\text{II}}_1 = t^{\text{I}}_3 + \Delta t = 0.5(\text{s})$$

它能同时满足与相邻保护及与相邻变压器保护配合的要求。

（3）灵敏性校验：

$$K_{\text{sen}} = \frac{Z^{\text{II}}_{\text{set.1}}}{Z_{\text{AB}}} = \frac{29.02}{12}\approx 2.42 > 1.5$$

满足要求。

4．距离Ⅲ段

（1）动作阻抗：按躲开最小负荷阻抗整定。因为继电器取为 $0°$ 接线的方向阻抗继电器，所以有

$$Z^{\text{III}}_{\text{set.1}} = \frac{Z_{\text{L.min}}}{K^{\text{III}}_{\text{rel}}K_{\text{re}}K_{\text{ss}}\cos(\varphi_k-\varphi_L)}$$

$$Z_{\text{L.min}} = \frac{U_{\text{A.min}}}{I_{\text{A.max}}} = \frac{0.9\times110}{\sqrt{3}I_{\text{L.max}}} = \frac{0.9\times110}{\sqrt{3}\times0.35}\approx 163.5(\Omega)$$

取 $K^{\text{III}}_{\text{rel}}=1.2$，$K_{\text{re}}=1.15$，$K_{\text{ss}}=1$，$\varphi_k=\varphi_{\text{sen}}=70°$，$\varphi_L=\cos^{-1}0.9=25.8°$。于是

$$Z^{\text{III}}_{\text{set.1}} = \frac{163.5}{1.2\times1.15\times1\times\cos(70°-25.8°)}\approx 165.3(\Omega)$$

（2）动作时间：

$$t_1^{\text{III}} = t_8^{\text{III}} + 3\Delta t \text{ 或 } t_1^{\text{III}} = t_{10}^{\text{III}} + 2\Delta t$$

取其中较长者

$$t_1^{\text{III}} = 0.5 + 3 \times 0.5 = 2.0(\text{s})$$

（3）灵敏性校验。

1）本线路末端短路时的灵敏系数为

$$K_{\text{sen·近}} = \frac{Z_{\text{set.1}}^{\text{III}}}{Z_{\text{AB}}} = \frac{165.3}{12} \approx 13.78 > 1.5$$

满足要求。

2）相邻元件末端短路时的灵敏系数。

a. 相邻线路末端短路时的灵敏系数为

$$K_{\text{sen·远}} = \frac{Z_{\text{set.1}}^{\text{III}}}{Z_{\text{AB}} + K_{\text{b.max}} Z_{\text{BC}}}$$

式中：$K_{\text{b.max}}$ 为相邻线路 BC 末端 k3 点短路时对 P1 而言的最大分支系数，其计算等值电路如图 3-50 所示。

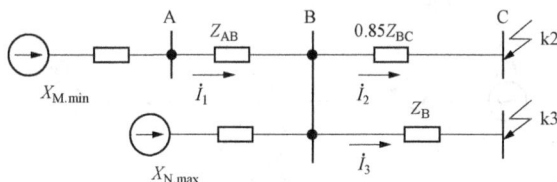

图 3-50 整定距离Ⅲ段灵敏度校验时求 $K_{\text{b.min}}$ 的等值电路

X_{M} 取可能的最大值 $X_{\text{M.max}}$，X_{N} 取可能的最小值 $X_{\text{N.min}}$，而相邻平行线取单回线运行，则

$$K_{\text{b.max}} = \frac{I_2}{I_1} = \frac{X_{\text{M.max}} + Z_{\text{AB}} + X_{\text{N.min}}}{X_{\text{N.min}}} = \frac{25 + 12 + 25}{25} = 2.48$$

于是

$$K_{\text{sen·远}} = \frac{165.3}{12 + 2.48 \times 24} \approx 2.31 > 1.2$$

满足要求。

b. 相邻变压器低压侧出口的 k3 短路时的灵敏系数中，最大分支系数为

$$K_{\text{b.max}} = \frac{I_3}{I_1} = \frac{Z_{\text{M.max}} + Z_{\text{AB}} + Z_{\text{N.min}}}{Z_{\text{N.min}}} = \frac{25 + 12 + 25}{25} = 2.48$$

于是

$$K_{\text{sen·远}} = \frac{Z_{\text{set.1}}^{\text{III}}}{Z_{\text{AB}} + K_{\text{b.max}} Z_{\text{B}}} = \frac{165.3}{12 + 2.48 \times 44.1} = 1.36 > 1.2$$

满足要求。

第六节 工频故障分量距离保护

前面介绍的电流保护、方向保护和距离保护等都是以保护安装处故障后的全电压和全电

流作为保护的测量电压和电流。本节将介绍工频故障分量的概念，并以工频故障分量距离保护为例，说明构成工频故障分量继电保护的原理和方法。

一、工频故障分量

图 3-51（a）所示为双侧电源的电力系统，当电力系统在某种非故障状态（如正常运行、不正常运行、两相运行等）下运行时，在 k 点发生金属性短路，故障点的电压降为 0，这时系统的状态可用图 3-51（b）所示的等值网络来代替，图 3-51（b）中两附加电压源的电压大小相等，符号相反。假定电力系统为线性系统，则根据叠加原理，图 3-51（b）所示的运行状态又可以分解成图 3-51（c）和图 3-51（d）所示的两个运行状态的叠加。若令故障点处附加电源的电压值等于故障前状态下故障点处的电压，则图 3-51（c）就相应于故障前的系统非故障状态，各点处的电压、电流均与故障前的情况一致。图 3-51（d）为故障引入的附加故障状态，该系统中各点的电压、电流称为电压电流的故障分量或故障变化量、突变量。

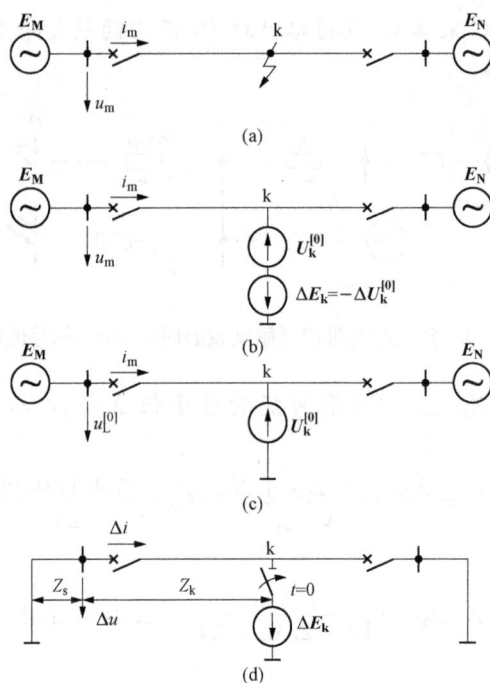

图 3-51　短路时电气变化量的计算图

（a）故障后电力系统；（b）图等值网络；（c）故障前电力系统状态；（d）故障附加状态

当系统故障时，相当于图 3-51（d）的系统故障附加状态突然接入，这时 Δu 和 Δi 都不为零，电压、电流中出现故障分量。可见，电压、电流的故障分量，就相当于图 3-51（d）所示的无源系统对于故障点处突然加上的附加电压源的响应。

这样，在任何运行方式、运行状态下系统故障时，保护安装处测量到的全电压 u_m、全电流 i_m 可以看作故障前状态下非故障分量电压 $u^{[0]}$、电流 $i^{[0]}$ 与故障分量电压 Δu、电流 Δi 的叠加，即

$$\begin{cases} u_m = u^{[0]} + \Delta u \\ i_m = i^{[0]} + \Delta i \end{cases} \tag{3-97}$$

根据式（3-97），可以得出故障分量的计算方法，即

$$\begin{cases} \Delta u = u_m - u^{[0]} \\ \Delta i = i_m - i^{[0]} \end{cases} \tag{3-98}$$

式（3-98）表明，从保护安装处的全电压、全电流中减去故障前状态下的电压、电流，就可以求得故障分量电压、电流。

在 Δu 和 Δi 中，既包含系统短路引起的工频电压、电流的变化量，还包含短路引起的暂态分量，即

$$\begin{cases} \Delta u = \Delta u_{st} + \Delta u_{tr} \\ \Delta i = \Delta i_{st} + \Delta i_{tr} \end{cases} \tag{3-99}$$

式中：Δu_{st}、Δi_{st} 分别为电压、电流故障分量中的工频稳态成分，称为工频故障分量或工频变化量、突变量；Δu_{tr}、Δi_{tr} 分别为电压、电流故障分量中的暂态成分。

由于 Δu_{st} 和 Δi_{st} 是按工频变化的正弦量，因此它们可以用相量的方式来表示。用相量表示时，一般省去下标，记为 ΔU 和 ΔI。

故障分量的特点是：故障分量仅在故障后存在，非故障状态下不存在故障分量；故障点的故障分量电压最大，系统中性点的故障分量电压为零；保护安装处的故障分量电压、电流间的相位关系由保护安装处到背侧系统中性点间的阻抗决定，且不受系统电动势和短路点过渡电阻的影响；故障分量独立于非故障状态，但仍受非故障状态运行方式的影响。故障分量包括工频故障分量和故障暂态分量，二者都可以用来作为继电保护的测量量。由于它们都是由故障而产生的量，仅与故障状况有关，因此用它作为继电保护的测量量时，可使保护的动作性能基本不受负荷状态、系统振荡等因素的影响，可望获得良好的动作特性。

二、工频故障分量距离保护的工作原理

工频故障分量距离保护又称工频变化量距离保护，是一种通过反应工频故障分量电压、电流而动作的距离保护。

在图 3-51（d）中，保护安装处的工频故障分量电流、电压可以分别表示为

$$\Delta I = \frac{\Delta E_k}{Z_s + Z_k} \tag{3-100}$$

$$\Delta U = -\Delta I Z_s \tag{3-101}$$

取工频故障分量距离元件的工作电压为

$$\Delta U_{op} = \Delta U - \Delta I Z_{set} = -\Delta I(Z_s + Z_{set}) \tag{3-102}$$

式中：Z_{set} 为保护的整定阻抗，一般取为线路正序阻抗的 $80\% \sim 85\%$。

图 3-52 为在保护区内、外不同地点发生金属性短路时电压故障分量的分布，式（3-102）中的 ΔU_{op} 对应图中 z 点的电压。

在保护区内 k1 点短路 [图 3-52（a）] 时，ΔU_{op} 在 0 与 ΔE_{k1} 连线的延长线上，这时有 $|\Delta U_{op}| > |\Delta E_{k1}|$。

在正向区外 k2 点短路 [图 3-52（b）] 时，ΔU_{op} 在 0 与 ΔE_{k2} 的连线上，这时有 $|\Delta U_{op}| < |\Delta E_{k2}|$。

在反向区外 k3 点短路 [图 3-52（c）] 时，ΔU_{op} 在 0 与 ΔE_{k3} 的连线上，这时有 $|\Delta U_{op}| < |\Delta E_{k3}|$。

可见，比较工作电压 ΔU 电源的电动势的幅值大小就能够区分出区内外的故障。故障附加状态下的电源电动势的大小等于故障前短路点电压的大小，即比较工作电压与非故障状态下短路点电压的大小 $U_\mathrm{k}^{[0]}$，就能够区分出区内外的故障。假定故障前为空载，短路点电压的大小等于保护安装处母线电压的大小，通过记忆的方式很容易得到，工频故障分量距离元件动作判据可以表示为

$$|\,\Delta U_{\mathrm{op}}\,|\geqslant U_\mathrm{k}^{[0]} \qquad (3\text{-}103)$$

满足式（3-103），判定为区内故障，保护动作；不满足式（3-103），判定为区外故障，保护不动作。

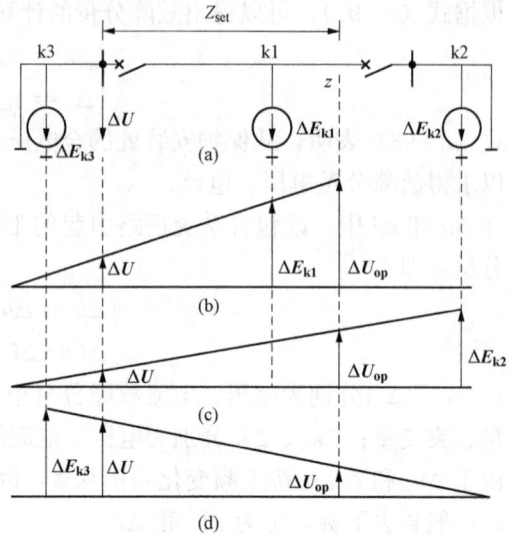

图 3-52 不同地点发生短路时电压故障分量的分布
(a) 附加网络；(b) 区内短路；
(c) 正向区外短路；(d) 反向区外短路

三、工频故障分量距离保护的动作特性

工频故障分量距离保护在正向故障时的动作特性，可以用图 3-53（a）所示的等值网络分析。

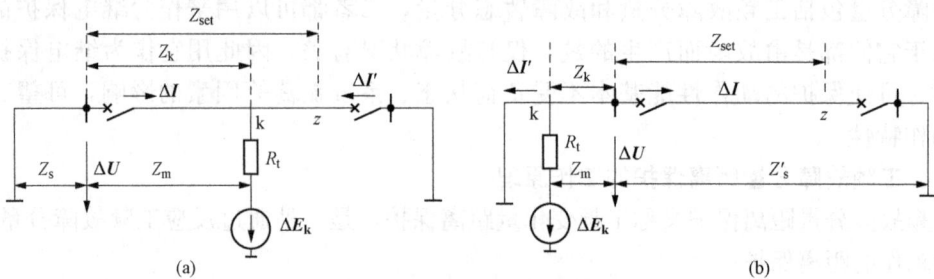

图 3-53 动作特性分析用等值网络
(a) 正向故障；(b) 反向故障

由图 3-53（a）及工频故障分量的定义可得

$$U_\mathrm{k}^{[0]}=|\,\Delta E_\mathbf{k}\,|=|\,\Delta I(Z_\mathrm{s}+Z_\mathrm{k})+C\Delta I R_\mathrm{t}\,|=|\,\Delta I\,|\,|\,Z_\mathrm{s}+Z_\mathrm{m}\,| \qquad (3\text{-}104)$$

$$|\,\Delta U_{\mathrm{op}}\,|=|-\Delta I(Z_\mathrm{s}+Z_\mathrm{set})\,|=|-\Delta I\,|\,|\,Z_\mathrm{s}+Z_\mathrm{set}\,| \qquad (3\text{-}105)$$

式中：Z_m 为正向故障时测量元件的测量阻抗，$Z_\mathrm{m}=k+CR_g$；C 为故障分量电流助增系数，$C=\dfrac{\Delta I+\Delta I'}{\Delta I}$。

将式（3-104）和式（3-105）代入式（3-103），得

$$|\,Z_\mathrm{s}+Z_\mathrm{set}\,|\geqslant|\,Z_\mathrm{s}+Z_\mathrm{m}\,| \qquad (3\text{-}106)$$

在式（3-106）中，系统阻抗 Z_s 和整定阻抗 Z_set 都为常数，测量阻抗 Z_m 随着短路距离和过渡电阻的变化而变化。式（3-106）取等号，可以得到临界动作情况下 Z_m 的轨迹，即动作的特性为

$$|\,Z_\mathrm{s}+Z_\mathrm{set}\,|=|\,Z_\mathrm{s}+Z_\mathrm{m}\,| \qquad (3\text{-}107)$$

在阻抗复平面上，该特性是以 $-Z_s$ 为圆心，以 $|Z_s+Z_{set}|$ 为半径的圆，如图 3-54 所示。当测量阻抗 Z_m 落在圆内时，满足式（3-106），测量元件动作，所以圆内为动作区，圆外为非动作区。可见，在正向故障时，特性圆的直径很大，有很强的允许过渡电阻能力。此外，尽管过渡电阻仍影响保护的动作范围，但由于 $\Delta I'$ 一般与 ΔI 同相位，过渡电阻呈电阻性，与 R 轴平行，因此不存在由于对侧电流助增引起的稳态超越问题。

在反向故障时，系统分析等值网络如图 3-53（b）所示。由图 3-53（b）可知

$$U_k^{[0]} = |\Delta E_k| = |\Delta I(Z_s'+Z_k)+C\Delta I R_t| = |-\Delta I||Z_s'+Z_m| \qquad (3-108)$$

$$|\Delta U_{op}| = |\Delta I(Z_s'-Z_{set})| = |\Delta I||Z_s'-Z_{set}| \qquad (3-109)$$

式中：$Z_m=Z_k+CR_t$ 为反向故障时测量元件的测量阻抗；$C=\dfrac{\Delta I+\Delta I'}{\Delta I}$ 为工频故障分量电流助增系数；Z_s' 为从保护安装处到对端系统中性点的等值阻抗。

将式（3-108）和式（3-109）代入式（3-104），得

$$|Z_s'-Z_{set}| \geqslant |Z_s'-(-Z_m)| \qquad (3-110)$$

类似于对正向故障情况的分析，可以得到在反向故障情况下的动作特性，如图 3-54（b）所示。在阻抗复平面上，继电器的动作区域是以 Z_s' 的末端为圆心，以 $|Z_s'-Z_{set}|$ 为半径的圆。由于动作的区域在第一象限，而测量阻抗 $-Z_m$ 位于第三象限，因此继电器不可能动作，具有明确的方向性。

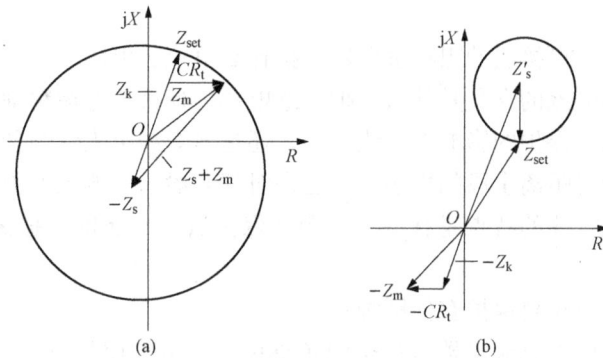

图 3-54 工频故障距离保护的动作特性
（a）正向故障；（b）反向故障

四、工频故障分量距离保护的特点及应用

通过上述分析，可以看出工频故障分量距离保护具有如下特点：

（1）阻抗继电器以电力系统故障引起的故障分量电压、电流为测量信号，不反应故障前的负荷量和系统振荡，动作性能基本上不受非故障状态的影响，无需加振荡闭锁。

（2）阻抗继电器仅反应故障分量中的工频稳态量，不反应其中的暂态分量，动作性能较为稳定。

（3）阻抗继电器的动作判据简单，因此实现方便，动作速度较快。

（4）阻抗继电器具有明确的方向性，因此既可以作为距离元件，又可以作为方向元件使用。

（5）阻抗继电器本身具有较好的选相能力。

鉴于上述特点，工频故障分量距离保护可以作为快速距离保护的 I 段，用来快速地切除 I 段范围内的故障。此外，它还可以与四边形特性阻抗继电器复合组成复合距离继电器，作为纵联保护的方向元件。

思考题与习题

3-1　距离保护的工作原理是什么？它与电流保护的主要区别是什么？

3-2　什么是测量阻抗、动作阻抗、整定阻抗、返回阻抗、短路阻抗、负荷阻抗？

3-3　具有圆特性的全阻抗继电器、方向阻抗继电器、偏移特性的阻抗继电器各有什么特性？

3-4　方向阻抗继电器为什么要标出电流、电压的极性？如果在实际接线中将其中一个极性接反了，会产生什么后果？如果两个极性都接反了呢？

3-5　方向阻抗继电器为什么会有死区？如何消除？全阻抗继电器有无死区？为什么？

3-6　有一方向阻抗继电器，其整定阻抗为 $Z_{set}=20\angle 60°\Omega$，若测量阻抗为 $Z_m=15\angle 15°\Omega$，则该继电器能否动作？为什么？

3-7　附加"记忆回路"可以消除阻抗继电器在所有类型时的死区（包括暂态和稳态），这种说法对吗？为什么？

3-8　引入第三相电压可以消除阻抗继电器在所有类型时的死区（包括暂态和稳态），这种说法对吗？为什么？

3-9　$0°$、$30°$、$-30°$接线的阻抗继电器应接什么电流、电压？

3-10　精确工作电流的含义是什么？阻抗继电器为什么要考虑精确工作电流？

3-11　过渡电阻对保护的影响在长线上大，还是在短线上大？为什么？

3-12　过渡电阻对距离 I 段的影响大，还是对其 II 段的影响大？为什么？

3-13　电力系统振荡的特点是什么？对距离保护有什么影响？振荡闭锁装置可以采用哪些原理来实现？

3-14　分支电流对距离保护有何影响？

3-15　不同特性的阻抗继电器（如全阻抗继电器、方向阻抗继电器和偏移特性阻抗继电器）在承受过渡电阻的能力上哪一种最强？在遭受振荡影响的程度上哪一种最严重？

3-16　阻抗继电器为什么怕电压互感器回路断线？断线时会发生什么后果？如何防止？是否所有的阻抗继电器都怕电压互感器回路断线？

3-17　在分析电压互感器二次回路断线对阻抗继电器的影响时，一般是说，由于断线使继电器端子上的电压可能为零，从而将引起阻抗继电器误动。然而，在此前分析死区问题时则说，当保护安装处出口短路时，可使继电器端子上电压为零，从而会引起保护拒动。这两种情况都会使继电器端子上电压为零，但其结果为什么一个是误动，一个是拒动？这是否矛盾？为什么？

3-18　什么是工频故障分量？简述工频故障分量距离保护的原理。

3-19　在图3-55所示的网络中，各线路均装有距离保护，试对其中保护1的相间短路保护 I、II、III 段进行整定计算。已知线路 AB 的最大负荷电流 $I_{L.max}=350A$，功率因数 $\cos\varphi=0.9$，各线路每千米阻抗 $Z_1=0.4\ \Omega$，阻抗角 $\varphi_k=70°$，电动机的自启动系数 $K_{ss}=1.5$，继电器的返回系数 $K_{re}=1.2$，并设 $K'_{rel}=0.85$，$K''_{rel}=0.8$，$K'''_{rel}=1.2$，变压器采用能保护整个变压器的无时限纵差保护。

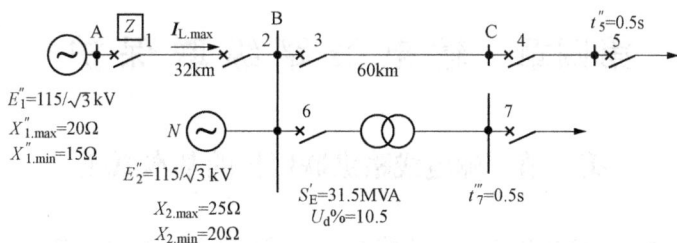

图 3 - 55　题 3 - 19 图

3-20　在图 3-56 所示的网络中，各线路均装有距离保护，试对其中保护 1 的相间短路的距离保护 Ⅰ、Ⅱ、Ⅲ 段进行整定计算。

已知线路 AB 的最大负荷电流 $I_{L.max}=280A$，$\cos\varphi=0.9$，各线路每千米阻抗 $Z_1=0.4$，阻抗角 $\varphi_k=70°$，$K_{ss}=1.5$，$K_{re}=1.2$，$t'''_B=1s$，$t'''_{12}=1s$，并设 $K'_{rel}=0.85$，$K'''_{rel}=1.2$，变压器采用了能保护整个变压器的无时限纵差保护。

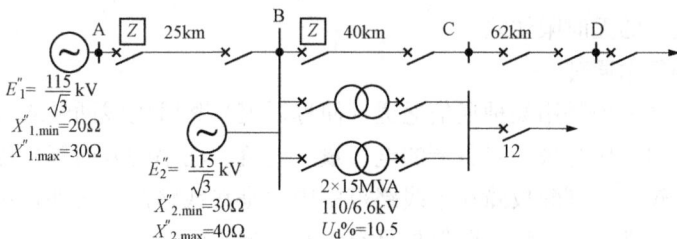

图 3 - 56　题 3 - 20 图

第四章 输电线路纵联保护

第一节 输电线路纵联保护的基本原理

电流保护和距离保护原理用于输电线路时，只需将线路一端的电流、电压经过互感器引入保护装置，比较容易实现。但由于互感器传变的误差、线路参数值的不精确性及继电器本身的测量误差等，这种保护装置可能将被保护线路对端所连接的母线上的故障，或与母线连接的其他线路出口处的故障，误判断为本线路末端的故障而被保护线路切断。为了防止这种非选择性动作，不得不将这种保护的无时限保护范围缩短到小于线路全长。一般应将保护的无时限Ⅰ段的保护范围整定为线路全长的 80%～90%，对于其余的 10%～20% 线段上的故障，只能按Ⅱ段保护的时限切除。为了保证故障切除后电力系统的稳定运行，对于某些重要线路这是不能允许的。在这种情况下，只能采用纵联保护原理保护输电线路，以实现线路全长范围内任何点故障的无时限切除。

一、纵联保护基本原理

输电线路的纵联保护是用某种通信通道（简称通道）将输电线两端或各端（对于多端线路）的保护装置纵向连接起来，对各端的电气量（电流、功率的方向等）传送到对端，对各端的电气量进行比较，以判断故障在本线路范围内还是在线路范围之外，从而决定是否切断被保护线路。因此，理论上这种纵联保护具有绝对的选择性。

输电线路的纵联保护根据所采用的通道、信号功能及其传输方式的不同，装置的原理、结构、性能和适用范围等方面都有很大的差别。因此，纵联保护有很多不同的类型。

我国按照所应用的通信通道的传输介质、所传送信号的性质和所应用的保护原理分类，能比较具体地反映各类纵联保护的原理差别和优缺点，便于设计和运行人员选择和掌握。

二、信号的分类

任何纵联保护都是依靠通信通道传送的某种信号来判断故障的位置是在被保护线路内还是在被保护线路外。信号的作用是当线路内部故障时，将保护开放，允许保护作用于跳闸；而当线路外部故障时，须将保护闭锁。因此，信号的性质和功能在很大程度上决定了保护的性能。信号按其性质或作用，分为闭锁信号、允许信号和跳闸信号。这三种信号可用任一种通信通道产生和传送。

1. 闭锁信号

闭锁信号是指"收不到这种信号是保护动作跳闸的必要条件"，即无闭锁信号则保护作用于跳闸，或者说闭锁信号是阻止保护动作于跳闸的信号。其逻辑框图如图 4 - 1（a）所示。当发生外部故障时，由判定为外部故障的一端保护装置发出闭锁信号，将两端的保护闭锁；而当发生内部故障时，两端均不发出闭锁信号，因而也收不到闭锁信号，保护即可动作于跳闸。

2. 允许信号

允许信号是指"收到这种信号是保护动作跳闸的必要条件"，即允许信号是允许保护作用于跳闸的信号，或者说有允许信号保护才能动作于跳闸；其逻辑框图如图 4 - 1（b）所示。因此，当内部故障时，两端保护应同时向对端发出允许信号，使保护装置能够动作于跳闸；而当外部故障时，则因接近故障点端判断出故障在反方向而不发出允许信号，对端保护不能跳闸，本端则因判断出故障在反方向也不能跳闸。

3. 跳闸信号

跳闸信号是指"收到这种信号是保护动作于跳闸的充要条件"。实现这种保护时，实际上是利用装设在每一端的瞬时电流速断、距离 I 段或零序电流瞬时速断等保护，当其保护范围内部故障而动作于跳闸的同时，还向对端发出跳闸信号，可以不经过其他监控元件而直接使对端的断路器跳闸。其逻辑框图如图 4 - 1（c）所示。采用这种工作方式时，两端的保护的构成比较简单，无需互相配合，但是必须要求各端发送跳闸信号保护的动作范围小于线路全长，而两端保护动作范围之和应大于线路全长。前者是为了保证动作的选择性，而后者则是为了保证两端保护动作范围有交叉，在全线上任一点故障时总有一端能发出跳闸信号。跳闸信号的逻辑框图如图 4 - 1（c）所示。

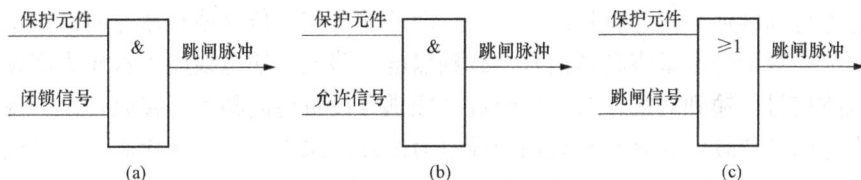

图 4 - 1　高频保护信号逻辑框图
(a) 闭锁信号；(b) 允许信号；(c) 跳闸信号

应该指出，虽然任何通信通道都能产生和传送这三种信号，但是对于不同的通道传输介质，应用这三种信号所构成的保护的性能却有很大差别。按照所利用的信号的性质，纵联保护可分为闭锁式、允许式、直接跳闸式和解除闭锁式。目前，可用于纵联保护的通信通道有导引线、输电线载波或高频通道、微波通道及光纤通道四种。因此，按照所应用的通信通道，纵联保护可分为导引线保护、载波（高频）保护、微波保护和光纤通道保护。在历史上也曾出现过利用特高频的无线通道，但由于传送距离短，受障碍物影响不够可靠等，没有得到推广。

按照输电线两端（或多端）所用的保护原理，纵联保护又可分为纵联差动保护（相位比较式差动和全电流差动保护）、方向比较式纵联保护和距离纵联保护三类。

这三种分类方法中的各种保护又可与各种通道任意结合，构成多种多样的纵联保护方式，而每种保护方式的性能和特点又都有很大差别，下面将详细进行分析。

第二节　纵联保护的通信通道

输电线路纵联保护的通信通道主要有四种：导引线通道、电力线载波通道、微波通道和光纤通道。

一、导引线通道

导引线通道是最早的纵联保护所使用的通信通道，是与被保护线路平行敷设的金属导线

（导引线），用以传送被保护线路各端电气量测量值和有关信号。这种通道一般由两根或三根金属导引线构成，实际中常用铠装通信电缆的几根芯线将铠装外皮在两端接地以减小地电位差的影响和电力线路或雷电感应所引起的过电压。为减小电磁干扰，应选用铝或铜做成屏蔽层的屏蔽电缆，屏蔽层在电缆两端接地，从而减小电磁干扰。

　　由于导引线本身也是具有分布参数的电路，其纵向电阻和电抗增大了电流互感器和辅助电流互感器的负担，因此影响了电流传变的准确性。此外，横向分布的电导和电容产生的有功漏电流和电容电流也会影响差动保护的正确动作，所以在有些情况下需要专门的补偿措施，专门敷设导引线电线需要很大的投资。由于种种经济和技术上的限制，导引线保护在实际中只用于很短的重要输电线路，其长度一般不超过 15～20km。导引线纵联保护常采用电流差动保护原理。

二、电力线载波（高频）通道

　　利用输电线路载波通信方式构成的纵联保护通信通道称为电力线载波通道。输电线路是按照传输电力要求设计建造的，以输电线路作为纵联保护的通信通道传输高频信号，必须对传输的信息进行高频加工。也就是说，将线路两端的电流相位（或功率方向）信息转变为高频信号，经过高频耦合设备将高频信号加载到输电线路上，输电线路本身作为高频信号的通道将高频载波信号传输到对端，对端再经过高频耦合设备将高频信号接收，以实现各端电流相位或功率方向的比较，这就是高频保护或电力线载波保护。它是利用高压输电线用载波的方法传送 40～500kHz 的高频信号以实现纵联保护。

　　1. 电力线载波通道的构成

　　高频通道可用一相导线和大地构成，称为"相—地"通道；也可用两相导线构成，称为"相—相"通道。利用"导线—大地"作为高频通道是比较经济的方案，因为它只需要在线路一相上装设构成通道的设备，称为高频加工设备，在我国得到了广泛的应用。它的缺点是高频信号的能量衰耗和受到的干扰都比较大。

　　输电线高频保护所用的载波通道结构如图 4-2 所示，其主要元件及作用分述如下。

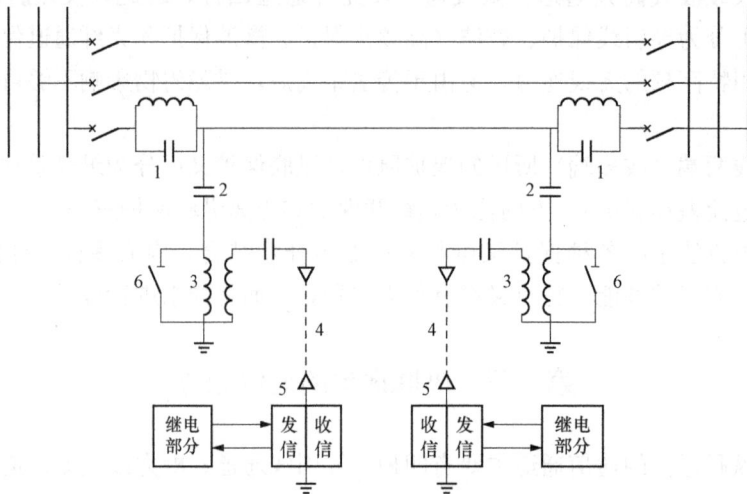

图 4-2　高频通道结构

1—阻波器；2—结合电容器；3—连接滤波器；4—电缆；5—高频收发信机；6—接地开关

（1）阻波器。阻波器是由一个电感线圈与可变电容器并联组成的回路，其并联后的阻抗
Z 与频率的关系曲线如图 4-3 所示。当并联谐振时，它所呈
现的阻抗最大。利用这一特性做成的阻波器，需使其谐振频
率为所用的载波频率。这样，高频信号就被限制在被保护输
电线路的范围内，而不能穿越到相邻线路上去。但对 50Hz
的工频电流而言，阻波器基本上仅呈现电感线圈的阻抗，数
值很小（约为 0.04Ω），并不影响它的传输。

阻波器的电感线圈的电感 $L=0.1\mathrm{mH}$，可调电容 $C=$
$20\sim250\mu\mathrm{F}$。

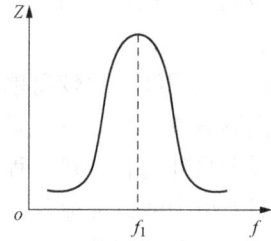

图 4-3 阻波器阻抗与频率
关系曲线

（2）结合电容器。结合电容器与连接滤波器共同配合将
载波信号传递至输电线路，同时使高频收发信机与工频高压线路绝缘。由于结合电容器对工
频电流呈现极大的阻抗，因此由它所导致的工频泄漏电流极小。

（3）连接滤波器。连接滤波器由一个可调节的空芯变压器及连接至高频电缆一侧的电容
器组成。结合电容器与连接滤波器共同组成一个四端网络式的"带通滤波器"，使所需频带
的高频电流能够流过。

带通滤波器从线路一侧看入的阻抗与输电线路的波阻抗（与输电线路的结构有关，对于
220kV 线路约为 400Ω）匹配，而从电缆一侧看入的阻抗则应与高频电缆的波阻抗（约为
100Ω 或 600Ω）相匹配。这样，就可以避免高频信号的电磁波通过时发生反射，从而减小高
频能量的附加衰耗。

（4）电缆。电缆用来连接户内的高频收发信机和装在户外的连接滤波器。为屏蔽干扰信
号，减少高频损耗，采用单芯同轴电缆，其波阻抗为 100Ω。

（5）接地开关。接地开关为高频通道的辅助设备。在调整或检修高频收发信机和连接滤
波器时，用它来进行安全接地，以保证人身和设备的安全。

（6）高频收发信机。高频收发信机的作用是发送和接收高频信号。发信机部分由继电保
护装置控制，通常都是在电力系统发生故障时，保护启动之后它才发出信号，但有时也可采
用长期发信、故障时停信或改变信号频率的方式。由发信机发出的信号，通过高频通道送到
对端的收信机中，也可为自己的收信机所接收。高频收信机接收由本端和对端所发送的高频
信号，经过比较判断之后，再动作于继电保护，使之跳闸或将其闭锁。

上述的高频阻波器、结合电容器、连接滤波器和高频电缆等设备统称高压输电线路的高
频加工设备。通过这些加工设备，就可以将超高压输电线路构成高频传输通道，解决了高频
信号的传输问题。

2. 电力线载波通道的特点

电力线载波通信是电力系统的一种特殊通信方式，它以电力线路为信息通道，如果通道
传输的信号频率低于 40kHz，则受工频干扰太大，同时信道中的连接设备的构成也比较困
难；若载波频率过高，会对中波广播产生非常严重的干扰，同时高频能量的衰耗也将大大增
加。电力线载波通信曾在一段时间内成为电力系统应用最广泛的通信手段，其具有以下几个
优点：

（1）无中继通信距离长。电力线载波通信距离可达几百千米，中间不需要信号的中继设
备，一般的输电线路，只需要在线路两端配备载波机高频信号耦合设备。

（2）经济、使用方便。使用电力线载波通道的装置（继电保护、电力自动化设备等）与载波机之间的距离很近，都在同一变电站内，高频电缆短，不需要再架信道，节省了投资。

（3）工程施工比较简单。输电线路建好后，装上阻波器、耦合电容器、结合滤波器，敷设好高频载波电缆，然后安装载波机，就可以进行调试。这些工作都在变电站内进行，基本上不需要另外进行基建工程，能较快地建立起通信。在很多工期比较紧张的输变电工程中，往往只有电力线载波通信才能和输变电工程同期建设，保证了输变电工程的如期投产。

电力线载波通信的缺点是高压输电线路上的干扰可直接进入载波通道，如高压输电线路的电晕、短路、开关操作等都会在不同程度上对载波通信造成干扰。另外，由于高频载波通信速率低，难以满足纵联电流差动保护实时性的要求，因此它一般用来传递信号。

3. 电力线载波通道的工作方式

输电线路纵联保护载波通道按其工作方式可以分为三大类，即正常无高频电流方式、正常有高频电流方式和移频方式。根据高频保护对动作可靠性要求的不同特点，可以选用任意的工作方式。

（1）正常无高频电流方式。在电力系统正常工作条件下，发信机不发信，沿通道不传送高频电流。发信机只有在电力系统发生故障期间才由保护的启动元件启动发信，因此又称故障启动发信方式。

在利用正常无高频电流方式时，为了确知高频通道完好，往往采用定期检查的方法。定期检查又可以分为手动检查和自动检查两种。在手动检查条件下，值班员手动启动发信，并检查高频信号是否合格，该方式在我国电力系统中得到了广泛的应用。自动检查的方法是利用专门的时间元件按规定时间自启动，检查通道，并向值班员发出信号。

（2）正常有高频电流方式。在电力系统正常工作条件下，发信机处于发信状态，沿高频通道传送高频电流，因此又称长期发信方式。其主要优点是使高频保护中的高频通道部分经常处于监视状态，可靠性较高；此外，无需收发信机启动元件，使装置稍为简化。其缺点是因为经常处于发信状态，增加了对其他通信设备的干扰时间；因为经常处于收信状态，外界对高频信号干扰的时间长，要求自身有更高的抗干扰能力。

在长期发信的条件下，通道部分能否得到完善的监视仍要视具体情况而定。例如，当两端发信机的工作频率不同时，任何一端的收信机只收对端送来的高频电流信号，收发信机和通道的中断能够及时发现；但是当两端发信机工作在同一频率时，由于任何一端的收信机不仅收到对端送来的高频电流，同时也收到本端发信机发出的高频电流，因此任何一个发信机或通道工作的中断都不能直接从收信结果判断出来，仍需采用其他附加措施才能达到完全监视的目的。

（3）移频方式。在电力系统正常工作条件下，发信机处于发信状态，向对端传送出频率为 f_1 的高频电流，这一高频电流可作为通道的连续检查或闭锁保护之用。当线路发生故障时，保护装置控制发信机停止发送频率为 f_1 的高频电流，改发频率为 f_2 的高频电流。这种方式能监视通道的工作情况，提高了通道工作的可靠性，并且抗干扰能力较强；但它占用的频带宽，通道利用率低。移频方式在国外已得到了广泛应用。

三、微波通道

随着电力系统载波通信和远动化的日益发展，对远方信息的需求越来越多，现在电力输电线路载波频率已经不够分配，单纯使用电力线载波通道出现了通信困难。因此，在电力系统中采用了微波通道。

利用150MHz～20GHz的电磁波进行无线通信称为微波通信，相比电力线载波的50～400kHz频段，其频带要宽得多，可以同时传送很多带宽为4kHz的音频信号，因此微波通道的通信容量非常大。但微波通信纵联保护使用的频段属于超短波的无线电波，大气电离层已不能起反射作用，只能在"视线"范围内传播，传输距离不超过40～60km。如果两个变电站之间的距离超出以上范围，就要装设微波中继站，以增强和传递微波信号。微波通信纵联保护示意图如图4-4所示。微波通信纵联保护包括输电线路两端的保护装置部分和微波通信部分。微波信号由一端的发信机发出，经连接电缆送到天线发射，经过空间传播，送到线路对端天线，被接收后由电缆送到收信机中。

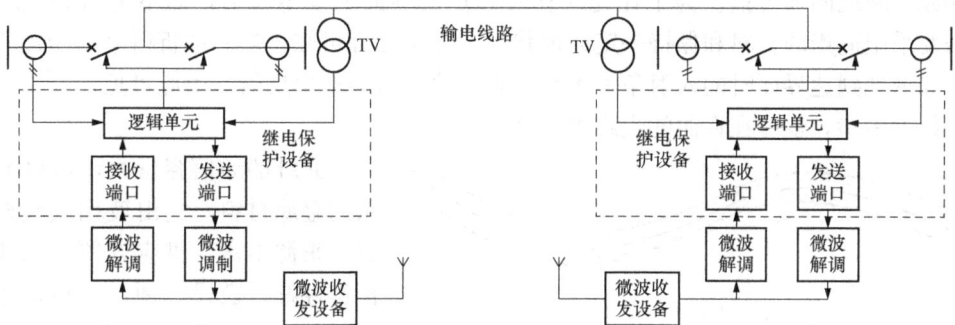

图4-4 微波通信纵联保护示意图

微波通道不受输电线路的影响，不管线路发生外部故障还是内部故障，通道都不会被破坏。微波信号是沿直线传播的，而地球是一个球体，故使微波的直线传播距离受到限制。一般在平原地区，一个50m高的微波天线通信距离为50km左右。微波的这一特点决定了其在通信距离较远时，必须架设微波中继站，因此通道价格昂贵。此外，微波信号的衰耗与天气有关，在空气中水蒸气含量过大时，信号衰耗增大，应加以注意。

微波保护在国外应用得很多。我国电力系统中微波通信非常发达，但微波保护应用得并不多，这主要是由于微波通信和继电保护管理体制的差异造成的。

四、光纤通道

光纤通信已成为现代通信的主要支柱之一，随着通信技术的发展和光纤技术在电力通信领域的应用，在各地电网建设中大量采用光纤通信，架空地线复合光缆（Optical Fiber Composite Overhead Ground Wire，OPGW）和全介质自承式光缆（ADSS）等电力特种光缆技术得到广泛应用。光纤通信除满足数据通信、图像信息等需求外，还提供继电保护专用纤芯，为线路纵联保护提供复用光纤通道和专用光纤通道。光纤通道具有安全性好和传输质量高的特点，为保护纵联通道的数字信息传输提供了很好的解决方案。

光纤通信以光纤作为信号传递媒介，其工作原理是：在发送端首先要把传送的信息变成电信号，然后调制到激光器发出的激光束上，使光的强度随电信号的幅度（频率）变化而变化，并通过光纤发送出去；在接收端，检测器收到光信号后把它变换成电信号，经解调后恢复原信息。图4-5所示为光纤通道示意图，其由光发送器、光纤和光接收器等部分组成。

图 4 - 5　光纤通道示意图

　　光发送器的作用是把电信号转换为光信号，一般由电调制器和光调制器组成。光接收器的作用是把光信号转换为电信号，一般由光探测器和电解调器组成。

　　光信号在光纤中的传播过程如图 4 - 6（a）所示。由玻璃或硅材料制成的光纤为细圆筒空芯状，如图 4 - 6（b）所示，由纤芯、包层、涂敷层和塑套四部分组成。纤芯、包层的主要成分是高纯度的 SiO_2，涂敷层和塑套的主要作用是加强光纤的机械强度。假定光线对着光纤射入，进入光纤内的光线按照入射方向前进，当光线射到芯和皮的交界面时会发生反射，如此不断地向前传播。为了让光线在芯和皮的界面上发生反射，而不折射到光纤外面去，需要采用适当的材料和保持一定的形状。由光学原理可知，当芯的折射率大于皮的反射率时，如果光到达界面时的入射角大于某一临界值，就会产生反射。由此可见，光不仅能在直的光纤中传播，也能在弯曲的光纤中传播。

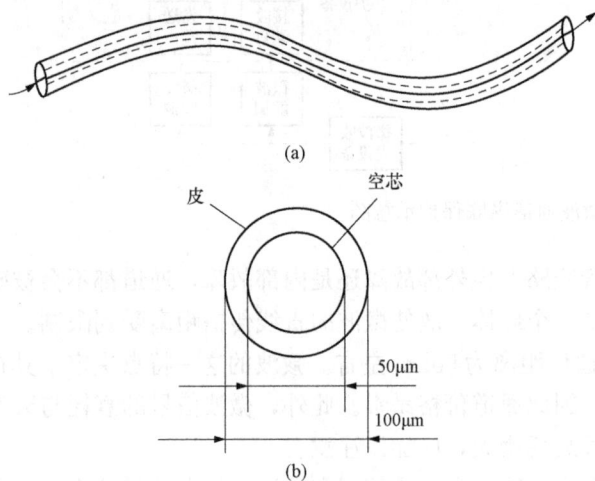

图 4 - 6　光信号在光纤中的传播过程和光纤结构
（a）传播过程；（b）光纤结构

　　光纤的通信容量大，可以节约大量的金属材料。它由玻璃或硅材料制成，来源丰富，供应方便。光纤通信保密性好，敷设方便，不怕雷击，不受外界电磁干扰，防腐蚀、防潮等，且光纤无感应性能，因此利用光纤可以构成无电磁感应的、极为可靠的通道。这一点对继电保护来说尤为重要。光纤通信的不足之处是通信距离不够长，当长距离通信时，要用中继器及其附加设备；此外，当光纤断裂时，不易寻找或连接。

　　近年来，随着光纤技术的发展和光纤制作成本的降低，光纤通信网正在成为电力通信网的主干网，光纤通信在电力系统通信中得到越来越多的应用。

第三节　导引线电流纵联差动保护

一、电流纵联差动保护原理

　　电流纵联差动保护是反应从被保护元件各对外端口流入该元件的电流之和的一种保护，其原理是最理想的保护原理，被誉为有绝对选择性的快速保护原理。因为其选择性不靠延时，不靠方向，也不靠定值，而是根据基尔霍夫电流定律构建的。它已被广泛地用于电力系统发电机、变压器和母线等重要电气设备的保护。凡是有条件应用这种保护的场合，都无一例外地使用了这种原理的保护。当然，短距离输电线路也不例外。

　　图 4 - 7 所示为短距离输电线路纵联差动保护的基本原理。在实际应用中，输电线路两

侧装设特性和电流比都相同的电流互感器（TA），当电流互感器的一次侧电流从同名端流入时，二次侧电流从同名端流出。KD 为差动电流测量元件（差动继电器）。

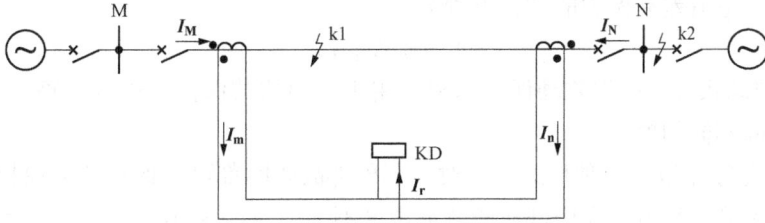

图 4-7 短距离输电线纵联差动保护的基本原理

当线路 MN 正常运行及被保护线路外部（如 k2 点）短路时，按规定的电流正方向看，M 侧电流为正，N 侧电流为负，两侧电流大小相等，方向相反，即 $I_M + I_N = 0$。而当线路内部短路（如 k1 点）时，流经输电线两侧的故障电流均为正方向，且 $I_M + I_N = I_k$（I_k 为 k1 点短路电流）。

流过差动继电器的电流是电流互感器的二次侧电流之差，由于两个电流互感器总是具有励磁电流，且励磁特性不会完全相同，因此当正常运行及外部故障时，流过差动继电器的电流不等于零，此电流称为不平衡电流。考虑励磁电流的影响，二次电流的数值应为

$$\begin{cases} I_m = \dfrac{1}{n_{TA}}(I_M - I_{\mu M}) \\ I_n = \dfrac{1}{n_{TA}}(I_N - I_{\mu N}) \end{cases} \tag{4-1}$$

式中：$I_{\mu M}$、$I_{\mu N}$ 为两个电流互感器的励磁电流；I_m、I_n 为两个电流互感器的二次侧电流；n_{TA} 为两个电流互感器的额定电流比。

当正常运行及外部故障时，$I_M = -I_N$，因此流过差动继电器的电流即不平衡电流，为

$$I_{unb} = I_m + I_n = -\frac{1}{n_{TA}}(I_{\mu M} + I_{\mu N}) \tag{4-2}$$

继电器正确动作时的差动电流 I_{set} 应躲过正常运行及外部故障时的不平衡电流，即

$$I_{set} = |I_m + I_n| > I_{unb} \tag{4-3}$$

在工程上，不平衡电流的稳态值采用电流互感器的 10% 的误差曲线，按式（4-4）计算

$$I_{unb} = 0.1 K_{st} K_{np} I_{k.max} \tag{4-4}$$

式中：K_{st} 为电流互感器的同型系数，当两侧电流互感器的型号、容量均相同时取 0.5，不同时取 1；K_{np} 为非周期分量系数；$I_{k.max}$ 为外部短路时穿过两个电流互感器的最大短路电流。

在一切差动原理的保护中，在保证外部短路不误动的前提下，为了提高内部故障时保护动作的灵敏度，实际应用中，通常用实际短路电流 I_k 产生的不平衡电流代替最大短路电流 $I_{k.max}$ 产生的不平衡电流。外部短路时穿过两侧电流互感器的实际短路电流 I_k 产生的不平衡电流 I_{res} 的计算公式为

$$I_{res} = 0.5|I_m - I_n| \tag{4-5}$$

$$I_{res} = 0.5(|I_m| + |I_n|) \tag{4-6}$$

$$I_{res} = \sqrt{|I_m||I_n|\cos\theta_{mn}} \tag{4-7}$$

式中：θ_{mn}为两端电流I_m、I_n间的相角差。

在差动继电器的设计中，让I_{res}起制动作用，称为制动电流；让差动电流I_{set}起动作作用，称为动作电流。电流差动保护的动作方程为

$$I_{set} \geqslant K_{res}\ I_{res} \tag{4-8}$$

式中：K_{res}为制动系数，根据差动保护原理应用于不同的被保护元件（线路、变压器、发电机等）上时选取不同的值。

当制动电流I_{res}用以上三种形式表示时，当外部故障时都可以保证差动保护可靠不动作，但制动电流的不同计算方法在内部故障时灵敏度不同。当I_{res}采用式（4-5）计算时，制动量是被保护线路两端二次侧电流的相量差；采用式（4-6）计算时，制动量是被保护线路两端二次侧电流之和，统称比率制动方式；当I_{res}采用式（4-7）计算时，制动量是被保护线路两端二次侧电流相量的标量积，称为标积制动方式。区外故障及正常运行时，$\arg(I_m/I_n) \approx 180°$，$|I_m - I_n| \approx |I_m| + |I_n|$，采用式（4-5）与式（4-6）这两种制动方式效果相同。当按被保护线路在单侧电源运行内部最小短路电流校验差动保护灵敏度时，这两种方式也是相同的。但在双侧电源内部短路时，$\arg(I_m/I_n) \approx 0°$，有$|I_m| + |I_n| > |I_m - I_n|$，此时式（4-5）有更高的灵敏度。对于式（4-7）所示的标积制动方式，当单电源内部短路时，I_m和I_n两个量中有一个为零，此时灵敏度最高。

二、输电线路电流纵联差动保护的动作特性

输电线路电流纵联差动保护常用不带制动和带有制动作用的两种动作判据，分述如下。

1. 不带制动特性的差动继电器特性

其动作方程为

$$I_r = |I_m + I_n| > I_{set} \tag{4-9}$$

式中：I_r为流入差动继电器的电流；I_{set}为差动继电器的动作电流整定值，通常按以下两个条件选取。

（1）躲过外部短路时的最大不平衡电流，即

$$I_{set} = K_{rel}\ K_{np}\ K_{err}\ K_{st}\ I_{k.\,max} \tag{4-10}$$

式中：K_{rel}为可靠系数，取$1.2 \sim 1.3$；K_{np}为非周期分量系数，当差动回路采用速饱和变流器时，K_{np}为1；当差动回路采用串联电阻降低不平衡电流时，K_{np}为$1.5 \sim 2$；K_{err}为电流互感器的10%误差系数；K_{st}为同型系数，在两侧电流互感器同型号时取0.5，不同型号时取1；$I_{k.\,max}$为外部短路时流过电流互感器的最大短路电流，是二次值。

（2）躲过最大负荷电流。考虑正常运行时一侧电流互感器二次断线时，差动继电器在流过线路的最大负荷电流时保护不动作，即

$$I_{set} = K_{rel}\ I_{L.\,max} \tag{4-11}$$

式中：K_{rel}为可靠系数，取$1.2 \sim 1.3$；$I_{L.\,max}$为线路正常运行时的最大负荷电流的二次值。

取以上两个整定值中较大的一个作为差动继电器的整定值。保护应满足线路在单侧电源运行发生内部短路时有足够的灵敏度，即

$$K_{sen} = \frac{I_{k.\,min}}{I_{set}} \geqslant 2 \tag{4-12}$$

式中：$I_{k.\,min}$为单侧最小电源作用且被保护线路末端短路时，流过保护的最小短路电流。

若差动保护不满足灵敏度的要求，可采用带制动特性的纵联差动保护。

2. 带有制动线圈的差动继电器特性

带有制动线圈的差动继电器有两组线圈，制动线圈流过两侧互感器的循环电流 $|I_m - I_n|$。当正常运行和外部短路时，制动功率增强，在动作线圈中流过两侧互感器的和电流 $|I_m + I_n|$；当内部短路时，制动功率减弱（相当于无制动作用），而动作的功率极强。其电磁型继电器（虚框内）的结构原理和动作特性如图 4-8 所示。

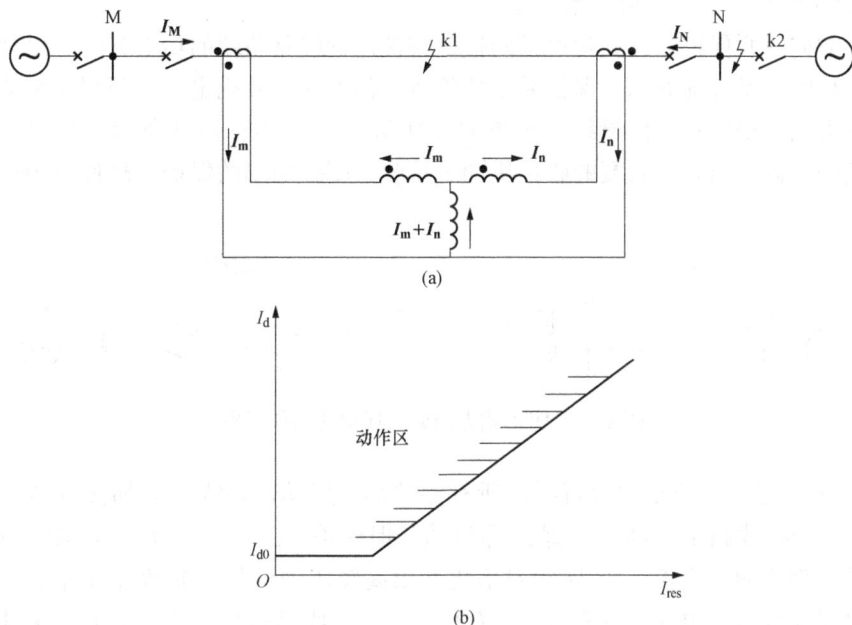

图 4-8 带制动线圈的差动继电器原理及动作特性
（a）继电器原理；（b）动作特性

继电器的动作方程为

$$|I_m + I_n| - K|I_m - I_n| > I_{d0} \qquad (4-13)$$

式中：K 为制动系数，可在 $0 \sim 1$ 选择；I_{d0} 为很小的门限，克服继电器动作机械摩擦或保证电路状态发生翻转需要的值，远小于无制动作用时按式（4-10）或式（4-11）计算的值。

这种动作电流 $|I_m + I_n|$ 不是定值，而是具有随制动电流 $|I_m - I_n|$ 变化的特性称为制动特性。制动特性不仅提高了内部短路时的灵敏性，而且提高了在外部短路时不动作的可靠性，因此在电流差动保护中得到了广泛的应用。

第四节　方向比较式纵联保护

对于方向比较式纵联保护，无论采用何种通信通道，都是基于被保护线路各端根据对故障方向的判断结果（在被保护线路方向还是在反方向）向其他各端发出相应信息。各端根据本端和其他各端对故障方向判断的结果综合判断出故障的位置，然后独立做出跳闸或不跳闸的决定。

方向比较式纵联保护可以按闭锁式实现，也可以按允许式实现，但不能用远方跳闸式实现，因为方向元件只能判断故障的方向，不能确定故障的位置。闭锁式是在被保护线路之外短路时由方向元件判断为反方向故障的一端发出闭锁信号，闭锁两端保护，而在判断为正方向故障时不发出闭锁信号；允许式是指短路时任一端如果判断为正方向故障，则向对端发出允许跳闸信号。闭锁式方向纵联保护在我国应用较广，且可与载波（高频）通道配合工作，故结合其介绍方向比较式纵联保护的基本原理。

一、闭锁式方向纵联保护

1. 闭锁式方向纵联保护的基本原理

闭锁式方向纵联保护通过高频通道间接比较被保护线路两端的功率方向，以判断是被保护范围内部故障还是外部故障。保护采用故障时发信方式，并规定线路两端功率从母线流向线路时为正方向，由线路流向母线为负方向。其动作原理如图4-9所示。此闭锁信号由功率方向为负的一侧发出，被两端的收信机同时接收，闭锁两端的保护，故称为闭锁式方向纵联保护。

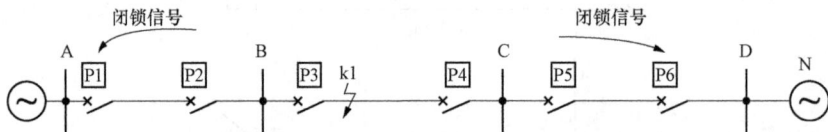

图4-9　闭锁式方向纵联保护的动作原理

如图4-9所示，系统正常运行时，所有保护都不启动，各线路上都没有高频电流。假定短路发生在BC线路上，则所有保护都启动，但保护2、5（P2、P5）的功率方向为负，其余保护的功率方向全为正。P2启动发信机发出高频闭锁信号，非故障线路AB上出现与该高频信号对应的高频电流，保护1、2（P1、P2）都收到该闭锁信号，从而将P1、P2闭锁；P5启动发信机发出闭锁信号，非故障线路CD上出现与该高频信号对应的高频电流，保护5、6（P5、P6）都收到该闭锁信号，从而将P5、P6闭锁。因此，非故障线路的保护都不动作。故障线路BC上保护3、4（P3、P4）功率方向全为正，不发闭锁信号，线路BC上不出现高频电流，P3、P4判定有正方向故障且没有收到闭锁信号，满足保护动作的条件，P3、P4分别动作使断路器跳闸，切除故障线路。可见，闭锁式方向纵联保护的跳闸判据是本端保护方向元件判定为正方向故障且收不到闭锁信号。

这种保护的优点是利用非故障线路一端的闭锁信号，闭锁非故障线路不跳闸，而对于故障线路跳闸，则不需要闭锁信号。这样在区内故障伴随有通道破坏（如通道相接地或断线）时，两端保护仍能可靠跳闸。这是故障启动发信闭锁式纵联保护得到广泛应用的主要原因。

2. 闭锁式方向纵联保护的构成

图4-10所示的保护动作逻辑图为线路一侧的装置原理接线，另一侧完全相同。其中KW为功率正方向元件，KA2为高定值电流启动停信元件，KA1为低定值电流启动发信元件，t_1为瞬时动作延时返回元件，t_2为延时动作瞬时返回元件。现将发生各种短路故障时保护的工作情况分述如下。

（1）外部短路。如图4-9所示，k点短路时，线路AB上P1、P2，在A端的P1可能启动，元件KA1的灵敏度高，先启动发信机发出闭锁信号，但是随之启动元件KA2、功率正方向元件KW同时动作，Y1元件有输出，立即停止发信，并经过t_2延时后Y2元件的一个输入条件满足，若收不到对端来的高频电流，将会跳闸。考虑对端的闭锁信号传输需要一

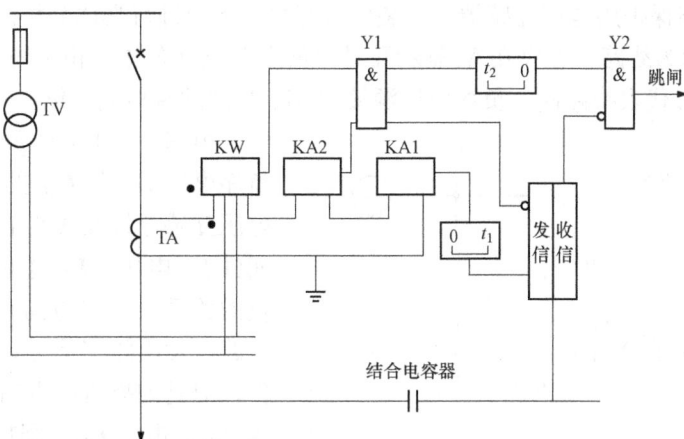

图 4-10 闭锁式方向纵联保护的原理接线（一侧）

定的时间到达本端，t_2 延时一般为 4~16ms。在 B 端的 P2，启动元件 KA1 发信后，功率方向为负，功率正方向元件 KW 不动作，发信机不停信，Y1 元件不动作，Y2 的两个输入条件都不满足，P2 不能跳闸。由于 B 端 P2 不停地发闭锁信号，A 端保护的 Y2 不动作，A 端保护不跳闸。当外部故障被切除后，A 端保护的启动元件 KA2、功率正方向元件 KW 立即返回，A、B 两端启动元件 KA1 立即返回，B 端保护经 t_1 延时后停止发信，A 端保护正方向元件 KW 即使返回慢，也能确保在区外故障切除时不误动。

（2）两端供电线路区内短路故障。对于图 4-9 中线路 BC 两端的 P3、P4，两端的启动发信元件 KA1 都启动发信，但是两侧功率方向都为正，两侧正方向元件 KW 动作后准备了跳闸回路并停止了发信，经 t_2 延时后线路两侧断路器跳闸。

（3）单电源供电线路区内短路故障。两端供电线路随一端电源的停运可能变成单电源供电线路，如图 4-9 中的系统 D 母线电源停运。当 BC 线路区内短路时，B 侧 P3 的工作情况同（2）的分析，C 侧 P4 不启动，因此不发闭锁信号，B 侧保护收不到闭锁信号并且本侧跳闸条件满足，则立即跳开电源侧断路器，切除故障。

（4）对于用故障分量构成的功率方向元件，在振荡中不会误动。但对于用相电压、电流组成的功率方向元件、方向阻抗元件等组成判别元件时，当振荡中心位于被保护线路上时，会引起误动，需要采取防止误动的措施。这也是采用故障分量方向元件的原因之一。

通过以上工作过程的分析可以看出，在区外故障时依靠近故障侧（功率方向为负）保护发出的闭锁信号实现远故障侧（功率方向为正）的保护不跳闸，并且总是首先假定故障发生在反方向（首先启动发信）。这带来了两个问题：其一是等待对端的闭锁信号确实没有发出或消失后才能根据本端的判别结果跳闸，延迟了保护动作时间；其二是需要一个启动发信元件 KA1 和一个停信元件 KA2，并且本侧 KA1 灵敏度要比两侧的 KA2 高。如图 4-9 所示电路，若 AB 线路上 P1、P2 的两个元件灵敏度配合不当，P2 的 KA1 灵敏度低于 P1 的 KA2 灵敏度而没有启动，则会造成 P1 的误跳闸。

二、影响方向比较式纵联保护正确动作的因素

1. 系统非全相运行的影响

采用单相重合闸的高压线路，在重合闸过程中会出现非全相运行，此时负序功率高频闭锁方向保护情况与保护用电压互感器的安装位置有关，下面进行具体分析。

图 4-11 所示为线路一相仅在 M 侧断开时的负序电压分布图和相量图，其中下标 M 代表母线侧，下标 L 代表线路侧，负序电压源接在 M、L 间的端口间（纵向不对称故障）。

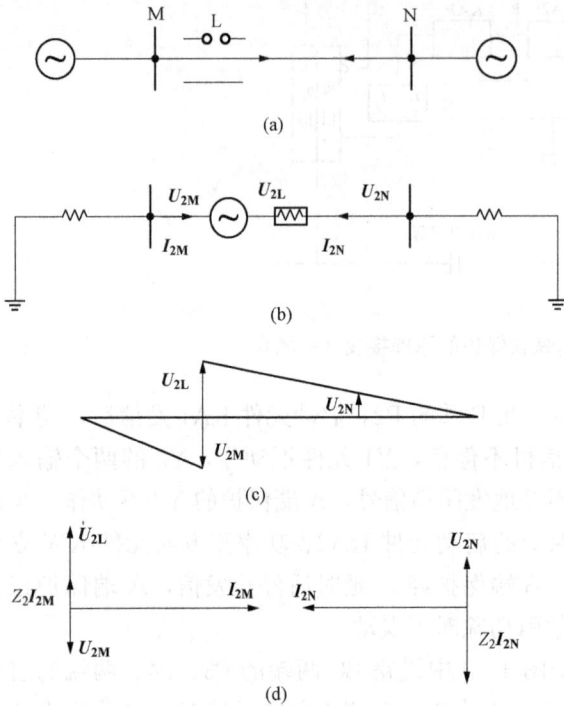

图 4-11　系统一相仅在一侧断开的情况

(a) 系统图；(b) 负序分量网络图
(c) 负序电压分布图；(d) 相量图

由图 4-11 (d) 可见，断线点两侧负序电压 U_{2L} 与 U_{2M} 的相位相反。如果电压互感器接在线路上，M 端负序方向元件 U_{2L} 电压、I_{2M} 电流符合功率方向为负的关系，M 侧方向元件判断为反方向短路，发出闭锁信号，保护就不会误动作；但是如果负序方向元件采用母线电压 U_{2M}、电流 I_{2M}，则功率方向为正，负序方向元件动作停发闭锁信号，两侧保护误跳闸，这是因为 N 侧保护总是判为正方向故障而不发闭锁信号。

实际非全相运行状态是一相在两侧同时断开的状态，特别是考虑分布电容的影响后，需要分析有两个断线端口的复杂故障下负序电压、电流的相位关系，结论同样是：当使用线路侧电压时，受电侧功率方向为正，送电侧负序功率方向为负，发出闭锁信号，保护不会误动作；如果使用母线电压，两侧的负序功率方向同时为正，保护将误动作。零序功率方向在非全相运行期间与负序功率方向的特点一致。

克服非全相运行期间负序、零序方向纵联保护误动的措施一般是使用线路侧电压，这也是超高压线路电压互感器装于线路侧的主要原因；在两相运行期间退出负序、零序方向元件，仅保留使用工频突变量的方向元件。

2. 功率倒向对方向比较式纵联保护的影响及应对措施

图 4-12 所示系统中，假设故障发生在线路 L1 上靠近 M 侧 k 点，断路器 QF3 先于断路器 QF4 跳闸。在断路器 QF3 跳闸之前，线路 L2 中的短路功率由 N 侧流向 M 侧，线路 L2 中 N 侧功率方向为负，方向元件不动作，向 M 侧发送闭锁信号。

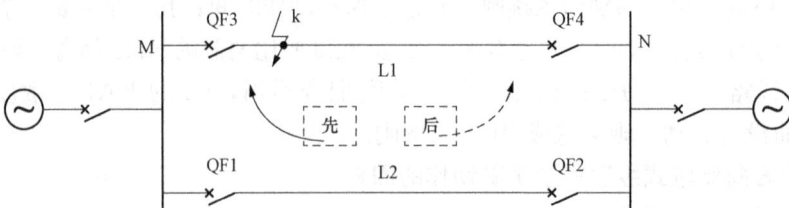

图 4-12　功率导向电网示意图

在断路器 QF3 跳闸后 QF4 跳闸前，线路 L2 中的短路功率突然倒转方向，由 M 侧流向 N 侧，这一现象称为功率倒向。反应负序、零序和故障分量的方向元件在短路功率倒向时如果动作不协调，则会出现误动作。在断路器 QF3 跳闸后 QF4 跳闸前，M 侧功率方向由负变为正，功率方向元件动作，停止发信并准备跳闸，此时 N 侧的功率方向由正变负。方向元件应立即返回并向 M 侧发闭锁信号，但是可能 M 侧的方向元件动作快，N 侧的方向元件返回慢（称为"触点竞赛"），于是有一段时间两侧方向元件均处于动作状态，M 侧没有闭锁信号，造成线路两端保护误动。

其解决方法是增加图 4-10 中的延时返回 t_1 元件，发信元件动作后延时 t_1 时间返回，t_1 按照大于两侧方向元件动作于返回的最大时间差，再加一个裕度时间整定。

三、高频闭锁负序方向保护

方向高频保护在系统振荡时可能误动，反应负序功率方向元件不受系统振荡的影响，它可以反应各种不对称短路。三相短路一般在短路开始瞬间总有一个不对称过程，如采用瞬时固定措施，则对三相短路也能反应。

高频闭锁负序方向保护单端原理接线如图 4-13 所示。它由双向动作的负序功率方向继电器 KW2、启动发信机继电器 K、闭锁保护继电器 KL 及出口继电器 KOM 等组成。双向动作的负序功率方向继电器的特点是当负序功率方向为正时，其触点向下闭合；当负序功率方向为负时，其触点向上闭合。

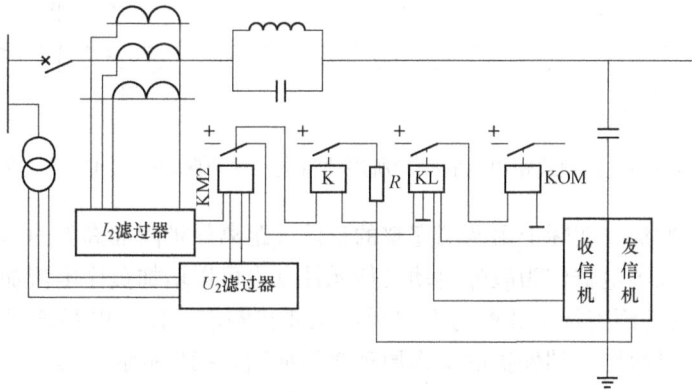

图 4-13 高频闭锁负序方向保护单端原理接线

1. 区内故障

当内部故障时，两端负序功率方向继电器 KW2 的触点均向下闭合，使 KL 工作线圈带电，同时两端的发信机均不启动。由于发信机不启动，收信机收不到闭锁信号，因此 KL 得电，然后中间出口继电器 KOM 得电动作于跳闸。

2. 区外故障

当发生外部故障时，靠近故障点一端的负序功率继电器 KW2 触点向上闭合，经 K 的电流线圈启动发信机，KL 的触点闭合后，又经电阻 R 实现对发信机的附加启动，发出闭锁信号，从而把两端的保护闭锁。K 带有返回延时，使高频发信机发出的闭锁信号在保护返回后仍能保持一段时间，防止保护误动作。为了保证该闭锁作用的可靠性，必须要求负序方向元件 KW2 向上闭合触点启动发信机时的灵敏度较高，速度较快；而向下闭合触点启动闭锁继电器 KL 的灵敏度较低，速度较慢，以便在灵敏度和动作时间方面都能得到很好的配合。

3. 整定计算

灵敏元件的动作电流，按躲开最大负载情况下最大负序不平衡电流 $I_{unb.\,max}$ 整定为

$$I_{2set.\,sen} = 0.1 I_{L.\,max}$$

不灵敏元件的动作电流与灵敏元件相配合，即

$$I_{2set.\,unsen} = (1.5 \sim 2) I_{2set.\,sen}$$

第五节　闭锁式距离纵联保护

方向比较式纵联保护仅反应区内故障而动作，可以快速切除保护范围内部的各种故障，但不能作为变电站母线和下级相邻线路的后备。距离保护可以作为变电站母线和下级相邻线路的远后备，同时由于距离保护的主要元件（如启动元件、方向阻抗元件等）也可以作为实现闭锁式方向纵联保护的主要元件，因此常把两者结合起来构成闭锁式距离纵联保护，使得区内故障时能够瞬时切除故障，而在区外故障时则具有常规距离保护的阶段式配合特性，起到后备保护的作用，从而兼有两种保护的优点，并且能简化整个保护的接线。

图 4-14 所示为闭锁式距离纵联保护所用的阻抗元件的保护范围和动作时限。

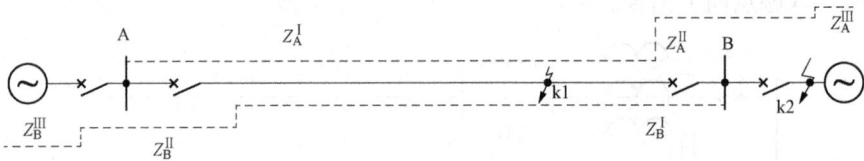

图 4-14　闭锁式距离纵联保护所用的阻抗元件的保护范围和动作时限

闭锁式距离纵联保护实际上由两端完整的三段式距离保护附加高频通信部分组成，它以两端的距离保护Ⅲ段继电器作为故障启动发信元件（也可以增加负序电流加零序电流的专门启动元件），以两端的距离保护Ⅱ段为方向判别元件和停信元件，以距离保护Ⅰ段作为两端各自独立跳闸段。其线路一端保护的工作原理接线如图 4-15 所示。其中，三段式距离保护的各段定值和时间仍按前面讲解的距离保护整定，但距离保护Ⅱ段的动作条件是本侧Ⅱ段动作且收不到闭锁信号，表明故障在两端保护的Ⅱ段内即本线路内，立即跳闸，构成了纵联保护瞬时切除全线任意点短路的速动功能。需要注意的是，距离Ⅲ段作为启动元件，其保护范围应超过正、反向相邻线路末端母线，一般无方向性。距离部分和高频部分配合的关系是：Ⅲ段启动元件 KZ3 动作时，经 KM 的动断触点启动发信机发出高频闭锁信号，Ⅱ段距离元件 KZ2 动作时则启动 KM 停止高频发信

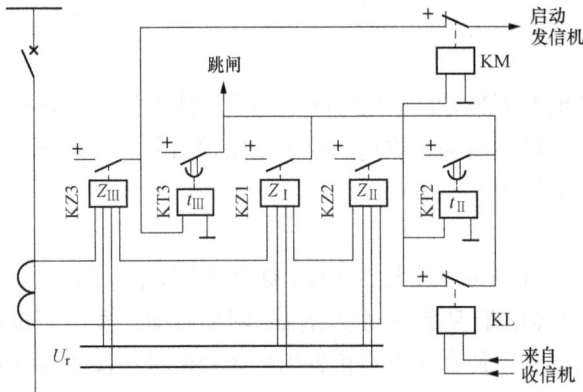

图 4-15　闭锁式距离纵联保护的工作原理接线

机。距离Ⅱ段动作后一方面启动时间元件 KT2，可经一定延时后跳闸，同时还可经过一收信闭锁继电器 KL 的闭锁触点瞬时跳闸。当保护范围内部故障时（如 k1 点），两端的启动元件动作，启动发信机；但两端的距离Ⅱ段也动作，又停止了发信机。当收信机收不到高频信号时，KL 触点闭合，使距离Ⅱ段可瞬时动作于跳闸。而当保护范围外部故障时（如 k2 点），靠近故障点的 B 端距离Ⅱ段不动作，不停止发信，A 端Ⅱ段动作，停止发信，但 A 端收信机可收到 B 端送来的高频信号使闭锁继电器动作，KL 触点打开，因此断开了Ⅱ段的瞬时跳闸回路，使它只能经过Ⅱ段时间元件去跳闸，从而保证了动作的选择性。

这种保护方式的主要缺点是主保护（高频保护）和后备保护（距离保护）的接线互相连在一起，不便于运行和检修，如当距离保护需要做定期检验而退出运行时，高频保护根本不能独立工作，因此灵活性较差。

第六节　电流相位比较式纵联保护

一、电流相位比较式纵联保护的工作原理

电流相位比较式纵联保护是借助于高频载波通道比较输电线两端电流的相位，从而判断故障的位置，并决定是否跳闸，这种保护也称相差纵联保护。

首先假设线路两侧的电势同相位，系统中各元件的阻抗角相同。在此仍采用电流方向是从母线流向线路为正，从线路流向母线为负。按电流规定的方向，区内故障时，两侧电流相位相同，发出跳闸脉冲；区外故障时，两侧电流相位相差 $180°$，保护不动作，如图 4-16 所示。

为了满足以上要求，采用高频通道正常时无信号，而在外部故障时发出闭锁信号的方式来构成保护。实际上可以做成使短路电流的正半周操作（控制）高频发信机发出高频电流，而在负半周不发，如此不断地交替进行。

当保护范围内部故障时，由于两侧电流同相位，两侧高频发信机同时工作，发出高频信号，也同时停止发信。因此，两侧收信机收到的高频信号都是间断的，即正半周有高频信号，负半周无高频信号，如图 4-16（a）所示。经检波限幅倒相处理后，通过比相变压器 CT 耦合，二次侧有输出，启动闭锁继电器 KL（图 4-17），并开放保护，发出跳闸脉冲。

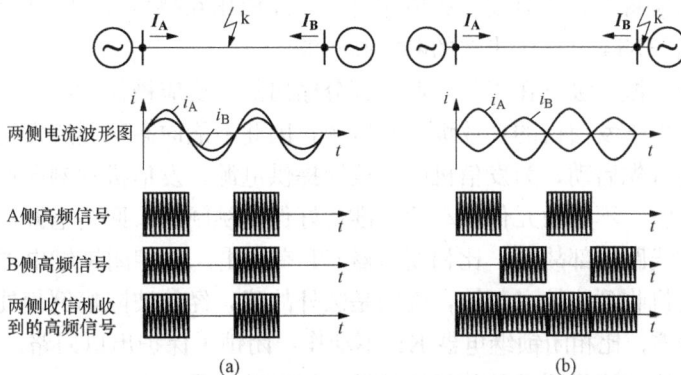

图 4-16　相差高频保护工作情况说明图
（a）内部故障；（b）外部故障

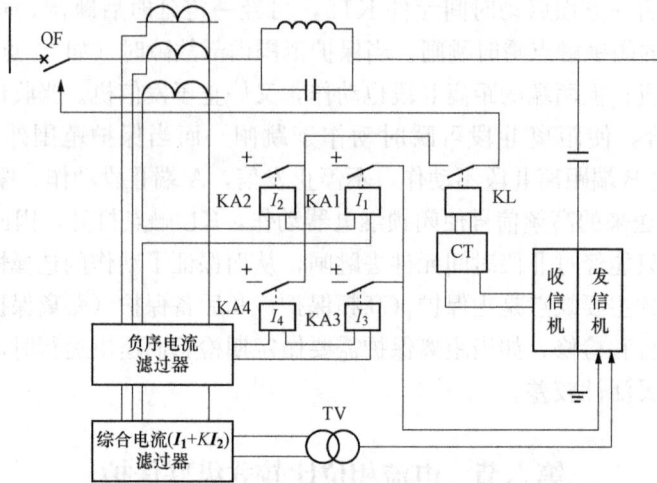

图 4-17　电流相位比较式纵联保护的原理接线

当保护范围外部故障时，由于两侧电流相位相差 $180°$，线路两侧的发信机交替工作，收信机收到的高频信号是连续的高频信号。由于信号在传输过程中幅值有衰耗，因此送到对侧的信号幅值就要小一些，如图 4-16（b）所示。经检波限幅倒相处理后，电流为直流，比相变压器 CT 二次侧没有输出，不能启动比相闭锁继电器 KL，而将保护闭锁。

由以上的分析可见，相位比较实际上是通过收信机所收到的高频信号来进行的。在保护范围内部发生故障时，两侧收信机收到的高频信号重叠约 10ms，于是保护瞬时动作，立即跳闸。即使内部故障时高频通道遭破坏，不能传送高频信号，但收信机仍能收到本侧发信机发出的间断高频信号，因而不会影响保护跳闸。当保护范围外部故障时，两侧的收信机收到的高频信号是连续的，线路两侧的高频信号互为闭锁，使两侧保护不能跳闸。

电流相位比较式纵联保护的原理接线如图 4-17 所示。它由负序电流 I_2 滤过器、综合电流 I_1+KI_2 滤过器、反应对称短路的灵敏元件 I_1 和不灵敏元件 I_2、反应不对称短路的灵敏元件 I_3 和不灵敏元件 I_4、比相闭锁继电器 KL、比相变压器 CT、操作互感器 T 及收发信机等组成。灵敏元件定值较低，用以启动发信机；不灵敏元件定值较高，用以启动保护。综合电流滤过器 I_1+KI_2 将三相电流复合成单相电压，经操作互感器 T 升压后与高频载波调制，发信机输出反应 I_1+KI_2 电流正半波的断续高频波。

正常时发信机的振荡级仍在工作，调制部分输出的是反应被保护线路三相正负序电流滤过器输出的相位，由于发信机的功放级没有电源，因此不能向高频通道发送信号。系统发生故障时，灵敏元件首先启动，为发信机的功放级提供电源，发信机立刻向通道发送出故障电流调制的断续高频波。不灵敏元件启动后，准备好保护跳闸出口回路电源。收信机收到断续波时，说明被保护线路内部故障，比相变压器 CT 有输出，比相闭锁继电器 KL 动作，发出跳闸脉冲。若收信机收到连续高频波，说明是区外故障，经检波限幅倒相处理后，比相变压器 CT 输出电流为零，比相闭锁继电器 KL 不动作，闭锁了保护出口回路。

二、电流相位比较式纵联保护的相位特性和相继动作区

电流相位比较式纵联保护是通过测定通道上高频信号是否间断来判断是保护范围内部还是外部故障的。当间断角大于闭锁角时，为保护范围内部故障，保护动作；反之，当间断角小于闭锁角时，为保护范围外部故障，保护不动作。从理论上说，该测定是很简单的，因为在内部故障时的间断角为 $180°$，而在外部故障时间断角为 $0°$。

但在电力系统的实际运行中，由于线路两侧电势的相位在绝大多数情况下是不同相的，高频信号的传输也需要时间，因此产生了一个延迟角度。同时，系统中各元件的阻抗角也是不相等的，两侧的电流互感器、滤过器和继电器等都有误差。因此，当被保护范围内部故障时，两侧高频信号不会完全重叠；当外部故障时，两侧的高频信号也不会连续。所以，就需要进一步分析电流相位比较式纵联保护的相位特性。相位特性是指相位比较继电器中的电流 I_r 和高频信号的相位角 φ 的关系曲线，即 $I_r = f(\varphi)$ 的曲线，称为相位特性曲线，以下从几个方面来进行分析。

1. 电流相位比较式纵联保护在线路两侧操作电流的相位关系

（1）外部三相短路。两侧收信机收到的反应电流正半周的方波信号的相位差不是 $180°$，因为电流互感器约有 $\varphi_{TA} = 7°$ 的角误差，复合滤过器及保护约有 $\varphi_{bh} = 15°$ 的角误差。高频信号在输电线路上传输需要时间，以光速 $V = 3.0 \times 10^8 \text{m/s}$ 传送至对侧所需时间 t 产生的延迟角误差为

$$\alpha = \omega t = 360° \times 50 \frac{l}{V} = 0.06°l$$

式中：l 为输电线路长度，km。

每 100km 的误差角为 $6°$，在最不利的情况下，即上述三种误差的方向一致，总误差角为

$$\varphi = \varphi_{TA} + \varphi_{bh} + \alpha = 7° + 15° + 0.06°l$$

为了保证保护的选择性，应考虑一定的裕度，令 $\varphi_y = 15°$。

所以，当外部发生故障，两侧操作电流的相位差不是 $180°$，收到的两侧断续高频波不是连续的，而是 $180° + \varphi$，即出现间断角为

$$r_{\text{外}} = \varphi_{TA} + \varphi_{bh} + \varphi_y + 0.06°l = 37° + 0.06°l$$

高频断续波的间断角如图 4-18 所示，在此间断角下，要求保护不能动作。

（2）内部故障。由于线路两侧电源电势有相位差，系统各元件的阻抗角不相同，如图 4-19 所示，双侧电源系统在 k 点发生三相短路时，发生短路前两侧电势 E_M 和 E_N 之间的相角差为 δ。根据系统稳定运行的要求，δ 角一般不超过 $70°$。在最严重的

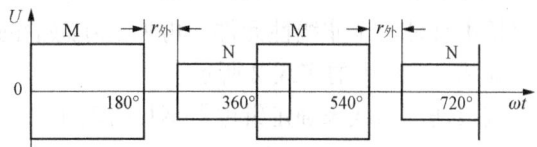

图 4-18 高频断续波的间断角

情况下，E_N 落后于 E_M 的角度为 $\delta = 70°$，短路点靠近 N 侧。M 侧电流 I_M 落后于 E_M 的角度由发电机、变压器和线路的总阻抗角决定（$\varphi_{kM} \approx 60°$），而 N 侧到短路点只经过发电机和变压器，发电机、变压器的电阻很小，可以认为 $\varphi_{kN} = 90°$。两侧电流的相位差将达到 $100°$，如图 4-19（b）所示。如果再考虑电流互感器的最大误差角 $\varphi_{TA} = 7°$，保护装置

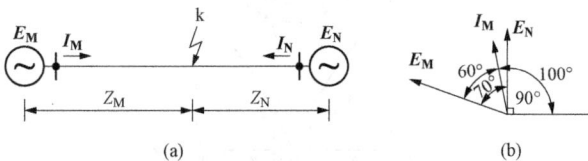

图 4-19 内部三相短路的相量图
(a) 系统示意图；(b) 相量图

的角误差 $\varphi_{bh}=15°$，高频信号沿输电线路传输需要时间，造成的延迟误差角 $\alpha=0.06°l$。由于 I_M 超前于 I_N，电流 I_M 传送到 N 侧。因时间延迟，N 侧收到两侧高频载波信号的最大角相差为

$$\varphi_N = 100° + 7° + 15° - 0.06°l = 122° - 0.06°l$$

而 M 侧为

$$\varphi_M = 100° + 7° + 15° + 0.06°l = 122° + 0.06°l$$

内部故障时，理论上接收两侧断续高频波的间断角为 180°，由于两侧电源电势的相位差、电流互感器和保护装置的角误差，因此间断角仅为

$$r_N = 180° - \varphi_N = 58° + 0.06°l$$
$$r_M = 180° - \varphi_M = 58° - 0.06°l$$

2. 保护的相继动作区

如上所述，收信机收到两调频信号的相位差与线路的长度有关。当保护范围之外故障时，间断角为

$$r_{外} = 37° + 0.06°l$$

要求保护不动作，当保护范围内故障时，M 侧的间断角为

$$r_M = 58° - 0.06°l$$

要求保护动作，线路的临界长度为

$$37° + 0.06°l = 58° - 0.06°l$$
$$l = 175\text{km}$$

当线路长度大于 175km 时，被保护线路内部故障 M 侧的保护将不动作，但 N 侧保护间断角增大，保护动作。当 N 侧断路器跳开以后，M 侧收发信机自发自收，其间断角为 180°，则 M 侧保护动作。线路两侧保护先后切除线路故障的现象称为相继动作。目前，为缩小相继动作的时间，多采用保护发出跳闸脉冲的同时立即停止发信的方法。

3. 保护闭锁角

在理想情况下，相位特性曲线 $I_r = f(\varphi)$ 如图 4-20 中的虚线 1 所示。但实际上，由于整流桥本身是一个非线性元件，再加上互感器的误差等因素的影响，因此其不是直线而是曲线，如图 4-20 中的实线 2 所示。

现根据该曲线来确定继电器 KL 的动作电流和闭锁角，如图 4-21 所示。

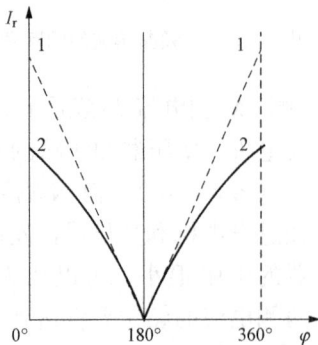

图 4-20　相位特性曲线

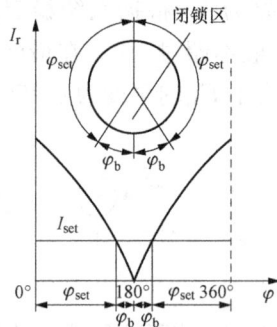

图 4-21　启动电流和闭锁角的选择

设继电器 KL 的动作电流为 I_{set}，将它画在相位特性曲线上，则它与相位特性曲线有两个交点，对应于横坐标的角度为 φ_{set} 和 φ_b。在交点上部，表示实际电流 I_r 大于继电器的动作电流 I_{set}，即 $I_r > I_{set}$，它是继电器的动作范围；交点下部，表明 $I_r < I_{set}$，继电器不会动作。因此，图 4-21 中的角 φ_b 称为保护的闭锁角，φ_{set} 角称为保护的动作角。

闭锁角 φ_b 的选定必须满足：外部故障时保证保护不动作，内部故障时保证保护能正确动作。因此，φ_b 应整定为

$$\varphi_b = 22° + 0.06°l + \varphi_y$$

式中：l 为线路长度，km；φ_y 为裕度角，一般为 $15°$。

上式表明，线路越长，闭锁角越大，而闭锁角越大，对保护动作的灵敏度的影响就越不利。

思考题与习题

4-1 试述纵联保护的基本工作原理和特点。

4-2 目前常用的纵联保护有哪几种？分别简述它们的工作原理。

4-3 简述通道传输信号的种类和通信方式。

4-4 纵联保护与阶段式保护的根本差别是什么？简述纵联保护的主要优缺点。

4-5 电力线载波高频保护信号频率过高或过低有何影响？

4-6 请画出输电线载波通道的构成元件框图，并说明各构成元件的作用和工作原理。

4-7 试比较闭锁式方向纵联保护和闭锁式距离纵联保护的异同点。

4-8 为什么纵联差动保护能保护线路的全长？电流保护和距离保护为什么不能实现全线速动保护功能？

4-9 输电线路纵联电流差动保护在系统振荡、非全相运行期间是否会误动？为什么？

4-10 什么是闭锁角？其大小由什么决定？它对保护有什么影响？

第五章 自动重合闸

第一节 自动重合闸的作用及要求

一、自动重合闸在电力系统中的作用

电力系统的运行经验表明，架空线路故障大多数是"瞬时性"的故障，如由雷电引起的绝缘子表面闪络、大风引起的短时碰线、通过鸟类或树枝等物掉落在导线上引起的短路等。在线路被继电保护迅速动作控制断路器断开后，故障点的绝缘水平可自行恢复，故障随即消失。此时，如果把断开的线路断路器重新合上，就能够恢复正常的供电。此外，线路上也有可能发生永久性故障，如由于线路倒杆、断线、绝缘子击穿或损坏等引起的故障，在线路被断开之后，它们仍然是存在的。这时，即使再合上电源，由于故障依然存在，线路还会被继电保护动作再次断开断路器，因此不能恢复正常的供电。

对于架空输电线路上的"瞬时性"故障，在线路被断开以后再进行一次合闸，就有可能迅速恢复供电，从而大大提高供电的可靠性。由运行人员手动进行合闸，当然也能够实现上述作用，但由于停电时间过长，用户电动机多数已经停转，因此其效果不显著。为此，电力系统中采用了自动重合闸装置（AAR），即当断路器由继电保护动作或其他非人工操作而跳闸后，能够自动控制断路器重新合上的一种装置。

在线路上装设重合闸以后，由于它并不能够判断是瞬时性故障还是永久性故障，因此在重合以后可能成功，也可能不成功。用重合成功的次数与总动作次数之比来表示重合闸的成功率。根据运行资料的统计，成功率一般在 $60\% \sim 90\%$。

重合闸在电力系统中的作用主要有如下几个方面：

（1）大大提高了供电的可靠性，减少了线路停电的次数，特别是对单侧电源的单回线路尤为显著。

（2）在高压输电线路上采用重合闸，可以提高电力系统并列运行的稳定性。

（3）在架空线路上采用重合闸，可以暂缓架设双回线路，以节约投资。

（4）对断路器本身由于机构不良或继电保护误动作而引起的误跳闸，也能起纠正的作用。

由于重合闸装置本身的投资很低，工作可靠，因此其在电力系统中得到了广泛的应用。

在采用重合闸以后，当重合于永久性故障上时，它也将带来一些不利的影响。例如：

（1）使电力系统又一次受到故障的冲击。

（2）由于断路器在很短的时间内连续切断两次短路电流，因此其工作条件变得更加恶劣。特别是油断路器，在第一次跳闸时，由于电弧的作用，已使油的绝缘强度降低，在重合后第二次跳闸时是在绝缘已经降低的不利条件下进行的，因此，油断路器在采用了重合闸以后，其切断容量也要有不同程度的降低（一般约降低到 80%）。因此，在短路容量比较大的电力系统中，上述不利条件往往限制了重合闸的使用。

二、对自动重合闸装置的基本要求

对自动重合闸的基本要求如下：

（1）正常运行时，当断路器由继电保护动作或其他非人工操作而跳闸后，自动重合闸装置均应动作，使断路器重新合上。自动重合闸动作以后，一般应能自动复归，准备好下一次再动作。

（2）由运行人员手动操作或通过遥控装置将断路器断开时，自动重合闸不应启动，不能将断路器重新合上。当手动投入断路器或自动投入断路器时，若线路上有故障，随即被继电保护将其断开时，自动重合闸不应启动，不应将断路器合上。

（3）继电保护动作切除故障后，在满足故障点绝缘恢复及断路器消弧室和传动机构准备好再次动作所必需时间的条件下，自动重合闸装置应尽快发出重合闸脉冲，以缩短停电时间，减少因停电而造成的损失。在断路器跳开之后，自动重合闸一般延时 0.5～1s 后发出重合闸脉冲。

（4）自动重合闸装置动作次数应符合预先的规定。例如，一次重合闸就应该只动作一次，当重合于永久性故障而再次跳闸以后，就不应该再动作。重合闸装置损坏时，不应将断路器多次重合于永久性故障线路上，以免系统多次遭受故障电流的冲击，使断路器损坏，扩大事故。

（5）自动重合闸装置应有可能在重合闸以前或重合闸以后加速继电保护的动作，以便更好地和继电保护相配合，加速故障的切除。如控制开关手动合闸于永久性故障上，也应采用加速继电保护动作的措施，以加速故障的切除。

（6）在双侧电源的线路上实现重合闸时，重合闸应满足同期合闸条件。

（7）当断路器处于不正常状态（如操动机构中使用的气压、液压降低等）而不允许实现重合闸时，应将自动重合闸装置闭锁。

第二节 单侧电源线路的三相一次自动重合闸

三相一次自动重合闸是在输电线路上发生任何故障，继电保护装置将三相断路器断开时，自动重合闸启动，经 0.5～1s 的延时，发出重合脉冲，将三相断路器一起合上。若为瞬时性故障，则重合成功，线路继续运行；若为永久性故障，则继电保护再次动作，将三相断路器断开，不再重合。

一、电磁式三相一次自动重合闸的工作原理和构成

目前电磁式三相一次自动重合闸装置是根据阻容充放电原理构成的，其原理接线如图 5-1 所示。它由重合闸继电器 KRC 及外接线组成。图 5-1 中虚线方框内为重合闸继电器的内部结构和接线，它是一个复合继电器，由时间继电器 KT、具有两个线圈的中间继电器 KM、储能电容器 C、充电电阻 $4R$（对电容 C 的充电时间为 10～15s）、放电电阻 $6R$（瞬时对电容器 C 放电）及信号灯 HL 组成。

（1）当线路正常运行时，断路器处于合闸状态，在跳闸回路断路器的辅助动合触点 QF2 闭合，合闸回路动断触点 QF1 断开，故跳闸位置继电器 KCT 失电，其在启动重合闸回路的动合触点 KCT1 断开。而控制开关 SA 的手柄处在合后位置上，其触点 $SA_{21\sim23}$ 接通，触点 $SA_{2\sim4}$ 断开，重合闸投入。重合闸继电器的电容 C 经 $4R$ 充电，经 10～15s 后，电容器 C 两端电压等于电源电压，此电压可使中间继电器 KM 启动，指示灯 HL 亮。

（2）当线路发生故障时，继电保护动作将断路器跳开后，断路器的辅助动断触点 QF1

闭合，跳闸位置继电器 KCT 得电，其动合触点 KCT1 闭合，启动自动重合闸继电器中的时间继电器 KT。这时控制开关位置在合闸后位置，断路器在跳闸位置，二者位置不对应，这就是自动重合闸的启动原则。KT 经过 $0.5\sim1s$ 的延时，其动合触点 KT1 闭合。电容器 C 通过 KT1 及中间继电器 KM 的电压线圈放电，中间继电器 KM 启动，闭合其动合触点 KM1、KM2、KM3。电源经中间继电器的三个动合触点、中间继电器的自保持电流线圈、重合闸动作信号继电器 KS、防跳闭锁继电器 KCF 的动断触点 KCF2、断路器辅助动断触点 QF1 及合闸接触器 KOM 的线圈构成通路，发出合闸脉冲。在合闸回路中，中间继电器的自保持线圈可以保证断路器可靠合闸。为防止触点被焊住，该回路中串接中间继电器 KM 的三个动合触点。

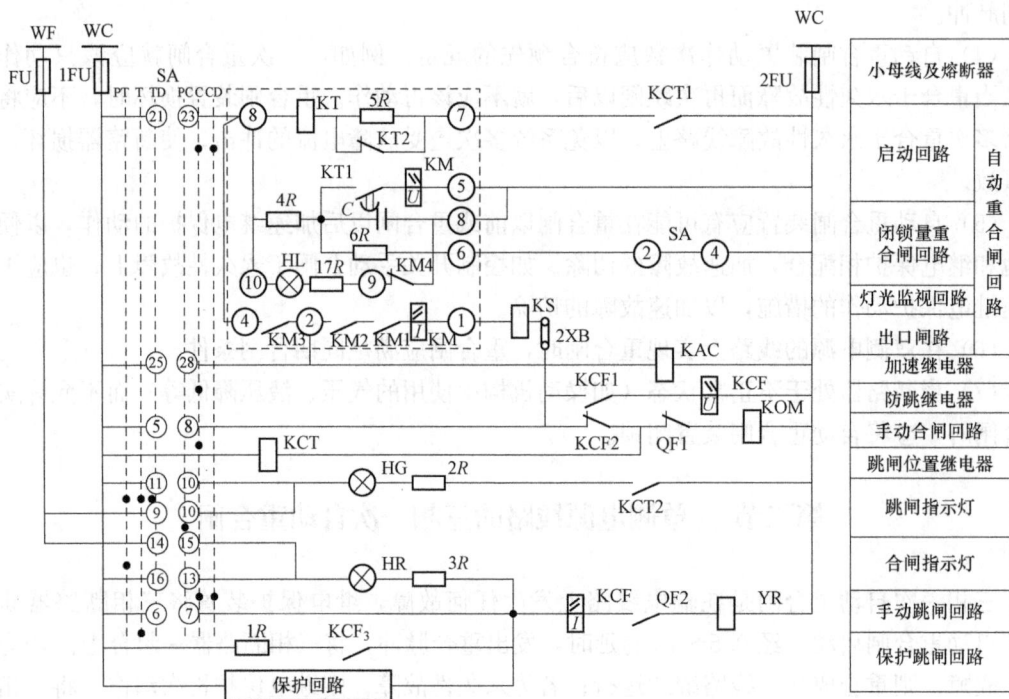

图 5-1　电磁式三相一次自动重合闸的原理接线

若线路上发生的是瞬时性故障，断路器合闸后，KM 因电流自保持线圈失去电流而返回。同时，KCT 失电，其动合触点 KCT1 断开，重合闸继电器中的时间继电器 KT 失电，触点 KT1 断开，电容器 C 经 $4R$ 重新充电，经 $10\sim15s$ 又使电容器 C 两端建立电压。整个回路复归，准备再次动作。

若线路发生的是永久性故障，断路器合闸后，继电保护动作再次将断路器断开，其辅助动断触点 QF1 闭合，跳闸位置继电器 KCT 得电，其动合触点 KCT1 闭合，时间继电器 KT 启动，其动合触点 KT1 经过 $0.5\sim1s$ 的延时闭合。电容器 C 通过中间继电器 KM 的电压线圈放电，因电容器 C 充电时间短，只有 1s，其两端电压不足以使中间继电器 KM 启动，因此断路器不能再次重合。一般充电电阻 $4R$ 的数值很大（约 $20k\Omega$），与中间继电器电压线圈的电阻（约 $20k\Omega$）相近，所以加于中间继电器电压线圈的电压不足以使中间继电器启动，故保证自动重合闸只动作一次。

（3）用控制开关手动跳闸时，首先将控制开关 SA 转向预跳位置，其触点 $SA_{2\sim4}$ 接通，将储能电容器 C 上的电荷瞬时放掉。同时，$SA_{21\sim23}$ 触点断开，切断了 KRC 的正电源。当控制开关 SA 转向跳闸位置时，其触点 $SA_{6\sim7}$ 接通，断路器跳闸。顺便指出，凡是要闭锁重合闸的控制电路，都需将其控制触点并联在控制开关 $SA_{2\sim4}$ 触点上，并联的任一对控制触点闭合将使重合闸继电器的电容器 C 放电，而重合闸继电器的中间继电器不能再启动，不发出合闸脉冲。

（4）用控制开关手动合闸时，首先将 SA 转向预合位置，$SA_{9\sim10}$ 触点闭合，绿灯 HG 闪光，表示合闸回路完好。然后将 SA 转向合闸位置，接通控制开关 $SA_{5\sim8}$、$SA_{25\sim28}$ 两对触点。$SA_{5\sim8}$ 接通合闸回路，使断路器合闸；$SA_{25\sim28}$ 启动加速继电器 KAC。当合于故障线路时，保护动作，经加速继电器 KAC 的动合触点使断路器加速跳闸。这时，因重合闸继电器中的电容器 C 尚未充满电，不能使中间继电器 KM 启动，所以断路器不能自动重合。

（5）为了防止断路器多次重合于故障线路，装设了防跳继电器 KCF，在手动合闸及自动重合闸过程中都能防止断路器跳跃。例如，当 KM1、KM2、KM3 触点卡住或粘住时，可以由 KCF 来防止将断路器多次重合到永久性故障上。因为发生永久性故障时，重合闸进行第一次重合以后，保护将再次动作使断路器跳闸，在跳闸时使 KCF 启动，于是 KCF 的电压保持线圈经卡住了的 KM1～KM3 触点和本身的动合触点 KCF1 而自保持，使断路器跳闸后 KCF 不返回，故其动断触点 KCF2 打开，切断合闸回路，使断路器不能再次重合。

同样，当手动合闸到永久性故障时，由于操作时 $SA_{5\sim8}$ 总要闭合一些时间，在保护动作使断路器跳开时，KCF 启动，并经 $SA_{5\sim8}$ 及 KCF1 接通其电压自保持回路，使 $SA_{5\sim8}$ 断开之前 KCF 不能返回。借助于其动断触点 KCF2 的打开，切断合闸回路，使断路器不能重合。

二、自动重合闸时限的整定

单侧电源线路三相一次自动重合闸的主要作用是尽可能缩短电源中断的时间，重合闸的动作时限原则上应越短越好，应按照最小重合闸时间整定。因为电源中断后，电动机的转速急剧下降，电动机被其负荷转矩所制动，当重合闸成功恢复供电以后，很多电动机要自启动，断电时间越长电动机转速降得越低，自启动电流越大，往往又会引起电网内电压的降低，因而造成自启动困难或拖延其恢复正常工作的时间。重合闸的最小时间按下述原则确定：

（1）在断路器跳闸后，负荷电动机向故障点反馈电流的时间，故障点的电弧熄灭并使周围介质恢复绝缘强度需要的时间；

（2）在断路器动作跳闸熄弧后，其触头周围绝缘强度的恢复及消弧室重新充满油、气需要的时间，同时其操动机构恢复原状准备好再次动作需要的时间。

（3）如果重合闸利用继电保护跳闸出口启动，其动作时限还应该加上断路器的跳闸时间。

根据我国一些电力系统的运行经验，重合闸的最小时间为 0.3～0.4s。

第三节 双侧电源线路的三相一次重合闸

一、双侧电源线路重合闸的特点

双侧电源线路重合闸装置除满足单侧电源线路对重合闸的要求外，还必须考虑如下特点：

（1）当线路上发生故障时，两侧的保护装置可能以不同的时限动作于跳闸。例如，一侧为第Ⅰ段动作，而另一侧为第Ⅱ段动作，此时为了保证故障点电弧的熄灭和绝缘强度的恢复，以使重合闸有可能成功，线路两侧的重合闸必须保证在两侧的断路器都跳闸以后，再进行重合。

（2）当线路上发生故障跳闸以后，常常存在着重合闸时两侧电源是否同步，以及是否允许非同步合闸的问题。

因此，双侧电源线路上的重合闸，应根据电网的接线方式和运行情况，在单侧电源重合闸的基础上采取一些附加措施，以适应新的要求。

二、快速自动重合闸方式

快速自动重合闸是在线路发生故障，两侧保护瞬时将故障切除后，不管两侧电源是否同步，一般不需附加条件，即可进行重合，经 0.5～1s 延时后，两侧断路器都重新合上。在合闸瞬间，两侧电源很可能是不同步的。快速重合成功可提高系统并列运行的稳定性。采用快速自动重合闸的条件如下：

（1）必须装设全线速动保护，如高频保护。

（2）线路两侧装设可以进行快速自动重合闸的断路器，如快速空气断路器。

（3）在两侧断路器非同期重新合闸瞬间，输电线路上出现的冲击电流不能超过电力系统各元件的冲击电流的允许值。

例如，对于变压器非同步重合闸时通过变压器的最大冲击电流的周期分量为

$$I \leqslant \frac{1}{X_\mathrm{T}} I_\mathrm{N}$$

式中：I_N 为变压器的额定电流；X_T 为电力变压器的短路阻抗，标幺值。

三、具有同步检定和无电压检定的重合闸

具有同步检定和无电压检定的重合闸的原理接线如图 5-2 所示，除在线路两侧均装设重合闸装置以外，在线路的一侧还装设检定线路无电压的继电器 KV，而在另一侧则装设检定同步继电器 KY。在重合闸的启动时间元件的回路中串入 KV 或 KY 的触点，这样当线路有电压或不同步时，重合闸就不能启动。

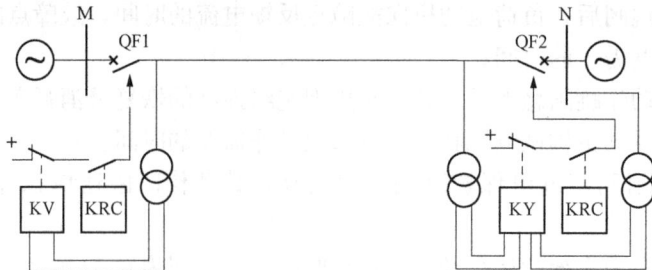

图 5-2　具有同步检定和无电压检定的重合闸的原理接线

当线路发生故障，两侧断路器跳闸以后，检定线路无电压的 M 侧重合闸首先动作，使断路器投入。如果重合不成功，则断路器再次跳闸。此时，由于线路另一侧没有电压，同步检定继电器不动作，因此，该侧重合闸根本不启动。如果重合成功，则另一侧（N 侧）在检

定同步之后再投入断路器，线路即恢复正常工作。由此可见，在检定线路无电压一侧的断路器，如重合不成功，就要连续两次切断短路电流，因此，该断路器的工作条件就要比同步检定一侧断路器的工作条件恶劣。为了解决这个问题，通常在每一侧都装设无电压检定和同步检定的继电器，利用连接片进行切换，使两侧断路器轮换使用每种检定方式的重合闸，因而使两侧断路器工作的条件接近相同。

在使用检查线路无电压方式的重合闸的 M 侧，当其断路器在正常运行情况下由于某种原因（如误碰跳闸机构、保护误动作等）而跳闸时，由于对侧（N 侧）并未动作，因此线路上有电压，因而就不能实现重合，这是一个很大的缺陷。为了解决这个问题，通常都是在检定无电压的一侧也同时投入同步检定继电器，两者的触点并联工作。此时如遇上述情况，则同步检定继电器就能够起作用，当符合同步条件时，即可将误跳闸的断路器重新投入。但是，在使用同步检定的另一侧，其无电压检定是绝对不允许同时投入的。

在重合闸中所用的无电压检定继电器是一般的低电压继电器，其整定值的选择应保证只有当对侧断路器确实跳闸之后，才允许重合闸动作，根据经验，通常都整定为 0.5 倍额定电压。

电磁型同步检定继电器的内部接线如图 5-3 所示，它由铁芯、两个电压线圈、反作用弹簧及触点等构成。两个电压线圈分别从母线侧和线路侧的电压互感器上接入同名相的电压 U_M 和 U_N，两组线圈在铁芯中所产生的磁通方向相反，因此铁芯中的总磁通 $\pmb{\Phi}_\Sigma$ 反应于两个电压所产生的磁通之差，即反应于两个电压之差，如图 5-4 中的 ΔU，而 ΔU 的数值则与两侧电压 U_M 和 U_N 之间的相位差有关。当 $|U_M| = |U_N| = U$ 时，

$$\Delta U = 2U\sin\frac{\delta}{2}$$

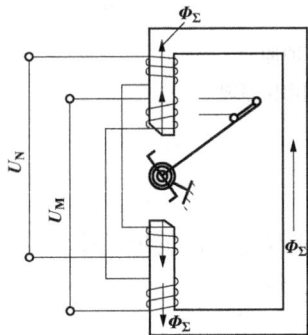

图 5-3 电磁型同步检定继电器
的内部接线

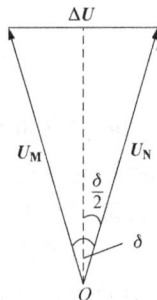

图 5-4 加于同步检定继电器上的合成
电压 ΔU 与 δ 的关系

因此，ΔU 的大小与断路器两侧电压的幅值和相位差 δ 有关，如 $\delta=0°$ 时，$\Delta U=0$，$\pmb{\Phi}_\Sigma$ $=0$，δ 增加，$\pmb{\Phi}_\Sigma$ 也增大，则作用于活动舌片上的电磁力矩增大。当 δ 大到一定数值后，电磁吸力吸动舌片，即把继电器的动断触点打开，将重合闸闭锁，使之不能动作。当 $U_M=$ U_N、$\delta\leqslant20°$ 时，同步检定继电器 KY 动断触点闭合，启动重合闸继电器，重合闸继电器经 0.5～1s 后发出合闸脉冲。

第四节　自动重合闸与继电保护的配合

利用自动重合闸提供的条件加速继电保护的动作，一般采用两种配合方式。

一、自动重合闸前加速

自动重合闸前加速简称前加速，就是当线路发生故障时，继电保护加速电流保护的第Ⅲ段，造成无选择性瞬时切除故障，然后重合闸进行一次重合。若重合于瞬时性故障，则线路恢复供电；若重合于永久性故障，则保护带时限有选择性地切除故障，如图 5-5（a）所示。系统的每条线路都装设过电流保护，QF1 处装设自动重合闸装置，变电站 B 和 C 没有装自动重合闸装置。QF1 的过电流保护范围很大。当 k1 点或 k2 点短路时，QF1 的过电流保护动作，通过加速继电器 KAC 的动断触点瞬时跳闸。QF1 跳开后，启动重合闸继电器进行重新合闸。与此同时，启动加速继电器 KAC，加速继电器 KAC 的动断触点断开，如图 5-5（b）所示。若重合不成功，过电流保护再次动作，这时通过 KT 的延时触点有选择性地切除故障。

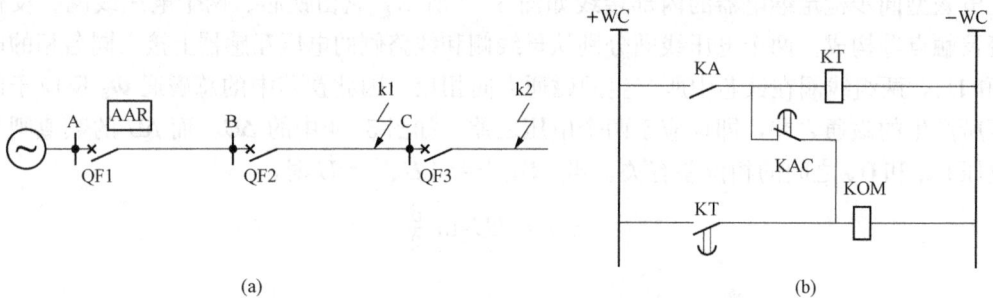

(a)　(b)

图 5-5　自动重合闸前加速保护原理

(a) 网络接线；(b) 前加速保护跳闸回路原理

采用前加速保护的优点如下：

(1) 能快速切除瞬时性故障。

(2) 使瞬时性故障不至于发展成永久性故障，从而提高重合闸的成功率。

(3) 使用设备少，只需装设一套重合闸装置，简单、经济。

采用前加速保护的缺点如下：

(1) 断路器 QF1 的工作条件恶劣，动作次数增多。

(2) 对永久性故障，故障切除时间可能很长。

(3) 如果重合闸或断路器 QF1 拒绝合闸，将扩大停电范围。

前加速保护主要用于 35kV 以下由发电厂或重要变电站引出的直配线路上，以便快速切除故障，保证母线电压。在这些线路上一般只装设简单的电流保护。

二、自动重合闸后加速

自动重合闸后加速简称后加速，是当线路发生故障时，首先保护有选择性动作切除故障，重合闸进行一次重合。如果重合于瞬时性故障，则线路恢复供电；如果重合于永久性故障，则保护装置加速动作，瞬时切除故障。其原理接线如图 5-6 所示。当输电线路上发生故障时，电流继电器 KA 动作后，通过时间继电器 KT 延时启动保护出口继电器 KOM，即继电保护有选择性地动作，然后重合闸进行重新合闸；与此同时，将加速继电器 KAC 启动，其动合触点瞬时闭合而延时返回。若发生的是永久性故障，则过电流保护再次启动，这时通过 KAC 的动合触点瞬时启动 KOM，切除故障。

后加速保护的优点如下：

（1）第一次有选择性地切除故障，不会扩大停电范围。

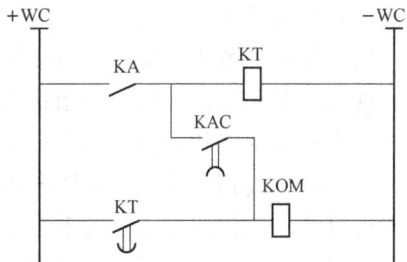

图 5-6 后加速原理接线

（2）保证永久性故障能快速切除，并仍然是有选择性的。

（3）和前加速保护相比，使用中不受网络结构和负荷条件的限制。

后加速保护的缺点如下：

（1）每个断路器上都需要装设一套重合闸，与前加速保护相比较为复杂。

（2）第一次切除故障可能带有延时。

重合闸后加速广泛应用于 35kV 以上的网络及对重要负荷供电的送电线路上。

第五节　高压输电线路的单相自动重合闸

对于三相自动重合闸，无论输电线路上发生单相接地短路还是相间短路，继电保护动作后均使断路器三相断开，然后重合闸再将三相断路器投入。但是，在 220～1000kV 的高压输电架空线路上，由于线间距离大，运行经验表明其中绝大部分故障都是单相接地短路。在这种情况下，如果只把发生故障的一相断开，然后进行单相重合，而未发生故障的两相仍然继续运行，就能够大大提高供电的可靠性和系统并列运行的稳定性。这种方式的重合闸就是单相自动重合闸。如果线路发生的是瞬时性故障，则单相重合成功，即恢复三相的正常运行；如果是永久性故障，则单相重合不成功，一般均采用跳开三相并不再重合（允许系统非全相运行一段时间的个别情况下，也可再跳开单相并不再重合，即转入非全相运行状态）。这种单相接地短路跳开故障单相，经一定时间重合单相，若不成功再跳开三相的重合方式称为单相自动重合闸。只有当断路器能够按相跳合闸操作时才能实现单相自动重合闸。220kV以上的断路器都是按相操作的。

一、单相自动重合闸的特点

与三相重合闸相比，单相重合闸会产生一些新问题，主要有以下几个方面：

（1）需要设置故障选相元件，应该指出有一些保护装置本身就具有选相功能。

（2）应考虑未断开两相的电压、电流通过相间分布电容和互感产生的潜供电流对熄弧和单相重合闸的影响。

（3）应考虑非全相运行对继电保护的影响，还需考虑非全相运行对通信系统的影响。

1. 故障选相元件

为实现单相重合闸，首先就必须有故障相的识别元件（简称选相元件）。对选相元件的基本要求如下：

（1）应保证选择性，即被保护线路范围内发生各种故障时，选相元件必须可靠选出故障相，跳开发生故障的一相，而接于另外两相的元件不动作。

（2）在线路末端发生单相接地短路时，接于该相的选相元件应保证有足够的灵敏性。

（3）被保护范围内发生单相接地故障及在切除故障后的非全相运行状态中，非故障相选相元件不应误动作，或在非全相状态下将其退出。

根据网络接线和运行的特点，常用的选相元件有如下几种。

（1）电流选相元件：其动作电流按照躲开线路最大负荷电流的原则进行整定，以保证动作的选择性。这种选相元件适于装设在电源端，且短路电流比较大的情况。但该原理受系统运行方式影响较大，有时灵敏度不足。

（2）低电压选相元件：利用低电压继电器实现故障相判别，低电压继电器根据故障相电压降低的原理而动作。它的动作电压按躲开线路正常运行及非全相运行时可能出现的最低电压整定。这种选相元件一般适于装设在小电源侧或单侧电源线路的受电侧，因为在这一侧用电流选相元件时往往不能满足选择性和灵敏性的要求。低电压选相元件的动作没有方向性，应配以过电流监视或闭锁，只有当本线路故障时才应该动作。

（3）阻抗选相元件：利用三个带零序电流补偿的接地阻抗继电器测量短路点到保护安装地点之间的正序阻抗。阻抗选相元件对于故障相与非故障相的测量阻抗差别大，易于区分。因此，阻抗选相元件比以上两种选相元件具有更高的选择性和灵敏性。

至于阻抗继电器的特性，根据需要可以采用圆特性阻抗继电器（全阻抗、方向阻抗、偏移特性），或考虑采用多边形特性的阻抗继电器。

对阻抗选相元件的整定值应考虑满足以下要求：

1）当本线路末端短路时，保证故障相选相元件具有足够的灵敏度。

2）当本线路上发生单相接地时，保证非故障相选相元件可靠不动作。

3）在单相接地经阻抗选相元件跳开单相后应快速返回，以免重合成功后又动作选相。

4）当本线路上发生单相接地短路而两侧的保护相继动作时，在一侧断开以后，另一侧将出现一相短路接地加同名相断线的复故障形式。此时仍要求故障相选相元件应正确动作，而非故障相的选相元件应可靠不动作。为此，就需要计算在上述故障情况下故障相和非故障相选相元件的测量阻抗，然后加以验算。

5）在非全相运行时，如果需要选相元件能作为距离元件独立工作，则非断开相的选相元件应可靠不动作，而在非全相运行时又发生故障则应可靠动作。为此，就需要计算在这种情况下选相元件的测量阻抗并加以验算。

6）在非全相运行时发生故障的情况下或进行重合之后，选相元件应防止在系统振荡情况下误选相动作。

7）因为阻抗选相元件是按零序电流补偿原理构成的，即 $I_\varphi + 3KI_0$，当一相断开时 $I_\varphi = 0$ 但 $I_0 \neq 0$，尤其是非全相振荡时 I_0 可能很大，应加以验算。如果可能误动应该加相电流闭锁，或将其退出，不允许其独立工作。

（4）相电流差突变量选相元件：利用每两相的相电流之差构成三个选相元件，它们是利用故障时电气量发生突变的原理构成的。

（5）对称分量选相元件：以 I_0/I_{2A} 的序分量比相关系构成的序分量选相原理在微机保护装置中得到广泛应用。

2. 动作时限的选择

当采用单相重合闸时，其动作时限的选择除应满足三相重合闸时所提出的要求（大于故障点灭弧时间及周围介质去游离的时间、大于断路器及其传动机构复归原状准备好再次动作的时间）以外，还应考虑下列问题：

（1）无论是单侧电源还是双侧电源，均应考虑两侧选相元件与继电保护以不同时限切除故障的可能性。

（2）潜供电流对灭弧所产生的影响。如图 5-7 所示，设 A 相因单相接地故障而被切除，健全相 B、C 仍然通过负载电流。由于健全相与故障相之间存在的电磁感应（相间互感 M）与电容耦合（相间电容 C_m）联系，会使故障点电弧通道中在一定时间内仍然有电流 I_f，称为潜供电流。

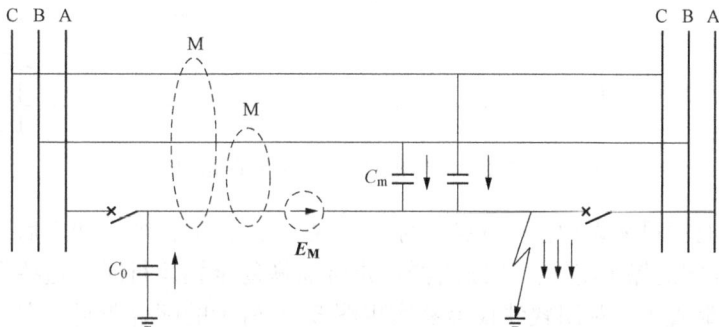

图 5-7 单相故障后的潜供电流

潜供电流根据产生的原因不同可分为以下两种。

（1）电容耦合分量：健全相 B、C 的电压分别通过相间电容 C_m 给故障相供给的电流。

（2）电磁感应分量：健全相 B、C 的负荷电流通过相间互感 M 在故障相上耦合产生了互感电动势 E_M，此电动势通过故障点及故障相对地电容产生了电流。

这些电流的总和称为潜供电流。由于潜供电流的影响，短路时弧光通道的去游离受到严重阻碍，而自动重合闸只有在故障点电弧熄灭且绝缘强度恢复以后才有可能成功。因此，单相重合闸的时间还必须考虑潜供电流的影响。一般线路的电压越高、线路越长，则潜供电流就越大。潜供电流的持续时间不仅与其大小有关，而且也与故障电流的大小、故障切除的时间、弧光的长度及故障点的风速等因素有关，具有明显的不确定性。因此，为了正确地整定单相重合闸的时间，国内外许多电力系统都由实测来确定熄弧时间。例如，我国某 220kV 的输电线路上，根据实测确定保证单相重合闸期间的熄弧时间应在 0.6s 以上。

二、保护装置、选相元件与重合闸回路的配合关系

图 5-8 所示为保护装置、选相元件与重合闸回路的配合结构示意图。

保护装置和选相元件动作后，经"与"门进行单相跳闸，并同时启动重合闸回路。对于单相接地故障，就进行单相跳闸和单相重合；对于相间短路，则在保护和选相元件相配合进行判断之后跳开三相，然后进行三相重合或不进行重合。

在单相重合闸过程中，由于单相跳闸而出现纵向不对称，因此将产生负序分量和零序分量，这就可能引起本线路的一些保护及系统中的其他保护误动作。对于可能误动作的保护，应在单相重合闸动作时予以闭锁或整定保护的动作时限大于单相重合闸的时间，以躲开之。

为了实现对误动作保护的闭锁，在单相重合闸与继电保护相连接的输入端都设有两个端子。一个端子接入非全相运行中仍然能继续工作的保护，习惯上称为 N 端子；另一个端子

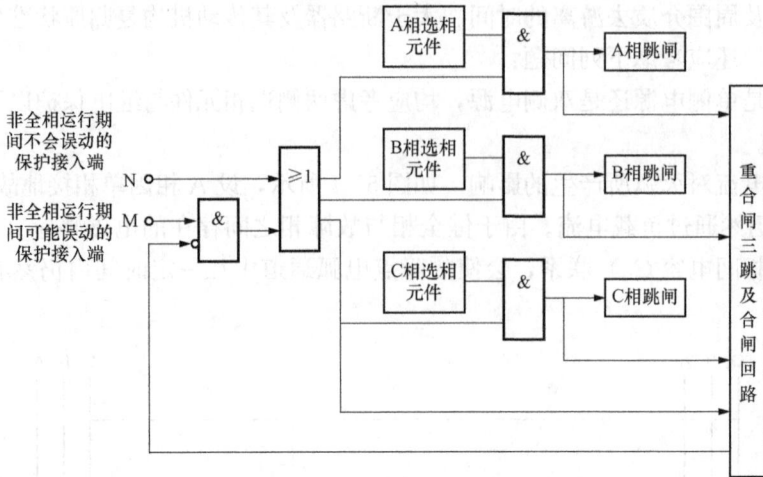

图 5-8　保护装置、选相元件与重合闸回路的配合关系

则接入非全相运行中可能误动作的保护，称为 M 端子。在重合闸启动以后，利用"与"回路即可将接于 M 端的保护闭锁。当断路器被重合而恢复全相运行时，这些保护也立即恢复工作。微机保护装置中，利用软件很容易实现图 5-8 所示的配合逻辑，即自动将某些保护功能或其定值在非全相运行期间内予以闭锁或调整。

三、对单相自动重合闸的评价

采用单相重合闸主要有以下优点：

（1）能在绝大多数的故障情况下保证对用户的连续供电，从而提高供电的可靠性。当由单侧电源单回线路向重要负荷供电时，对保证不间断地供电更有显著的优越性。

（2）在双侧电源的联络线上采用单相重合闸，就可以在故障时使两个系统之间不失去联系，从而提高系统并列运行的动态稳定。对于联系比较薄弱的系统，当三相切除并继之以三相重合闸而很难再恢复同期时，采用单相重合闸就能避免两系统的解列。

采用单相重合闸主要有以下缺点：

（1）需要有按相操作的断路器。

（2）需要专门的选相元件与继电保护相配合，再考虑一些特殊的要求后，使重合闸的实现变得更加复杂。

（3）在单相重合闸过程中，由于非全相运行能引起本线路和电网中其他线路的一些保护误动作，因此需要根据实际情况采取措施予以防止，这将使保护的接线、整定计算和调试工作复杂化。

由于单相重合闸具有以上特点，并在实践中证明了它的优越性，因此已在 220～500kV 的线路上获得了广泛的应用。对于 110kV 的电网，断路器一般不具备按相操作功能，故一般不使用这种重合闸方式，只在由单侧电源向重要负荷供电的某些线路及根据系统运行需要装设单相重合闸的某些重要线路上才考虑使用。

第六节　高压输电线路的综合重合闸

三相重合闸和单相重合闸的基本原理和实现中常常需要考虑一些问题。在采用单相重合闸以后，如果发生各种相间故障时仍然需要切除三相，然后进行三相重合闸，如重合不成功则再次断开三相而不再进行重合。因此，实际上在实现单相重合闸时，也总是把实现三相重合闸结合在一起考虑，故称之为综合重合闸（简称综重）。

综合重合闸有以下四种工作方式。

（1）综合重合闸方式：若线路发生单相接地故障，跳单相，重合单相。若重合于永久性故障再跳三相。若线路发生相间短路故障就跳三相，重合三相，若重合于永久性故障就跳三相。

（2）三相重合闸方式：线路发生任何故障都跳三相，重合三相。若为永久性故障就再跳三相。

（3）单相重合闸方式：若线路发生单相接地故障，跳单相，重合单相。若重合于永久性故障则再跳三相。若线路发生相间短路故障则跳三相后不重合。

（4）停用重合闸方式：任何故障跳三相且不重合。

在实现综合重合闸功能时还应考虑以下基本原则：

（1）当选相元件拒绝动作时，应能跳开三相并进行三相重合。如重合不成功，应再次跳开三相。

（2）对于非全相运行中可能误动作的保护，应进行可靠的闭锁；对于在单相接地时可能误动作的相间保护（如距离保护），应有防止单相接地误跳三相的措施。

（3）当一相跳开后重合闸拒绝动作时，为防止线路长期出现非全相运行，应用非全相保护将其他两相断开。

（4）任两相的分相跳闸继电器动作后，应联跳第三相，使三相断路器均跳闸。

（5）无论单相还是三相重合闸，在重合不成功之后均应考虑能加速切除三相，即实现重合闸后加速。

（6）在非全相运行过程中，如又发生另一相或两相的故障，保护应能有选择性地予以切除。上述故障如发生在单相重合闸的重合令发出之前，则在故障切除后能进行三相重合；如发生在重合闸的重合令发出之后，则切除三相不再进行重合。

（7）对空气断路器或液压传动的油断路器，当气压或液压低至不允许实行重合闸时，应将重合闸回路自动闭锁；但如果在重合闸过程中下降到低于允许值时，则应保证重合闸动作的完成。

思考题与习题

5-1　为什么要采用自动重合闸？对自动重合闸装置有哪些要求？

5-2　电磁式重合闸的主要组成元件是什么？各起什么作用？

5-3　为什么电磁式一次重合闸只能重合一次？

5-4　电磁式重合闸为什么手动跳闸和手动合闸时不重合？

5-5　双侧电源输电线路的自动重合闸的特点是什么？重合闸方式有哪些？

5-6　什么是重合闸的前加速和后加速？它们各有什么优缺点？

5-7　单相重合闸有什么特点？

5-8　综合重合闸有哪几种工作方式？

第六章　电力变压器的继电保护

第一节　电力变压器保护概述

电力变压器是电力系统中大量使用的重要电气设备，它的故障会给供电可靠性和系统的正常运行带来严重后果，同时大容量变压器也是非常贵重的元件。因此，必须根据变压器容量和重要程度装设性能良好、动作可靠的保护。

变压器故障可分为油箱内部故障和油箱外部故障。油箱内部故障包括相间短路、绕组的匝间短路和单相接地短路。油箱内部故障对变压器来说是非常危险的，高温电弧不仅会烧毁绕组和铁芯，而且还会使变压器油绝缘受热分解产生大量气体，引起变压器油箱爆炸的严重后果。变压器油箱外部故障包括引线及套管处的各种相间短路和接地故障。

变压器的不正常工作状态主要包括由外部短路或过负荷引起的过电流、油面降低和过励磁等。

对于上述故障和不正常工作状态，根据 GB/T 14285—2006《继电保护和安全自动装置技术规程》的规定，变压器应装设如下保护：

（1）为反应变压器油箱内部各种短路故障和油面降低，对于 0.8MVA 及以上的油浸式变压器和户内 0.4MVA 以上的变压器应装设气体保护。

（2）为反应变压器绕组和引出线的相间短路，以及中性点直接接地电网侧绕组和引线接地短路及绕组匝间短路，应装设纵差保护或电流速断保护。对于 6.3MVA 及以上并列运行变压器和 10MVA 及以上单独运行变压器，以及 6.3MVA 及以上的厂用变压器，应装设纵差保护。对于 10MVA 以下变压器且其过电流时限大于 0.5s 时，应装设电流速断保护。当灵敏度不满足要求时（2MVA 及以下变压器）宜装设纵差保护。

（3）为反应外部相间短路引起的过电流和作为气体、纵差保护（或电流速断保护）的后备，应装设过电流保护。例如，复合电压启动过电流保护或负序过电流保护。

（4）为反应大接地电流系统外部接地短路，应装设零序电流保护。

（5）为反应过负荷应装设过负荷保护。

（6）为反应变压器过励磁应装设过励磁保护。

第二节　变压器的气体保护

气体保护是反应变压器油箱内部气体的数量和流动的速度而动作的保护，也称瓦斯保护，反应变压器油箱内各种短路故障，特别是对绕组的相间短路和匝间短路。由于短路点存在电弧，它将使变压器油和其他绝缘材料分解，产生气体。气体从油箱经连通管流向储油柜，利用气体的数量及流速构成气体保护。

气体继电器是构成气体保护的主要元件，它安装在油箱与储油柜之间的连接管道上，如图 6-1 所示，这样油箱内产生的气体必须通过气体继电器才能流向储油柜。为了不妨碍气体的流通，变压器安装时应使顶盖沿气体继电器的方向与水平面具有 1%～1.5% 的升高坡度，通往继电器的连接管具有 2%～4% 的升高坡度。

目前在我国电力系统中推广应用的是开口杯挡板式气体继电器，其结构如图 6-2 所示。正常运行时，上、下开口杯 2 和 1 都浸在油中，开口杯和附件在油内的重力所产生的力矩小于平衡锤 4 所产生的力矩，因此开口杯向上倾，干簧触点 3 断开。当油箱内部发生轻微故障时，少量的气体上升后逐渐聚集在继电器的上部，迫使油面下降，而使上开口杯露出油面。此时由于浮力的减小，开口杯和附件在空气中的重力加上杯内油重所产生的力矩大于平衡锤 4 所产生的力矩，于是上开口杯 2 顺时针方向转动，带动永久磁铁 10 靠近干簧触点 3，使触点闭合，发生"轻瓦斯"保护动作信号。当变压器油箱内部发生严重故障时，大量气体和油流直接冲击挡板 8，使下开口杯 1 顺时针方向旋转，带动永久磁铁靠近下部干簧触点 3 使之闭合，发出跳闸脉冲，表示"重瓦斯"保护动作。当变压器出现严重漏油而使油面逐渐降低时，首先是上开口杯 2 露出油面，发出报警信号；继之下开口杯 1 露出油面后也能动作，发出跳闸脉冲。

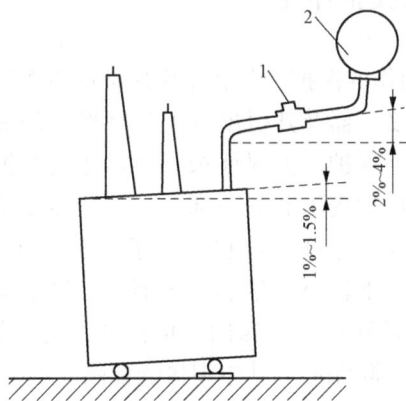

图 6-1　气体继电器安装示意图
1—气体继电器；2—储油柜

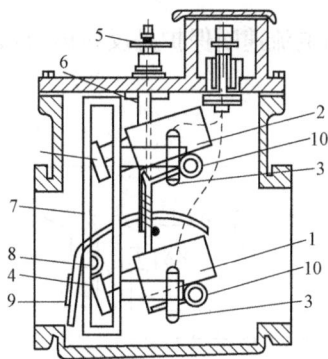

图 6-2　开口杯挡板式气体继电器的结构
1—下开口杯；2—上开口杯；3—干簧触点；4—平衡锤；
5—放气阀；6—探针；7—支架；8—挡板；
9—进油挡板；10—永久磁铁

气体保护的原理接线如图 6-3 所示，上面的触点表示"轻瓦斯保护"，动作后经延时发出报警信号；下面的触点表示"重瓦斯保护"，动作后启动变压器保护的总出口继电器，使断路器跳闸。当油箱内部发生严重故障时，由于油流的不稳定可能造成干簧继电器触点的抖动，此时为使断路器能可靠跳闸，应选用具有电流自保持线圈的出口中间继电器 KM，动作后由断路器的辅助触点来解除出口回路的自保持。此外，为防止变压器换油或进行试验时引起重气体保护误动作跳闸，可利用切换片 XB 将跳闸回路切换到信号回路。

气体保护的主要优点是动作迅速，灵敏度高，安装接线简单，能反应油箱内部发生的各种故障；其缺点则是不能反应油箱以外的套管及引出线等部位上发生的故障。因此，气体保护可作为变压器的主保护之一，与纵差动保护相互配合、相互补充，实现快速而灵敏地切除变压器油箱内、外及引出线上发生的各种故障。

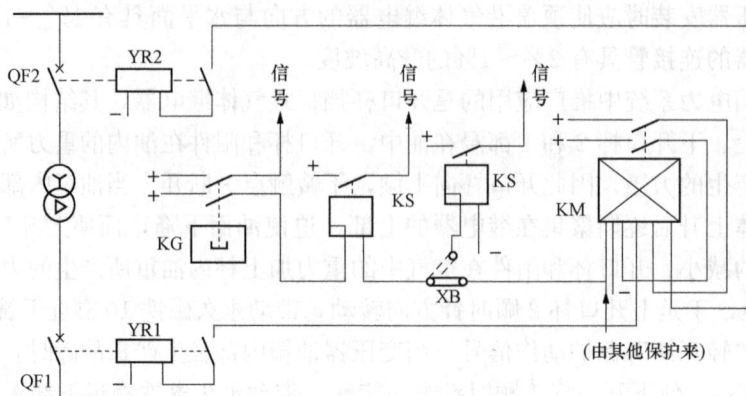

图 6-3　气体保护的原理接线

第三节　变压器的电流速断保护

变压器的电流速断保护是反应电流增大而瞬时动作的保护。其装于变压器的电源侧，对

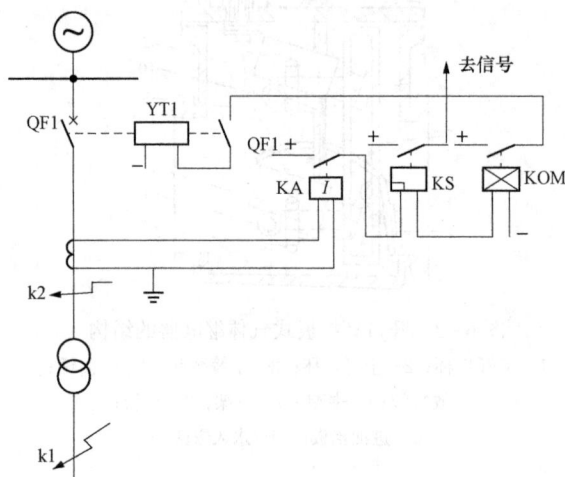

图 6-4　变压器电流速断保护原理接线

变压器及其引出线上各种形式的短路进行保护。为保证选择性，速断保护只能保护变压器的一部分，一般能保护变压器的原绕组，它适用于容量在 10MVA 以下较小容量的变压器。当过电流保护时限大于 0.5s 时，可在电源侧装设电流速断保护，其原理接线如图 6-4 所示。

一、电流速断保护的整定计算

（1）按躲开变压器负荷侧出口 k1 短路时的最大短路电流来整定，即

$$I_{set} = K_{rel} I_{k1.max} \qquad (6-1)$$

式中：K_{rel} 为可靠系数，取 1.3～1.4；$I_{k1.max}$ 为外部短路的最大三相短路电流。

（2）躲过励磁涌流。根据实际经验及实验数据，一般取

$$I_{set} = (3 \sim 4) I_N \qquad (6-2)$$

式中：I_N 为变压器的额定电流。

按式（6-1）和式（6-2）条件计算，选择其中较大值作为变压器电流速断保护的启动电流。

二、灵敏度校验

按变压器一次侧 k2 点短路时，流过保护的最小短路电流校验，即

$$K_{sen} = \frac{I_{k2.min}^{(2)}}{I_{set}} \geqslant 2 \qquad (6-3)$$

变压器电流速断保护的优点是接线简单，动作迅速；缺点是只保护变压器的一部分。

第四节　变压器纵联差动保护

一、变压器纵联差动保护的原理

纵联差动保护是反应被保护变压器各端流入和流出电流的相量差。对双绕组和三绕组变压器实现纵联差动保护的原理接线如图 6-5 所示。

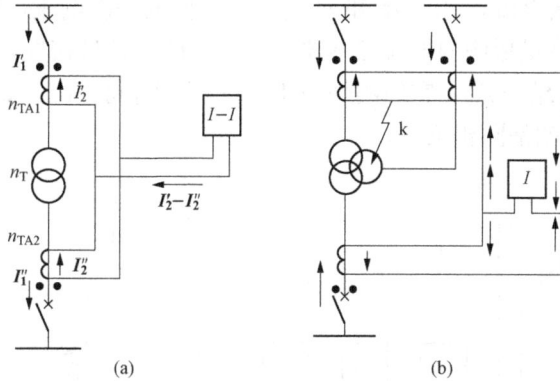

图 6-5　变压器纵联差动保护的原理接线
(a) 双绕组变压器正常运行时的电流分布；(b) 三绕组变压器区内故障时的电流分布

由于变压器高压侧和低压侧的额定电流不同，因此为了保证纵联差动保护的正确动作，就必须适当选择两侧电流互感器的电流比，使得在正常运行和外部故障时，两个二次电流相等。在保护范围内故障时，流入差回路的电流为短路点的短路电流的二次值，保护动作。纵联差动保护动作后，跳开变压器两侧断路器。例如，在图 6-5 (a) 中，应使

$$I_2' = I_2'' = \frac{I_1'}{n_{TA1}} = \frac{I_2''}{n_{TA2}}$$

或

$$\frac{n_{TA2}}{n_{TA1}} = \frac{I_1''}{I_1'} = n_T \tag{6-4}$$

式中：n_{TA1} 为高压侧电流互感器的电流比；n_{TA2} 为低压侧电流互感器的电流比；n_T 为变压器的电压比。

由此可知，要实现变压器的纵联差动保护，就必须适当地选择两侧电流互感器的电流比，使其比值等于变压器的电压比 n_T，这是与送电线路的纵联差动保护不同的。这个区别是由于线路的纵联差动保护可以直接比较两侧电流的幅值和相位，而变压器的纵联差动保护则必须考虑变压器电压比的影响。一般内部故障流入差回路中的电流值远大于差动保护的启动电流，因此纵联差动保护有较高的灵敏度。

二、变压器纵联差动保护在稳态情况下的不平衡电流及减小不平衡电流的措施

在正常运行及保护范围外部短路稳态情况下流入纵联差动保护差回路中的电流称为稳态不平衡电流 I_{unb}。差动保护的动作电流应大于最大不平衡电流，以保证保护范围外部短路时差动保护不动作。不平衡电流增大，将使保护的灵敏度降低。

1. 由变压器两侧电流相位不同而产生的不平衡电流

由于变压器常常采用 Y，d11 的接线方式，因此其两侧电流的相位差为 30°。此时，如果两侧的电流互感器仍采用通常的接线方式，则二次电流由于相位不同，就会有一个差电流流入继电器。为了消除这种不平衡电流的影响，通常都是将变压器星形侧的三个电流互感器接成三角形，而将变压器三角形侧的三个电流互感器接成星形，适当考虑接线方式后即可把二次电流的相位校正过来。

图 6-6 (a) 所示为 Y，d11 接线变压器的纵联差动保护原理接线。图 6-6 (a) 中 I_{A1}^Y、I_{B1}^Y 和 I_{C1}^Y 为星形侧的一次电流，I_{A1}^d、I_{B1}^d 和 I_{C1}^d 为三角形侧的一次电流，后者超前前者 30°，如图 6-6 (b) 所示。现将星形侧的电流互感器采用相应的三角形接线，则其二次侧输出电流为 $I_{A2}^Y - I_{B2}^Y$、$I_{B2}^Y - I_{C2}^Y$ 和 $I_{C2}^Y - I_{A2}^Y$，它们刚好与 I_{A2}^d、I_{B2}^d 和 I_{C2}^d 同相位，如图 6-6 (c) 所示。这样差动回路两侧的电流就是同相位了。

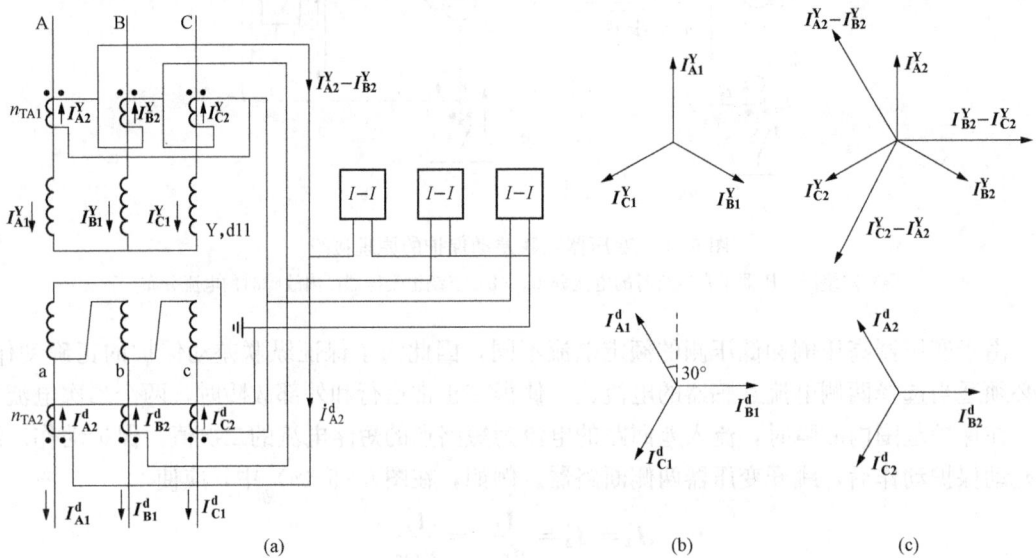

图 6-6　Y，d11 接线变压器的纵联差动保护接线和相量图
(图中电流方向对应于正常工作情况)

(a) 变压器的纵联差动保护接线；(b) 电流互感器一次侧电流相量图；(c) 纵联差动回路两侧电流相量图

但当电流互感器采用上述接线方式以后，在互感器接成三角形侧的差动一臂中，电流又增大了 $\sqrt{3}$ 倍。此时为保证在正常运行及外部故障情况下差动回路中没有电流，就必须将该侧电流互感器的电流比加大 $\sqrt{3}$ 倍，以减小二次电流，使之与另一侧的电流相等。因此，故此时选择电流比的条件是

$$\frac{n_{TA2}}{n_{TA1}/\sqrt{3}} = n_T \tag{6-5}$$

式中：n_{TA1}、n_{TA2} 为适应 Y，d11 接线的需要而采用的电流互感器电流比。

2. 由两侧电流互感器的误差引起的不平衡电流

当变压器两侧电流互感器电流比的比值等于变压器的电压比时，由于电流互感器有电流误差 ΔI，在正常运行及保护范围外部故障时流入差回路中的电流不为零。其原因和两侧电

流互感器励磁电流的大小、二次负载的大小及励磁阻抗有关，而励磁阻抗又与铁芯特性和饱和程度有关。当被保护变压器两侧电流互感器型号不同、电流比不同、二次负载阻抗及短路电流倍数（三相三绕组变压器）不同时，都会使电流互感器励磁电流的差值增大。在正常运行时，电流互感器的铁芯不饱和，励磁电流很小，不平衡电流也很小。当外部故障时，短路电流很大，使两侧电流互感器迅速饱和，励磁阻抗下降，励磁电流增大，励磁电流的差值也增大，不平衡电流增大。因此，在选择互感器时，应选带有气隙的 D 级铁芯互感器，使之在短路时也不饱和；另外，选大电流比的电流互感器，可以降低短路电流倍数。在考虑二次回路的负载时，通常都以电流互感器的 10% 误差曲线为依据，进行导线截面校验。如按最大短路电流和 10% 误差曲线确定电流互感器的二次负载，那么在任何情况下，电流互感器的误差不会超过 10%，且电流互感器的误差都是负误差，所以不平衡电流会更小。其最大可能值为

$$I_{\text{unb}} = 0.1 \frac{I_{\text{k. max}}}{n_{\text{TA}}} K_{\text{st}} \tag{6-6}$$

式中：$I_{\text{k. max}}$ 为变压器外部短路流过两侧电流互感器的最大短路电流；K_{st} 为电流互感器的同型系数，同型号取 0.5，不同型号取 1。

3. 由计算变比与实际变比不同而产生的不平衡电流

由于变压器两侧的电流互感器都是根据产品目录选取标准的电流比，而变压器的电压比也是一定的。因此三者的关系很难满足 $\frac{n_{\text{TA2}}}{n_{\text{TA1}}/\sqrt{3}} = n_{\text{T}}$（或 $\frac{n_{\text{TA2}}}{n_{\text{TA1}}} = n_{\text{T}}$）的要求，此时差动回路中将有电流流过。当采用具有速饱和铁芯的差动继电器时，通常都是利用它的平衡线圈 W_{ph} 来消除此差电流的影响。

以双绕组变压器为例，假设在区外故障时，$I'_2 > I''_2$，如图 6-7 所示，则差动线圈 W_{cd} 中将流过电流（$I'_2 - I''_2$），由它所产生的磁动势为 $W_{\text{cd}}(I'_2 - I''_2)$。为了消除该差动电流的影响，通常都是将平衡线圈 W_{ph} 接入二次电流较小的一侧，如图 6-7 所示应接于 I''_2 的回路中。适当地选择 W_{ph} 的匝数，使磁动势 $W_{\text{ph}}I''_2$ 能完全抵消 $W_{\text{cd}}(I'_2 - I''_2)$，则在二次线圈 W_2 中就不会感应电动势，因而继电器 KA 中也没有电流，达到了消除差电流影响的目的。由此可见，W_{ph} 与 W_{cd} 的关系应为

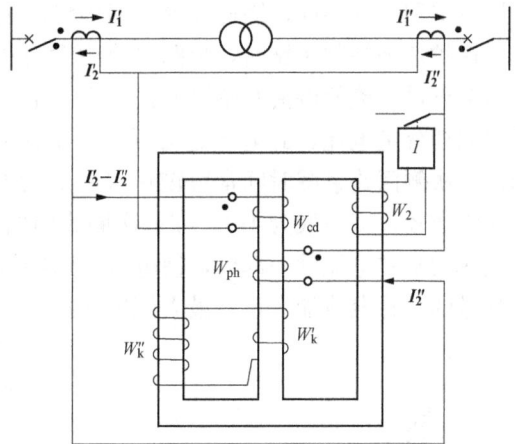

图 6-7　利用速饱和变流器的平衡线圈
消除电流影响的原理接线

$$W_{\text{cd}}(I'_2 - I''_2) = W_{\text{ph}}I''_2 \qquad \text{或} \qquad W_{\text{cd}}I'_2 = (W_{\text{cd}} + W_{\text{ph}})I''_2 \tag{6-7}$$

式（6-7）表明，由较大的电流 I'_2 在 W_{cd} 中所产生的磁动势被较小的电流 I''_2 在（$W_{\text{cd}} + W_{\text{ph}}$）中所产生的磁动势所抵消。因此，在铁芯中没有磁通，继电器不可能动作。

按式（6-7）计算的 W_{ph} 匝数一般都不是整数，而实际上 W_{ph} 只能按整匝数进行选择，因此还会有残余的不平衡电流存在，这在整定计算时应该予以考虑。

4. 带负荷调压变压器的分接头产生的不平衡电流

在电力系统中经常采用带负荷调压的变压器，通过调整变压器分接头的位置来满足系统的运行电压。改变分接头的位置不仅改变了变压器的电压比，也破坏了变压器两侧电流互感器电流比的比等于变压器电压比的条件，因而会产生不平衡电流。一般变压器分接头的调节范围是 $\Delta U = 2 \times 2.5\%$，因此调整分接头产生的最大不平衡电流为

$$I_{unb} = \Delta U \frac{I_{k.max}}{n_{TA}} \tag{6-8}$$

根据上述分析，在稳态情况下需要消除的不平衡电流有电流互感器误差、变压器调节分接头及平衡线圈的计算匝数与整定匝数不一致产生的不平衡电流，即

$$I_{unb} = (10\% K_{st} + \Delta U + \Delta f_{wc}\%) I_{k.max} / n_{TA} \tag{6-9}$$

式中：K_{st} 为电流互感器的同型系数；$\Delta f_{wc}\%$ 为由平衡线圈的计算匝数与实际匝数不一致产生的误差。

要保证差动保护在正常运行及保护范围外部故障时不误动，差动保护的动作电流应按躲开最大不平衡电流进行整定。

三、暂态情况下的不平衡电流及减小其影响的措施

变压器纵联差动保护是瞬时动作的保护，因此，暂态过程中的不平衡电流对它的影响应予以考虑。

1. 外部短路时的不平衡电流

在变压器差动保护范围外部发生故障的暂态过程中，由于变压器两侧电流互感器的铁芯特性及饱和程度不同，因此在差回路中将产生暂态不平衡电流。

保护范围外部短路时，短路电流中含有很大的非周期分量。在短路后 $t=0$ 时，突增的非周期分量电流使电流互感器的铁芯中产生一个突增的磁通，它使二次回路中产生一个突增的非周期分量电流，此电流是去磁的。电流互感器一次侧和二次侧回路的衰减时间常数不同，一次侧回路衰减时间常数较短（一般为 0.05s）；二次侧回路的电阻小，电感大，衰减时间常数较长（一般为 1s）。在一次侧非周期分量减小以后，二次侧衰减很慢的非周期分量电流成为励磁电流的一部分，使电流互感器铁芯饱和。铁芯饱和后，励磁阻抗大大降低，周期分量的励磁电流加大，其最大值出现在几个周波之后，其值为稳态励磁电流的许多倍。其波形如图 6-8 所示。曲线 3 为铁芯饱和以后励磁电流的周期分量；曲线 4 为短路电流中衰减的非周期分量（归算到互感器的二次侧）；曲线 1 为互感器的二次侧感生的非周期分量电流；曲线 2 为总的励磁电流（误差电流），其中包括铁芯饱和后加大了的励磁电流和互感器二次衰减慢的直流分量。总误差电流偏到时间轴一侧。

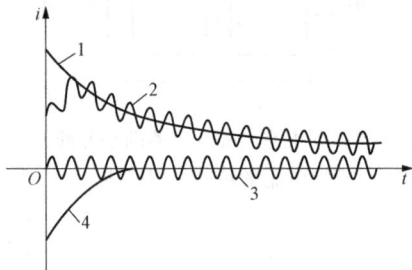

图 6-8　过渡过程中电流互感器励磁电流波形

外部短路暂态过程中变压器两侧电流互感器励磁电流大大增加，由于两侧互感器铁芯饱和程度不同，两侧总励磁电流的差，即暂态过程中不平衡电流加大，如图 6-9 所示。从分析及实验记录的不平衡电流波形可知，外部短路暂态不平衡电流比稳态不平衡电流大，并含有较大的直流分量。

减小保护范围外部短路暂态过程中不平衡电流的影响是在差回路中接入速饱和中间变流器 T，如图 6-10（a）所示。速饱和变流器是一个铁芯截面较小，易于饱和的中间变流器。从以上分析可知，暂态不平衡电流中有较大的非周期分量，电流曲线偏于时间轴的一侧，如图 6-10（b）曲线 2 所示。因而二次侧感应的电动势较小，故非周期分量电流难以转换到速饱和变流器的二次侧，差动继电器不会动作。但加入速饱和变流器以后，当内部故障时，由于在暂态过程中存在非周期分量电流，速饱和变流器会饱和，因此须待非周期分量衰减后，差动保护才动作。其延时取决于变压器回路的衰减时间常数，一般大变压器衰减时间长，小变压器衰减时间短。

准确计算变压器差动保护回路暂态不平衡电流是十分困难的。在进行差动保护整定计算时，引入一个非周期分量的影响系数 K_{np}。外部短路时的暂态不平衡电流，在接入一级速饱和变流器时为

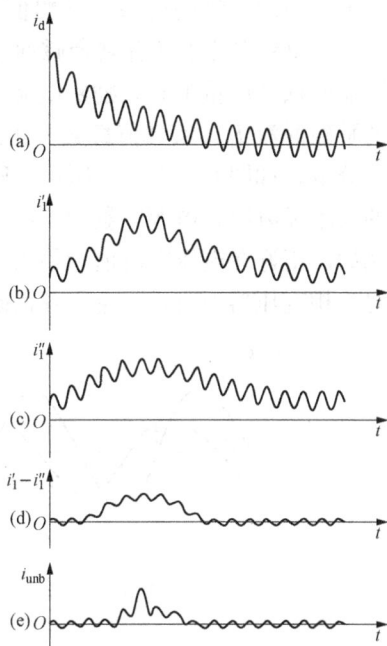

图 6-9 外部短路暂态过程中电流互感器的励磁电流及不平衡电流波形
（图中 i_d、i_1'、i_1'' 均为折合到电流互感器二次侧的电流）
（a）外部短路电流；（b）、（c）两侧电流互感器的励磁电流；
（d）两个励磁电流之差（I_{bp}）；（e）实验记录的不平衡电流

$$I'_{unb} = 10\% K_{np} I_{d.max}/n_{TA} \tag{6-10}$$

式中：K_{np} 为非周期分量的影响系数，取 1.5～2；当接入两级速饱和变流器时，非周期分量的影响系数取 1。

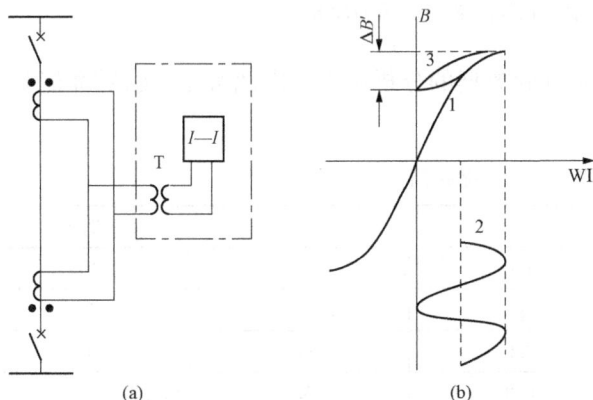

图 6-10 防止非周期分量影响的措施
（a）接入速饱和变流器；（b）通过非周期分量的励磁电流

2. 由变压器励磁涌流 I_μ 产生的不平衡电流

变压器的励磁电流 I_μ 仅流经变压器的某一侧，因此，通过电流互感器反应到差动回路中不能被平衡。在正常运行情况下，此电流很小，一般不超过额定电流的 2%～10%。当外部故障时，由于电压降低，励磁电流减小，它的影响就更小。

但是当变压器空载投入和外部故障切除后电压恢复时，则可能出现数值很大的励磁电流（又称励磁涌流）。这是因为在稳态工作情况下，铁芯中的磁通应滞后于外加电压 90°，如图 6-11（a）所示。如果空载合闸时，正好在电压瞬时值 $u=0$ 时接通电路，则铁芯中应该具有磁通 $-\varphi_m$。但是由于铁芯中的磁通不能突变，此时，

将出现一个非周期分量的磁通，其幅值为 $+\varphi_m$。这样在经过半个周期以后，铁芯中的磁通就达到 $2\varphi_m$。如果铁芯中还有剩余磁通 φ_r，则总磁通将为 $2\varphi_m+\varphi_r$，如图 6-11（b）所示。此时变压器的铁芯严重饱和，励磁电流 I_μ 将剧烈增大，如图 6-11（c）所示，此电流就称为变压器的励磁涌流 I_μ，其数值最大可达额定电流的 6～8 倍，同时包含大量的非周期分量和高次谐波分量，如图 6-11（d）所示。励磁涌流的大小和衰减时间与外加电压的相位、铁芯中剩磁的大小和方向、电源容量的大小、回路的阻抗及变压器容量的大小和铁芯性质等都有关系。例如，正好在电压瞬时值为最大时合闸，就不会出现励磁涌流，而只有正常时的励磁电流。对三相变压器而言，无论在任何瞬间合闸，至少有两相要出现不同程度的励磁涌流。

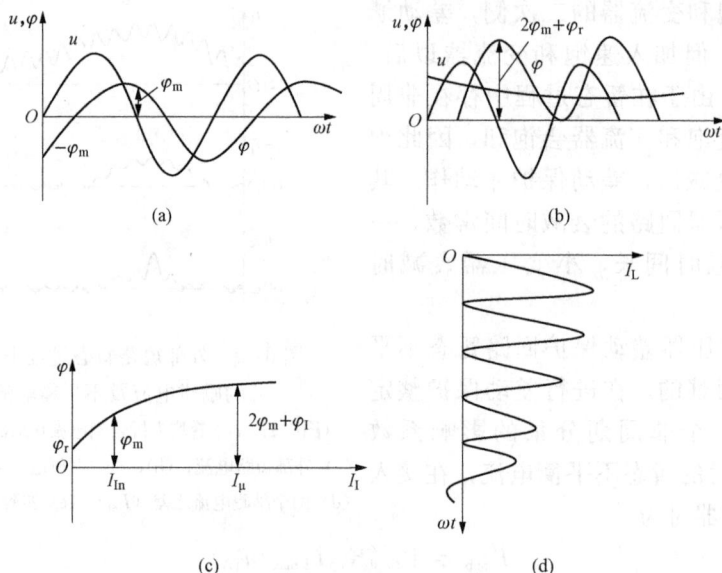

图 6-11 变压器励磁涌流的产生及变化曲线

（a）稳态情况下，磁通与电压的关系；（b）在 $u=0$ 瞬间空载合闸时，磁通与电压的关系；
（c）变压器铁芯的磁化曲线；（d）励磁涌流波形

表 6-1 所示的数据是对几次励磁涌流试验数据的分析结果。由此可见，励磁涌流具有以下特点：

表 6-1　　　　　　　　　　　励磁涌流试验数据举例

励磁涌流/%	例1	例2	例3	例4
基本波	100	100	100	100
2次谐波	36	31	50	23
3次谐波	7	6.9	9.4	10
4次谐波	9	6.2	5.4	—
5次谐波	5	—	—	—
直流	66	80	62	73

（1）含有很大成分的非周期分量，往往使涌流偏于时间轴的一侧。
（2）含有大量的高次谐波，而以 2 次谐波为主。

（3）波形之间出现间断，如图 6-12 所示，在一个周期中间断角为 α。

根据以上特点，在变压器纵联差动保护中防止励磁涌流影响的方法如下：

（1）采用具有速饱和铁芯的差动继电器。

（2）鉴别短路电流和励磁涌流波形的差别。

（3）利用二次谐波制动等。

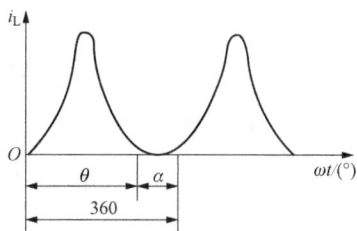

图 6-12 励磁涌流波形

四、带短路特性的差动保护

1. BCH-2 型差动继电器

BCH-2 型差动继电器由电磁型电流继电器、三柱铁芯和几个线圈组成，如图 6-13 所示。两边柱铁芯截面较小，是中间柱铁芯截面的一半，易于饱和。在中间柱上绕有四个线圈：差动线圈 W_{cd}，两个平衡线圈 W_{ph1}、W_{ph2} 和一个短路线圈 W'_k。左边柱上绕有一个短路线圈 W''_k，右边柱上绕有一个二次工作线圈 W_2。在二次工作线圈输出端接一个电磁型电流继电器。差动线圈接于变压器差动保护的差回路，当安匝磁动势达到一定值时，二次线圈感应的某一电动势值使电流继电器启动。

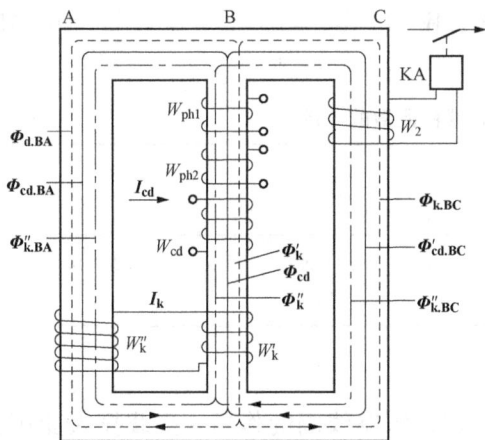

图 6-13 BCH-2 型差动继电器的原理结构

平衡线圈 W_{ph} 的作用是消除变压器两侧电流互感器的计算电流比与实际电流比不一致所产生的不平衡安匝磁动势。两个平衡线圈与差动线圈绕向一致，平衡线圈每安匝对二次工作绕组的作用与差动线圈每安匝对二次工作绕组的作用相同。

短路线圈的作用是提高差动继电器躲过励磁涌流的能力。两个短路线圈对二次工作线圈的作用相当于两级速饱和变流器。由于在中间铁芯柱上存在短路线圈 W'_k，差动线圈安匝磁动势在中间柱上产生的磁通被短路线圈 W'_k 中的电流产生的磁通所抵消。而短路线圈 W''_k 中的电流产生的磁通在二次线圈 W_2 中感应电动势，当其值达到一定值时，继电器动作。当差动线圈中有直流分量时，直流安匝产生的磁通使铁芯饱和，使差回路中的交变电流无法变换到二次工作线圈，故有抑制励磁涌流的能力。

为了深入分析短路线圈的作用，暂不考虑平衡线圈及铁损等因素的影响。当差动线圈通以正弦交流电流时，差动线圈的安匝磁动势产生的磁通在二次工作线圈 W_2，短路线圈 W'_k、W''_k 感应电动势。设中间柱的合成磁动势在右边柱 C 中产生的磁通为 Φ_{BC}，左边柱合成磁动势在右边柱 C 中产生的磁通为 Φ_{AC}，穿过右边柱 C 的合成磁通 $\Phi_C = \Phi_{BC} + \Phi_{AC}$。设 R_A、R_B、R_C 分别代表两边柱及中间柱的磁阻，且 $R_A = R_C = 2R_B$，则

$$\Phi_{AC} = \frac{I_k W''_k}{R_A + R_B // R_C} \frac{R_B}{R_B + R_C} = \frac{I_k W''_k R_B}{R_A R_B + R_B R_C + R_C R_A} \tag{6-11}$$

$$\Phi_{AC} = \frac{I_{cd} W_{cd} - I_k W'_k}{R_B + R_A // R_C} \frac{R_A}{R_A + R_C} = \frac{(I_{cd} W_{cd} - I_k W'_k) R_A}{R_A R_B + R_B R_C + R_C R_A} \tag{6-12}$$

由于 $R_A = R_C = 2R_B$，则

$$(R_\mathrm{A}R_\mathrm{B} + R_\mathrm{B}R_\mathrm{C} + R_\mathrm{C}R_\mathrm{A})/R_\mathrm{A} = 4R_\mathrm{B}$$

因此

$$\Phi_\mathrm{C} = \frac{I_\mathrm{cd}W_\mathrm{cd} - I_\mathrm{k}W'_\mathrm{k}}{4R_\mathrm{B}} - \frac{I_\mathrm{k}W''_\mathrm{k}}{2 \times 4R_\mathrm{B}} \tag{6-13}$$

当 $W''_\mathrm{k} = 2W'_\mathrm{k}$ 时

$$\Phi_\mathrm{C} = \frac{I_\mathrm{cd}W_\mathrm{cd} - I_\mathrm{k}W'_\mathrm{k}}{4R_\mathrm{B}} - \frac{I_\mathrm{k} \cdot 2W'_\mathrm{k}}{2 \times 4R_\mathrm{B}} = \frac{I_\mathrm{cd}W_\mathrm{cd}}{4R_\mathrm{B}} \tag{6-14}$$

由以上分析可知：

（1）当短路线圈开路时，$I_\mathrm{k} = 0$，$\Phi_\mathrm{C} = \dfrac{I_\mathrm{cd}W_\mathrm{cd}}{4R_\mathrm{B}}$，与一级速饱和变流器情况相同。

（2）接入短路线圈（$W''_\mathrm{k} = 2W'_\mathrm{k}$），在差动线圈中通以工频正弦交流电流。两个短路线圈中的感应电流对边柱 C 产生的磁通大小相等，方向相反，相互抵消。继电器的动作安匝不变，一般为 60 安匝，但它相当于接入两级速饱和变流器。

（3）当 $W''_\mathrm{k}/2W'_\mathrm{k}$ 变小时，短路线圈 W'_k 对边柱 C 的去磁增大，加大了继电器的动作安匝。继电器的动作安匝与两短路线圈匝数比的关系为

$$(AW)_\mathrm{set} = f(W''_\mathrm{k}/W'_\mathrm{k}) \tag{6-15}$$

如表 6-2 所示。

表 6-2　　　　　　　　继电器的动作安匝与两短路线圈匝数的关系

整定板的插头位置	A1-A2；B1-B2 C1-C2；D1-D2	B2-C1	A2-B1	B2-D1
$W''_\mathrm{k}/W'_\mathrm{k}$	2	16/16=1	6/8=0.75	16/28=0.57
继电器动作安匝	60	80	100	120

BCH-2 短路线圈的插头位置如图 6-14 所示。

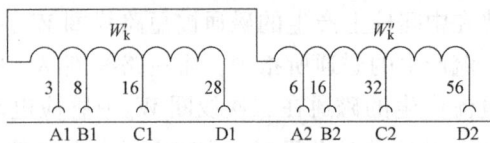

图 6-14　BCH-2 短路线圈的插头位置

（4）短路线圈的作用。空载投入变压器时，差动电流 I_cd 中含有大量非周期分量，使铁芯迅速饱和，铁芯柱的磁阻 R_A、R_B、R_C 增大，继电器的动作安匝增大。因此，其有较好的躲励磁涌流和外部短路时产生的不平衡电流的能力。当短路线圈的匝数增多而比值不变时，短路线圈 W''_k、W'_k 产生的磁通增大，使 B 柱的综合磁通减少，即减少了 B 柱磁通进入 C 柱的份额，增大了 A 柱磁通进入 C 柱的份额，有利于躲励磁涌流。由于 W'_k 及 W''_k 匝数多，电感量大，非周期分量的衰减时间常数加大，在内部短路时，加长了差动保护的动作时间。如图 6-14 所示，多的短路线圈匝数（如 D1-D2）适用于小容量变压器。变压器容量小，其励磁涌流及短路电流倍数高，要求差动保护有较强的躲励磁涌流的能力，保护动作允许稍有延时。而少的短路线圈匝数（如 A1-A2）适用于大容量变压器。变压器容量大，其励磁涌流及短路电流倍数低，且要求尽快切除故障。

BCH-2 型差动继电器的内部接线如图 6-15 所示。

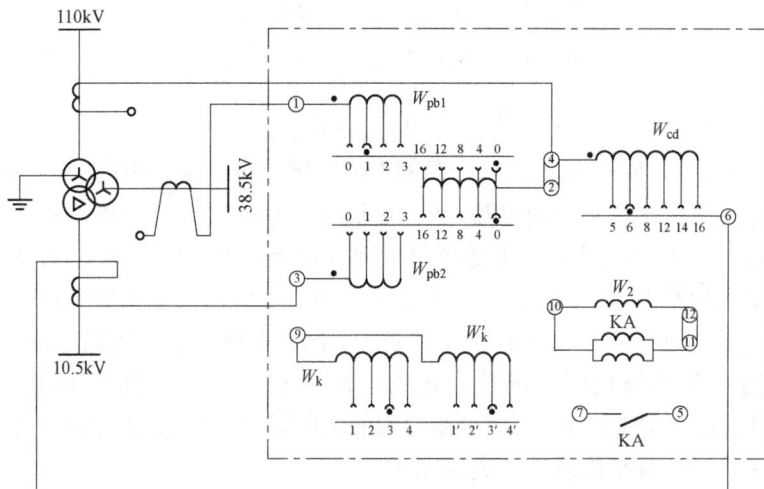

图 6-15　BCH-2 型差动继电器的内部接线

2. 利用 BCH-2 型差动继电器构成的变压器差动保护的整定计算

(1) 确定基本侧。将变压器两侧电流互感器流入差回路的电流中较大的一侧作为基本侧，计算步骤如表 6-3 所示。

表 6-3　　　　　　　　　　差回路电流计算步骤

变压器额定电压/kV	$U_{N.h}$（高压）	$U_{N.1}$（低压）
变压器额定电流/A	$I_{N.h} = \dfrac{S_N}{\sqrt{3}U_{N.h}}$	$I_{N.1} = \dfrac{S_N}{\sqrt{3}U_{N.1}}$
变压器接线方式	Y	d
电流互感器接线方式	d	Y
电流互感器计算电流比 $n_{TA\cdot c}$	$\dfrac{I_{N.h}}{5}\sqrt{3}$	$\dfrac{I_{N.1}}{5}$
电流互感器实际电流比 $n_{TA\cdot pr}$	$n_{TA1\cdot Pr}$	$n_{TA2\cdot Pr}$
流入差回路的电流/A	$\dfrac{I_{N.h}}{n_{TA1.pr}}\sqrt{3} = I_h$	$\dfrac{I_{N.1}}{n_{TA2.pr}} = I_1$

(2) 确定差动保护的动作电流。

1) 躲过变压器的励磁涌流为

$$I_{set} = K_{rel}I_{N.T} \tag{6-16}$$

式中：K_{rel} 为可靠系数，BCH-2 型差动继电器取 1.3；$I_{N.T}$ 为变压器基本侧的额定电流。

2) 躲外部短路时的最大不平衡电流为

$$I_{set} = K_{rel}I_{unb.max} = K_{rel}(I_{unb.TA} + I_{unb.\Delta u} + I_{unb.ph}) \tag{6-17}$$

其中

$$I_{unb.TA} = K_{np}K_{st}K_{err}I_{k.max} \tag{6-18}$$

$$I_{\text{unb.}\Delta u} = \Delta U_{\text{h}} I_{\text{k. h. max}} + \Delta U_{\text{m}} I_{\text{k. m. max}} \tag{6-19}$$

$$I_{\text{unb. ph}} = \Delta f_{\text{ph1}} I_{\text{k1. max}} + \Delta f_{\text{ph2}} I_{\text{k2. max}} \tag{6-20}$$

$$\Delta f_{\text{ph}} = \frac{W_{\text{ph. c}} - W_{\text{ph. pr}}}{W_{\text{ph. c}} + W_{\text{cd. set}}} \tag{6-21}$$

式中：K_{rel} 为可靠系数，取 1.3；$I_{\text{unb. TA}}$ 为两侧电流互感器电流误差引起的不平衡电流；$I_{\text{unb.}\Delta u}$ 为变压器调压分接头引起的不平衡电流；K_{np} 为非周期分量的影响系数，取 1；K_{st} 为电流互感器的同型系数，取 1；K_{err} 为电流互感器最大允许误差，取 10%；$I_{\text{k. max}}$ 为变压器外部短路流过变压器的最大短路电流；ΔU_{h}、ΔU_{m} 为变压器高、中压侧分接头调节电压，以百分数表示；$I_{\text{k. h. max}}$、$I_{\text{k. m. ma}}$ 为变压器外部短路时流过变压器高、中侧的最大短路电流；$I_{\text{k1. max}}$、$I_{\text{k2. max}}$ 为流过平衡线圈 1 和平衡线圈 2 的最大短路电流；Δf_{ph1}、Δf_{ph2} 为平衡线圈的圆整误差；$W_{\text{ph. c}}$ 为平衡线圈的计算匝数；$W_{\text{ph. pr}}$ 为平衡线圈的实际匝数；$W_{\text{cd. set}}$ 为差动线圈的整定匝数。

初步计算时，Δf_{ph} 取平均值，一般为 0.05。

3）躲开电流互感器二次断线产生的最大不平衡电流（240MVA 及以上容量变压器除外）为

$$I_{\text{set}} = K_{\text{rel}} I_{\text{L. max}} \tag{6-22}$$

式中：K_{rel} 为可靠系数，取 1.3；$I_{\text{L. max}}$ 为变压器最大负荷电流，在变压器最大负荷电流不能确定的情况下，用变压器额定电流 $I_{\text{N. T}}$。

取以上三条件计算结果中的最大值作为变压器差动保护一次动作电流。

（3）计算变压器差动保护基本侧差动线圈匝数。基本侧继电器的动作电流为

$$I_{\text{set. r. b}} = K_{\text{con}} I_{\text{set. b}} / n_{\text{TA}} \tag{6-23}$$

式中：K_{con} 为电流互感器接线系数，其值为流入继电器中的电流与电流互感器二次侧电流的比，当电流互感器的二次侧接成三角形时，取 $\sqrt{3}$；$I_{\text{set. b}}$ 为基本侧一次动作电流。

基本侧差动线圈的计算匝数为

$$W_{\text{cd. c}} = \frac{(AW)_{\text{set}}}{I_{\text{set. r. b}}} = \frac{60\,\text{安匝}}{I_{\text{set. r. b}}} \tag{6-24}$$

式中：$(AW)_{\text{set}}$ 为继电器的动作安匝，一般取 60 安匝。

差动线圈的实际匝数 $W_{\text{cd. pr}}$ 少，启动电流加大，能可靠躲过最大不平衡电流。继电器实际动作电流和一次动作电流分别为

$$I_{\text{set. r. b}} = 60(\text{安匝})/W_{\text{cd. c}}$$

$$I_{\text{set. b. pr}} = I_{\text{set. r. b}}\, n_{\text{TA}} \,/\, K_{\text{con}} \tag{6-25}$$

（4）计算非基本侧平衡线圈匝数。

对双绕组变压器，有

$$I_{2\text{N. nb}}(W_{\text{ph}} + W_{\text{cd. set}}) = I_{2\text{N. b}} W_{\text{cd. set}}$$

$$W_{\text{ph}} = W_{\text{cd. set}}(I_{2\text{N. b}} - I_{2\text{N. nb}}) /\, I_{2\text{N. nb}} \tag{6-26}$$

对三绕组变压器，有

$$W_{\text{ph1}} = W_{\text{cd. set}}(I_{2\text{N. b}} - I_{2\text{N. nb1}}) /\, I_{2\text{N. nb1}}$$

$$W_{\text{ph2}} = W_{\text{cd. set}}(I_{2\text{N. b}} - I_{2\text{N. nb2}}) /\, I_{2\text{N. nb2}} \tag{6-27}$$

平衡线圈的实际匝数采用四舍五入圆整。

（5）平衡线圈圆整误差的计算为

$$\Delta f_{\mathrm{ph}} = (W_{\mathrm{ph.c}} - W_{\mathrm{ph.pr}})/(W_{\mathrm{ph.c}} + W_{\mathrm{cd.set}}) \tag{6-28}$$

计算结果的变化范围为 $0\sim0.091$。若误差小于 0.05，则以上计算结果有效；若误差大于 0.05，则重新计算差动保护的动作电流。

（6）确定短路线圈匝数。对于大容量的变压器，涌流倍数小，衰减慢，要求切除内部故障的时间尽量短，应选取较少的短路线圈匝数；相反，对于较小容量的变压器，应选用较多匝数的短路线圈，以便更有效地消除非周期分量电流的影响。

短路线圈匝数选择是否恰当，应通过变压器空载投入试验确定。

（7）灵敏度校验。保护范围内部短路最小灵敏度应大于 2。

$$K_{\mathrm{sen}} = I_{\mathrm{k.min}}/I_{\mathrm{set}} \tag{6-29}$$

式中：$I_{\mathrm{k.min}}$ 为保护范围内故障，流过基本侧的最小短路电流；I_{set} 为差动保护一次动作电流。

五、带制动特性的差动保护

1. BCH - 1 型差动继电器

BCH - 1 型差动继电器的原理结构如图 6 - 16 所示。它由三柱式铁芯、几个线圈及一个电磁型电流继电器组成。两边柱铁芯截面为中间柱铁芯截面的 $1/2$，边柱易于饱和。中间柱上绕有差动线圈 W_{cd}，两个平衡线圈 W_{ph1}、W_{ph2}。在两个边柱上分别绕有制动线圈 W_{zh} 及工作线圈 W_{cd}。两个制动线圈相互串联后与外电路相接，两个工作线圈相互串联接入电流继电器。

差动线圈通以电流产生磁通 Φ_{cd}，其方向如图 6 - 16 所示。在两个二次工作绕组上感应的电动势相串联，能使电流继电器动作。由于两边柱铁芯截面小，易于饱和，它的作用相当于一级速饱和变流器，可以消除不平衡电流和励磁涌流中非周期分量的影响。当制动线圈中没有电流或电流很小时，差动继电器的动作安匝为 60 安匝。制动线圈通以电流产生的磁通 φ_{ret} 在两边柱形成环路，在两个二次工作线圈上感应的电动势反向串联，合成电动势为零，不会使电流继电器动作。它的作用是使两个边柱的铁芯饱和，加大继电器的动作安匝。

2. BCH - 1 型差动继电器的工作原理

如图 6 - 17 所示，当制动线圈 W_{zh} 中没有电流时，为使差动继电器启动，需在差动线圈 W_{cd} 中加入一个电流 $I_{\mathrm{set.min}}$，由此电流产生的磁通在二次线圈 W_{cd} 中感应一定的电动势 E_{set}，它刚好能使执行元件动作，此 $I_{\mathrm{set.min}}$ 称为继电器的最小动作电流。差动保护中，用 I_{set} 表示差动保护的动作电流，即使保护刚能动作的动作量。

当制动线圈 W_{zh} 中有电流以后，它将在铁芯的两个边柱上产生磁通 Φ_{res}，使铁芯饱和，致使导磁率下降。此时必须增大差动线圈 W_{cd} 中的电流才能在二次线圈 W_{cd} 中产生电动势 E_{set}，使执行元件动作，

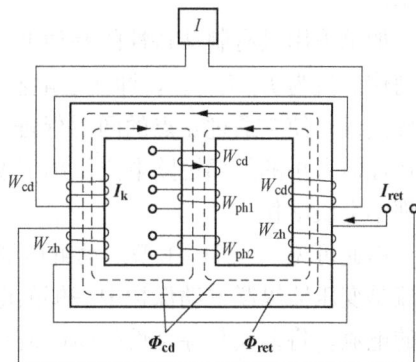

图 6 - 16 BCH - 1 型差动继电器的原理结构

即继电器的动作电流随着制动电流的增大而增大。由实验所得出的继电器动作电流 I_{set} 与制动电流 I_{res} 的关系，即 $I_{\mathrm{set}} = f(I_{\mathrm{res}})$，称为制动特性曲线，如图 6 - 17（a）中的曲线 1 所示。

当制动电流比较小时，铁芯中磁通还没有饱和，因此动作电流变化不大，制动特性曲线的起始部分比较平缓；而当制动电流很大时，铁芯出现严重饱和，继电器的动作电流迅速增

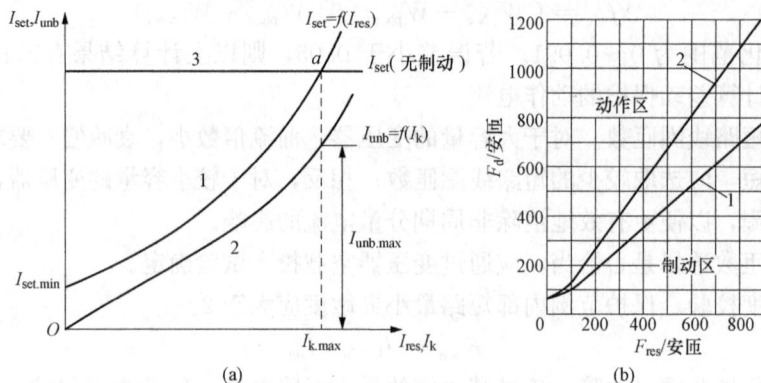

图 6-17　BCH-1 型差动继电器的制动特性曲线

（a）动作电流与制动电流的特性；（b）安匝制动特性曲线

加，制动曲线上翘。从原点作制动曲线的切线，此切线与横轴间的夹角为 α，则 $\tan\alpha = K_{res}$ $= I_{set.r}/I_{res.r}$，称为继电器的制动系数。为保证继电器可靠动作，取 $K_{res} = 0.5 \sim 0.6$。K_{res} 不是常数，它与 α 有关，图 6-17（b）中曲线 1 为 $\alpha = 90°$（或 270°）时的最小制动特性曲线，曲线 2 为 $\alpha = 0$（或 180°）时的最大制动特性曲线。

3. 具有制动特性的差动继电器的整定

不平衡电流 I_{unb} 随外部短路电流 I_k（折算到二次侧）的增大而增大，且图 6-17（a）中继电器的制动特性曲线考虑到电流互感器 TA 饱和的影响，I_{unb} 与 I_k 之间的关系如图 6-17（a）中曲线 2 所示。设外部最大短路电流（归算到二次侧）为 $I_{k.max}$，则可对应求出最大不平衡电流 $I_{unb.max}$。如果采用无制动特性的差动继电器，则动作电流按外部短路时的最大不平衡电流整定，则差动继电器的动作定值 I_{set} 是一个常数，如图 6-17（a）中的水平直线 3 所示。

如果采用具有制动特性的差动继电器，应该选择当制动电流 $I_{res.max} = I_{k.max}$ 时，使继电器的动作定值为 $K_{rel}I_{unb.max}$，即使继电器的制动特性曲线通过 a 点。只要选择一条适当的制动特性曲线，使它通过 a 点的同时保证位于曲线 2 的上面，即如图 6-17（a）所示的曲线 1，则在任何大小的外部短路电流作用下继电器的实际动作定值均大于相应的不平衡电流，继电器都不会误动作。

由此可见，BCH-1 型差动继电器的动作电流是随着制动电流的不同而改变的。而制动电流是变压器纵联差动保护中一侧的电流。在外部故障情况下，该电流实际上就是穿越变压器的电流。将差流与穿越性故障电流相比较，在外部故障时，差流仅仅是不平衡电流，明显小于变压器的穿越性电流；而在内部故障时，差流等于流向故障点的总的短路电流。这种利用穿越电流实现制动使保护的动作电流随着短路电流的增大成比例的增大的变压器纵联差动保护，称为比率制动的差动保护。

4. 具有制动特性的差动继电器的动作分析

（1）变压器外部故障时，制动线圈 W_{zh} 中的电流 I_{res} 即为短路电流 I_2，I_{set} 与 I_{res} 的关系如图 6-18 中的曲线 1 所示。由于不平衡电流曲线（未示出）在曲线 1 之下，而差动线圈 W_{cd} 中无电流，因此继电器不会动作。

（2）当单侧电源变压器内部故障，如图 6-19 B 侧无电源时，制动线圈 W_{zh} 中无电流，差动线圈 W_{cd} 中为 A 侧电源供给的短路电流（变换到二次侧的数值）。由于 $I=0$，因此继电器的动作定值为 $I_{set.min}$，如图 6-18 中曲线 2 所示。

（3）当变压器内部故障，A 侧无电源时，制动线圈 W_{zh} 中流过的电流与差动线圈 W_{cd} 中的相同，即 $I_{set}=I_{res}$，为继电器最不利的工作情况，关系曲线如图 6-18 中的直线 4 所示，它与横轴夹角为 45°，与制动特性曲线 1 交于 c 点。同上分析，继电器的实际动作定值为 $I_{set.min.2}$，并在 c 点以上时继电器均能动作。

（4）变压器内部故障，如果 A、B 两侧供给的短路电流相等，制动线圈 W_{cd} 中的电流为差动线圈 W_{cd} 中电流的一半，即 $I_{set}=2I_{res}$，此关系如图 6-18 中的直线 3 所示。它与制动特性曲线 1 交于 b 点，此交点就是继电器实际需要的动作电流定值 $I_{set.min.1}$。在 b 点以后，虽然动作电流随着制动电流的增加而增加，但由于差动线圈 W_{cd} 的电流关系曲线（直线 3）始终位于制动特性曲线 1 之上，因此继电器均能动作，并且有较好的灵敏度。

由以上三种内部短路的典型情况的分析可见，在各种可能的运行方式下，当变压器发生内部故障时，这种继电器的动作电流定值均在 $I_{set.min}\sim I_{set.min.2}$ 变化。由于制动特性曲线的起始部分变化平缓，因此 $I_{set.min}$、$I_{set.min.1}$、$I_{set.min.2}$ 的数值实际相差不大，但却比无制动差继电器的动作电流定值（图 6-18 中的直线 2）小得多，故它比无制动差继电器的灵敏度数值高。

5．制动差动保护的原理接线

带有制动线圈的变压器差动保护原理接线如图 6-19 所示。以变压器的电源侧为基本侧，负荷侧为非基本侧。非基本侧接有平衡线圈和制动线圈。当保护范围外部故障时，在制动线圈中流有短路电流，使铁芯饱和，增大了继电器的动作安匝。当制动线圈匝数足够多时，使外部故障时最大不平衡安匝小于相应的动作安匝，外部故障时继电器不动。内部故障时，若 B 侧无电源，制动线圈中没有短路电流，不起制动作用，继电器的动作安匝仍为 60 安匝。因此，继电器的动作电流不再按躲开外部短路时的最大不平衡电流这一条件进行整定。

制动线圈的安装位置如下：

（1）对单侧电源的双绕组变压器，制动线圈应接于负荷侧，外部故障有制动作用，内部故障没有制动作用。

（2）对于单侧电源的三绕组变压器，制动线圈应接于流过变压器最大穿越性短路电流的负荷侧。

（3）对于双侧电源的三绕组变压器，制动线圈一般接于无电源侧。

（4）对于双侧电源的双绕组变压器，制动线圈应接于大电源侧。当仅有小电源供电时，能保证保护装置的灵敏度。

6．BCH-1 型差动保护的整定计算

（1）确定变压器的基本侧。与用 BCH-2 型差动继电器时相同。

（2）计算差动保护的动作电流。

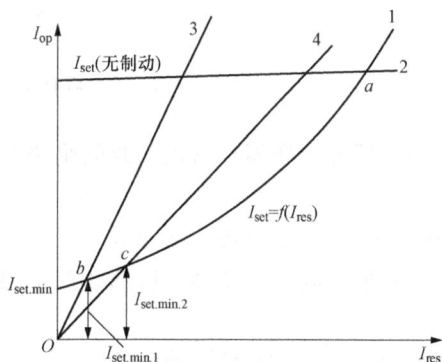

图 6-18　BCH-1 型差动继电器动作分析

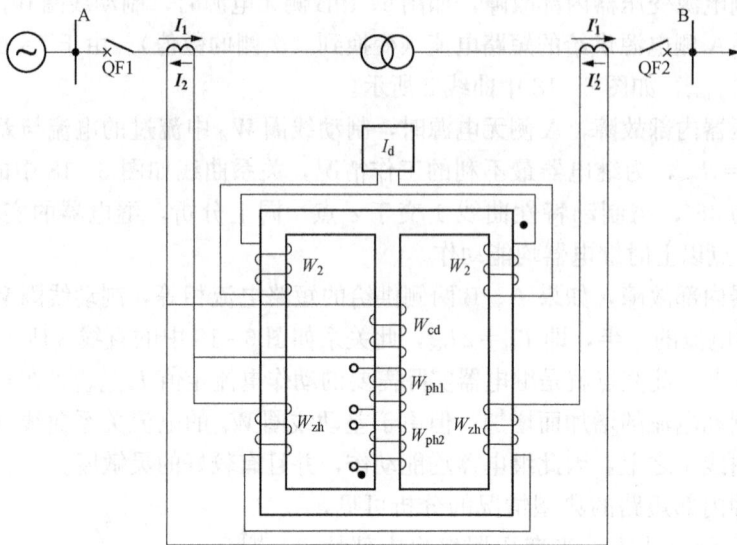

图 6 - 19　带有制动线圈的变压器差动保护原理接线

1）躲开变压器空载投入时的励磁涌流为

$$I_{\text{set. b}} = K_{\text{rel}} I_{\text{N. T}} \tag{6 - 30}$$

式中：K_{rel} 为可靠系数，取 1.5。

2）躲开电流互感器二次断线产生的不平衡电流（240MVA 及以上容量变压器除外）为

$$I_{\text{set}} = K_{\text{rel}} I_{\text{L. max}} \tag{6 - 31}$$

式中：K_{rel} 为可靠系数，取 1.3；$I_{\text{L. max}}$ 为变压器最大负荷电流，在变压器最大负荷电流不能确定的情况下，用变压器额定电流 $I_{\text{e. T}}$。

3）躲开未装制动线圈侧外部短路时的不平衡电流为

$$I_{\text{set. b}} = K_{\text{rel}} I_{\text{unb}} \tag{6 - 32}$$

式中：K_{rel} 为可靠系数，取 1.3。

取以上三条件计算结果中的最大值作为变压器差动保护一次动作电流。

（3）计算差动线圈匝数。与用 BCH - 2 型差动继电器时相同。

（4）计算平衡线圈匝数。与用 BCH - 2 型差动继电器时相同。

（5）校验平衡线圈圆整误差。与用 BCH - 2 型差动继电器时相同。

（6）计算制动线圈匝数 W_{zh}。

已知：制动线圈的安装位置，厂家给出的 BCH - 1 型差动继电器安匝制动曲线（一般最小安匝制动曲线 1 的斜率 $\tan\alpha_1 = 0.9$，最大安匝制动曲线 2 的斜率约为 $\tan\alpha_2 = 1.4$）及差动线圈的整定匝数。

外部短路差回路通以最大不平衡安匝数时，以保证继电器不动来确定制动线圈的匝数。

$$K_{\text{rel}} \frac{I_{\text{unb. max}}}{n_{\text{TA}}} K_{\text{con}} W_{\text{cd. set}} = \frac{I_{\text{k. max}}}{n_{\text{TA}}} K_{\text{con}} W_{\text{zh. c}} \tan\alpha_1$$

$$K_{\text{rel}} I_{\text{unb. max}} W_{\text{cd}} = I_{\text{k. max}} W_{\text{zh. c}} \tan\alpha_1 \tag{6 - 33}$$

式中：K_{rel} 为可靠系数，取 1.3；$\tan\alpha_1$ 为最小安匝制动曲线的斜率，取 0.9；$I_{\text{unb. max}}$ 为最大不平衡电流，其值为 $(K_{\text{err}} + \Delta U + \Delta f_{\text{ph}}) I_{\text{k. max}}$，其中 K_{err} 为电流互感器 10% 误差，ΔU 为变压

器调压分接头引起的误差，Δf_{ph} 为平衡线圈的圆整误差；$W_{zh.c}$ 为制动线圈的计算值，其值为 $\dfrac{K_{rel}(K_{TA}+\Delta U+\Delta f_{ph})}{\tan\alpha_1}W_{cd.c}$。

对于双绕组变压器，制动线圈计算匝数为

$$W_{zh.c}=\frac{1.3\times(0.1+0.05+0.05)}{0.9}W_{cd.set}\approx 0.29W_{cd.set}$$

制动线圈要保证外部短路时可靠制动，其实际匝数应向上圆整。

（7）灵敏度校验。首先求出保护范围内校验点短路时流过制动线圈的电流及制动安匝。依据 BCH-1 型差动继电器最大安匝制动曲线 2 求出继电器的动作安匝，其值可近似为

$$(AW)_{set}=\tan\alpha_2(AW)_{zh} \tag{6-34}$$

式中：$\tan\alpha_2$ 为最大安匝制动曲线 2 的斜率，可取 1.4。

当计算出的动作安匝小于 60 安匝时，取 60 安匝。差动保护的灵敏度为

$$K_{sen}=\frac{I_{k.r.min}W_{cd.set}}{(AW)_{set}}\geqslant 2 \quad (6-35)$$

【例 6-1】 对一台容量为 40.5MVA 三相三绕组降压变压器进行差动保护整定计算。变压器的接线及各侧的短路电流如图 6-20 所示。电压为 $110\times(1\pm2\times2.5\%)$ kV/38.5×$(1\pm2\times2.5\%)$kV/11kV，接线方式为 Y，d11，d11，变压器的额定电流为 213A/608A/2130A。图 6-20 中标出的短路电流均为归算到 110kV 侧的三相短路电流，括号内的数字为最小三相短路电流。k1 点单相接地时，$I_k^{(1)}=2.2$kA。

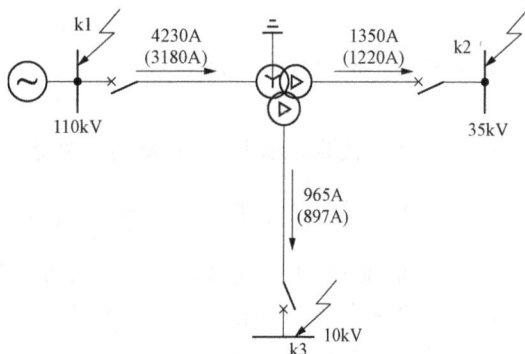

图 6-20 三相三绕组变压器接线及各侧的短路电流

解 首先采用 BCH-2 型差动继电器。

（1）确定基本侧。由表 6-4 可以看出，110kV 电压级为基本侧。

表 6-4 基本侧参考数据及差回路电流计算

数值名称	高压侧	中压侧	低压侧
额定电压/kV	110	38.5	11
额定电流/A	213	608	2130
电流互感器接线	Δ	Y	Y
电流互感器计算电流比 $n_{TA.c}$	$(213/5)\times\sqrt{3}$	608/5	2130/5
电流互感器实际电流比 $n_{TA.pr}$	400/5	750/5	3000/5
流入差回路中的电流/A	$\dfrac{213}{400/5}\times\sqrt{3}\approx4.61$	$\dfrac{608}{750/5}\approx4.05$	$\dfrac{2130}{3000/5}\approx3.55$
不平衡电流/A	0	4.61-4.05=0.56	4.61-3.55=1.06

（2）差动保护的一次动作电流确定如下。

1）躲励磁涌流及电流互感器的二次断线时，有

$$I_{set.b}=K_{rel}I_{N.T}=1.3\times213=276.9(\text{A})$$

2）躲 k2 点（外部）短路时的最大不平衡电流为

$$I_{\text{set.b}} = K_{\text{rel}} I_{\text{unb.max}} = K_{\text{rel}}(I_{\text{unb.TA}} + I_{\text{unb.}\Delta u} + I_{\text{unb.ph}}) I_{\text{unb.max}}$$
$$= 1.3 \times (0.1 + 0.05 + 0.05 + 0.05) \times 1350 = 438.75(\text{A})$$

从以上计算可知，以躲外部短路最大不平衡电流为计算条件，差动保护的动作电流取为

$$I_{\text{set.b}} = 438.75 \text{ (A)}$$

（3）计算差动线圈匝数及实际动作电流为

$$I_{\text{set.r.b.c}} = K_{\text{con}} I_{\text{set.b}}/n_{\text{TA}} = \frac{438.75 \times \sqrt{3}}{400/5} \approx 9.5(\text{A})$$

$$W_{\text{cd.c}} = \frac{(\text{AW})_{\text{set}}}{I_{\text{set.r.b.c}}} = \frac{60 \text{ 安匝}}{I_{\text{set.r.b.c}}} = \frac{60}{9.5} \approx 6.3 \text{ (匝)}$$

差动线圈的实际匝数应向小圆整，取

$$W_{\text{cd.set}} = 6 \text{ (匝)}$$

继电器的实际动作电流为

$$I_{\text{set.r.b.pr}} = 60/6 = 10(\text{A})$$

（4）灵敏度校验。以 k2 点短路为计算条件为

$$K_{\text{sen}} = I_{\text{k.min}}/ I_{\text{set}} = \frac{I_{\text{k.min}}}{n_{\text{TA}} I_{\text{set.r}}} K_{\text{con}} = \frac{897 \times \sqrt{3}}{80 \times 10} \approx 1.68 < 2 \quad (\text{不合格})$$

下面采用 BCH-1 型差动继电器，制动线圈放在 35kV 侧。

（1）确定基本侧。同 BCH-2 型差动继电器，以 110kV 为基本侧。

（2）计算差动保护的启动电流。

①躲励磁涌流为

$$I_{\text{set.b}} = K_{\text{rel}} I_{\text{N.T}} = 1.5 \times 213 = 319.5(\text{A})$$

②躲开 k2 点（外部）短路时的最大短路电流产生的不平衡电流为

$$I_{\text{set.b}} = K_{\text{rel}} I_{\text{unb.max}} = K_{\text{rel}}(I_{\text{unb.TA}} + I_{\text{unb.}\Delta u} + I_{\text{unb.ph}})$$
$$= 1.3 \times (0.1 + 0.05 + 0.05) \times 965 \approx 250.9 \text{ (A)}$$

（3）计算差动线圈匝数及实际动作电流为

$$I_{\text{set.r.b.c}} = K_{\text{con}} I_{\text{set.b}}/n_{\text{TA}} = \frac{320 \times \sqrt{3}}{400/5} \approx 6.93 \text{ (A)}$$

$$W_{\text{cd.c}} = \frac{(\text{AW})_{\text{dz}}}{I_{\text{set.r.b.c}}} = \frac{60 \text{ 安匝}}{I_{\text{set.r.b.c}}} = \frac{60}{6.93} \approx 8.66 \text{ (匝)}$$

差动线圈实际匝数向下圆整，整定匝数取为 8 匝。实际动作电流为

$$I_{\text{set.r.b.pr}} = 60/8 = 7.5 \text{ (A)}$$

（4）计算非基本侧平衡线圈的匝数。

1）35kV 侧平衡线圈匝数的计算，有

$$W_{\text{ph.35.c}} = \frac{I_{\text{2.b}} - I_{\text{2.nb.35}}}{I_{\text{2.nb.35}}} W_{\text{cd.set}} = \frac{4.61 - 4.05}{4.05} \times 8 \approx 1.1(\text{匝})$$

按四舍五入圆整，35kV 侧平衡线圈匝数为 1 匝。

2）10kV 侧平衡线圈匝数的计算，有

$$W_{\text{ph.10.c}} = \frac{I_{\text{2.b}} - I_{\text{2.nb.10}}}{I_{\text{2.nb.10}}} W_{\text{cd.set}} = \frac{4.61 - 3.55}{3.55} \times 8 \approx 2.39(\text{匝})$$

取 10kV 侧平衡线圈匝数为 2 匝。

（5）平衡线圈的圆整误差为

$$\Delta f_{\mathrm{ph.35}} = (W_{\mathrm{ph.c}} - W_{\mathrm{ph.pr}})/(W_{\mathrm{ph.c}} + W_{\mathrm{cd.set}})$$
$$= (1.1 - 1)/(1.1 + 8)$$
$$\approx 0.012 < 0.05$$
$$\Delta f_{\mathrm{ph.10}} = (W_{\mathrm{ph.c}} - W_{\mathrm{ph.pr}})/(W_{\mathrm{ph.c}} + W_{\mathrm{cd.set}})$$
$$= (2.36 - 2)/(2.36 + 8)$$
$$\approx 0.035 < 0.05$$

（6）计算制动线圈匝数为

$$W_{\mathrm{zh.c}} = \frac{K_{\mathrm{rel}}(K_{\mathrm{err}} + \Delta U + \Delta f_{\mathrm{ph}})}{\tan\alpha_1}W_{\mathrm{cd.set}}$$

$$= \frac{1.3 \times (0.1 + 0.05 + 0.05 + 0.009)}{0.9} \times 8$$

$$\approx 2.41\,（匝）$$

制动线圈的实际匝数应向上圆整，取 $W_{\mathrm{zh.pr}} = 3$ 匝。

（7）灵敏度校验。在校验点（10kV 母线）短路时，流过制动线圈的电流为负荷电流，制动安匝为

$$(AW)_{\mathrm{zh}} = I_{\mathrm{N.T.35.r}}W_{\mathrm{zh.pr}} = 4.05 \times 3 = 12.15\,（安匝）$$

查 BCH-1 型继电器最大安匝制动曲线 2 或计算相应的动作安匝为

$$(AW)_{\mathrm{set}} = (AW)_{\mathrm{zh}}\tan\alpha_2 = 12.15 \times 1.4 \approx 17\,安匝 < 60\,安匝$$

继电器的动作安匝取为 60 安匝。

$$K_{\mathrm{sen}} = \frac{I_{\mathrm{k.r.min}}W_{\mathrm{cd.set}}}{(AW)_{\mathrm{set}}} = \frac{I_{\mathrm{k.min}}K_{\mathrm{con}}W_{\mathrm{cd.set}}}{n_{\mathrm{TA}}(AW)_{\mathrm{set}}}$$

$$= \frac{897 \times \sqrt{3} \times 8 \times \sqrt{3}/2}{(400/5) \times 60} = 2.24 > 2\,（合格）$$

单相接地短路灵敏度校验，有

$$K_{\mathrm{sen}}^{(1)} = \frac{I_{\mathrm{k}}^{(1)}W_{\mathrm{cd.set}}}{n_{\mathrm{TA}} \times 60} = \frac{2200 \times 8}{(400/5) \times 60} = 3.7 > 2\,（合格）$$

（8）采用 BCH-1 型差动继电器作为变压器差动保护的单相接线如图 6-21 所示。

六、二次谐波制动的差动保护

变压器的励磁涌流中含有占基波 30%～70% 的二次谐波分量，利用二次谐波制动躲过励磁涌流，利用制动线圈躲开外部故障时的最大不平衡电流。具有二次谐波制动的变压器差动保护原理接线如图 6-22 所示，它由外部故障制动回路、二次谐波制动回路、差动回路和执行回路组成。

外部故障制动回路由电抗变换器 TX1、整流滤波回路 BZ_1、C_1、R_1 组成。电抗变换器 TX1 中的一次线圈有很大的循环电流，它使二次线圈感应较大电压并实现制动；同时差回路电流很小，保护不会动作。在保护范围内部故障时，变压器有一侧电流要改变方向或消失。电抗变换器 TX1 一次线圈两部分绕组中电流方向相反或有一部分为零。TX1 的二次线圈感应电动势变小，制动作用消失或减小。差动回路电流增大，TX3 的二次侧感应电压升高，差动保护可靠动作。

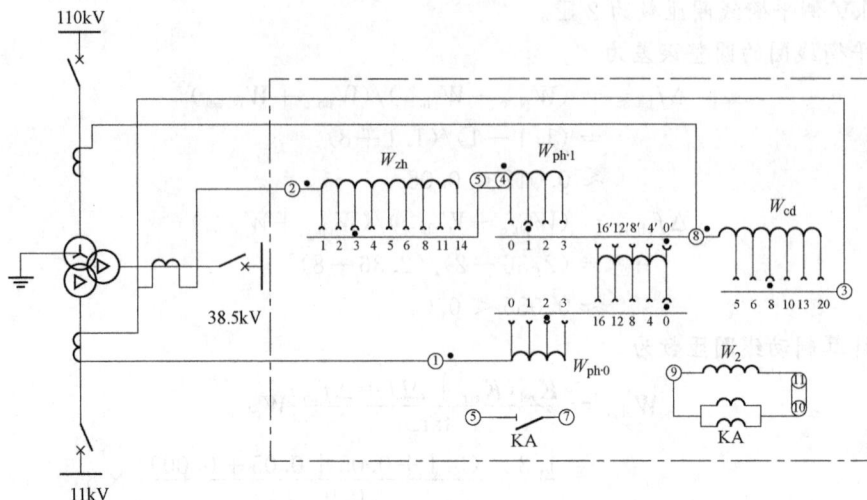

图 6-21　BCH-1型差动继电器构成的三绕组变压器差动保护单相接线

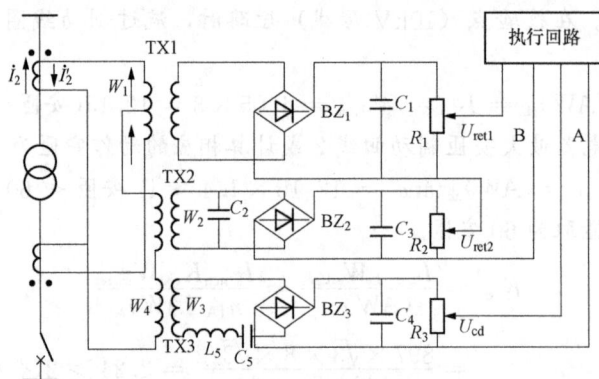

图 6-22　具有二次谐波制动的变压器差动保护原理接线

二次谐波制动回路由电抗变换器 TX2、电容 C_2、整流桥 BZ_2、滤波电容 C_3 及电位器 R_2 组成。电抗变换器 TX2 的一次线圈接在差回路中，其二次线圈与 C_2 组成二次谐波串联谐振回路，用以提高输出电压，增大二次谐波的制动能力。二次谐波制动作用可借助电位器 R_2 调节。

差动回路由电抗变换器 TX3、整流桥 BZ_3、滤波电容 C_4 及对 50 周波串联谐振回路 L_5、C_5 及电位器 R_3 组成。谐振回路对基波分量电压有较大的输出，对不平衡电流中的非周期分量和高次谐波有较强的抑制能力。调节电位器 R_3 的位置可以调节继电器的启动电流。

执行回路是一个幅值比较的执行回路。当 A＞B 时，继电器动作。执行元件可以是二极管环形比较回路，也可由零指示器构成。

调节电位器 R_1、R_2 的位置，使在保护范围外部故障及变压器空载投入时可靠不动；调节电位器 R_3 的位置，使在保护范围内部故障时可靠动作。

第五节　变压器相间短路的电流和电压保护

反应相间短路电流增大而动作的过电流保护作为变压器的后备保护。为满足灵敏度要求，可装设过电流保护、低电压启动的过电流保护、复合电压启动的过电流保护、负序过电流保护，甚至阻抗保护。

一、变压器相间短路的过电流保护

简单过电流保护装置的启动电流按躲开变压器可能出现的最大负荷电流进行整定，具体问题应做如下考虑：

（1）对并列运行的变压器，应考虑切除一台变压器时所出现的过负荷。当各台变压器的容量相同时，可按式（6-36）计算

$$I_{set} = \frac{K_{rel}}{K_{re}} \frac{n}{n-1} I_{N.T} \tag{6-36}$$

式中：n 为并列运行变压器台数。

（2）对降压变压器应考虑电动机的自启动电流。过电流保护的动作电流为

$$I_{set} = \frac{K_{rel} K_{ss}}{K_{re}} I_{N.T} \tag{6-37}$$

式中：K_{rel} 为可靠系数，一般取 $1.2 \sim 1.3$；K_{re} 为返回系数，取 0.85；K_{ss} 为自启动系数，取 $1.5 \sim 2.5$。

保护装置的灵敏度校验为

$$K_{sen} = \frac{I_{k.min}}{I_{set}} \tag{6-38}$$

过电流保护作为变压器的近后备保护，灵敏系数要求大于 1.5；远后备保护的灵敏系数大于 1.2。

保护的动作时间比出线的第Ⅲ段保护动作时限长一个时限阶段。

过电流保护装置应装于变压器的电源侧，采用完全星形接线，其单相原理接线如图 6-23 所示。保护动作后，跳开变压器两侧断路器。

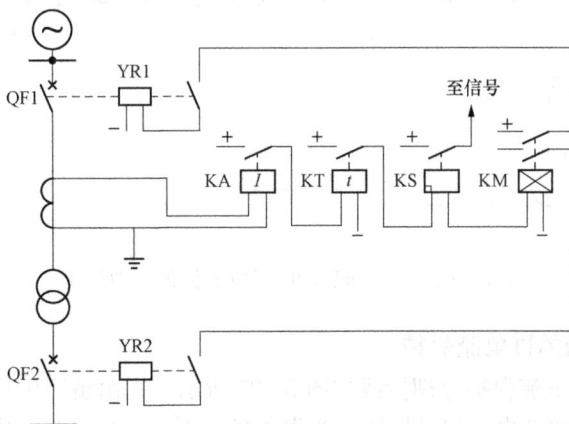

图 6-23　变压器过电流保护单相原理接线

二、低电压启动的过电流保护

当过电流保护不能满足灵敏度要求时，可采用低电压启动的过电流保护。只有电压测量元件和电流测量元件同时动作后才能启动时间继电器，经预定的延时发出跳闸脉冲。低电压测量元件的作用是保证外部故障切除后电动机自启动时不动作，因此电流元件的启动电流按躲开变压器的额定电流整定，不再考虑自启动系数。

$$I_{set} = \frac{K_{rel}}{K_{re}} I_{N.T} \tag{6-39}$$

低电压元件的启动值应小于在正常运行情况下母线可能出现的最低工作电压。同时，在外部故障切除后电动机自启动过程中，保护必须返回。根据运行经验，低电压继电器的动作电压为

$$U_{set} = 0.7 \, U_{N.T} \tag{6-40}$$

式中：$U_{N.T}$ 为变压器的额定电压。

电压元件的灵敏度为

$$K_{sen} = \frac{U_{set}}{U_{k.max}} > 1.2 \tag{6-41}$$

式中：$U_{k.max}$ 为在最大运行方式下，相邻元件末端三相金属性短路时，保护安装处的最大线电压。

对于升压变压器，如果低电压继电器只接在一侧电压互感器，当另一侧短路时，往往灵敏度不够，此时可将两套低电压元件分别接在变压器两侧的电压互感器上，两组电压继电器的触点并联。为防止电压互感器二次断线低电压继电器误动，应加装电压互感器断线监视装置，以便于继电器发出断线信号。

低电压启动的过电流保护原理接线如图 6-24 所示。

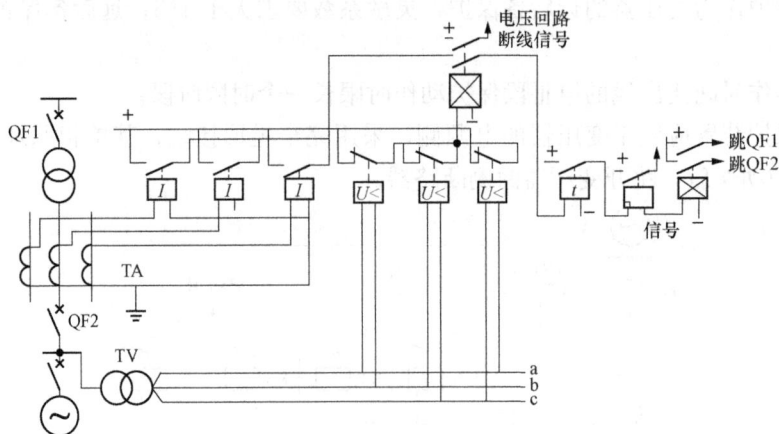

图 6-24　低电压启动的过电流保护原理接线

三、复合电压启动的过电流保护

复合电压启动的过电流保护原理接线如图 6-25 所示，它由负序电压滤过器、过电压继电器及低电压继电器组成复合电压启动回路。当发生各种不对称短路时，出现负序电压，过电压继电器动作，其动断触点断开低电压继电器的电压线圈回路，使加于低电压继电器线圈上的电压变为零，低电压继电器动作，低压闭锁开放。若电流继电器也动作，则启动时间继电器，经

预定延时发出跳闸脉冲。负序过电压继电器整定值较低，不对称短路时灵敏度较高。

当发生三相短路时，也会短时出现负序电压。负序电压使继电器动作，启动低电压继电器。低电压继电器触点闭合启动中间继电器，闭锁开放。由于低电压继电器返回电压较高，三相短路后，若母线电压低于低电压继电器的返回电压，则低电压继电器不会返回。由此可见，复合电压启动的过电流保护在不对称短路时低电压继电器闭锁灵敏度高；而在三相对称短路时，将其灵敏度提高一个低电压继电器的返回系数，一般为 1.15～1.2 倍。

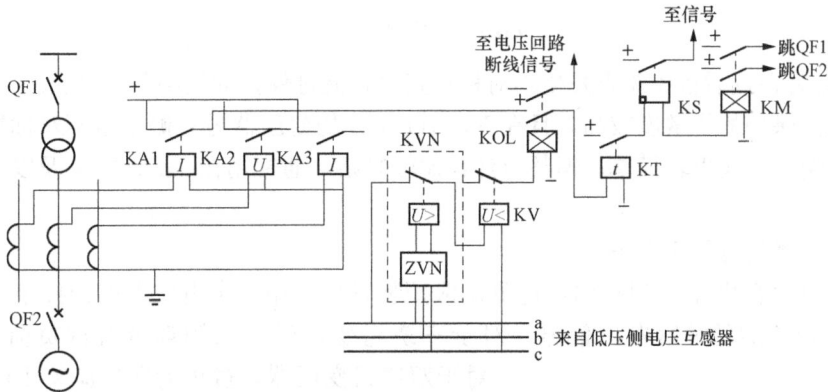

图 6-25 复合电压启动的过电流保护原理接线

复合电压启动的过电流保护的电流元件和低电压元件的整定同低压闭锁过电流保护。负序电压继电器的动作电压根据运行经验为

$$U_{set} = (0.06 \sim 0.12) U_{N.T} \tag{6-42}$$

灵敏度校验与上述两种过电流保护相同。当采用低电压启动的过电流保护，电压元件不满足灵敏度要求时，采用复合电压启动的过电流保护。这种保护方式灵敏度高，接线简单，因此应用比较广泛。

四、负序过电流保护

对于大型发电机-变压器组，其额定电流大，电流元件往往不能满足远后备灵敏度的要求，可采用负序电流保护。其原理接线如图 6-26 所示。它由反应对称短路的低电压启动的过电流保护和反应不对称短路的负序电流保护组成。

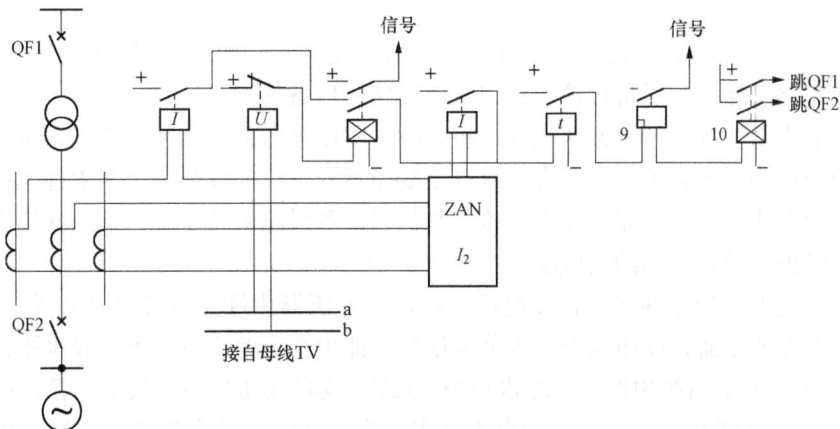

图 6-26 变压器负序过电流保护原理接线

负序电流继电器的一次动作电流按以下条件选择：

（1）躲开变压器正常运行时负序电流滤过器出口的最大不平衡电流，其值为

$$I_{set} = (0.1 \sim 0.2)I_{N.T} \tag{6-43}$$

（2）躲开线路一相断线时引起的负序电流。

（3）与相邻元件负序过电流保护在灵敏度上相配合。

灵敏度校验为

$$K_{sen} = \frac{I_{k.2.min}}{I_{2.set}} \geqslant 2 \tag{6-44}$$

式中：$I_{k.2.min}$为在远后备校验点发生不对称短路时，流过保护的最小负序电流。

负序电流保护的灵敏度较高，且在 Y，d11 接线的变压器另一侧发生不对称短路时，灵敏度不受影响。接线也较简单，但整定计算比较复杂，通常用在 31.5MVA 及以上的升压变压器。

五、变压器的过负荷保护

变压器过负荷电流三相对称，过负荷保护装置只采用一个电流继电器接于一相电流回路中，经过较长的延时后发出信号。对于三绕组变压器，三侧都装有过负荷启动元件，

对于双绕组变压器，过负荷保护应装于电源侧。其原理接线如图 6-27 所示。

过负荷保护的动作电流按躲过变压器的额定电流进行整定，有

$$I_{set} = \frac{K_{rel}}{K_{re}} I_{N.T} \tag{6-45}$$

式中：K_{rel}为可靠系数，取 1.05；K_{re}为继电器的返回系数，取 0.85；$I_{N.T}$为保护安装侧变压器的额定电流。

过负荷保护的延时应比变压器过电流保护时限长一个时限阶段，一般取 10s。

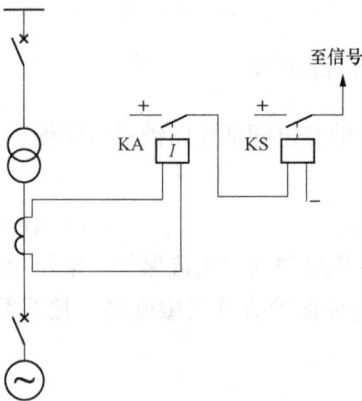

图 6-27　变压器的过负荷保护原理接线

第六节　变压器的零序电流保护

对 110kV 以上中性点直接接地系统中的电力变压器，一般应装设零序电流（接地）保护，作为变压器主保护的后备保护和相邻元件短路的后备保护。

大接地电流系统发生单相或两相接地短路时，零序电流的分布和大小与系统中变压器中性点接地的台数和位置有关。对于有两台以上变压器的，可使部分变压器中性点接地，以保证在各种运行方式下，变压器中性点接地的数目和位置尽量维持不变，从而保证零序电流保护有稳定的保护范围和足够的灵敏度。

110kV 以上变压器中性点是否接地运行，还与变压器中性点绝缘水平有关。220 kV 及以上的大型电力变压器，高压绕组均为分级绝缘，即中性点绝缘有两种绝缘水平：一种绝缘水平很低，如 500kV 系统中性点绝缘水平为 38kV，这种变压器只能接地运行。另一种有较高的绝缘水平，如 220kV 变压器中性点绝缘水平为 110kV，可直接接地运行，也可在电力

系统不失去接地点的情况下不接地运行。我国 220kV 系统中广泛采用这种中性点有较高绝缘水平的分级绝缘变压器。

一、变电站单台变压器的零序电流保护

零序电流保护装于变压器中性点接地引出线的电流互感器上，其原理接线如图 6 - 28 所示。零序电流保护动作后切除变压器两侧的断路器。

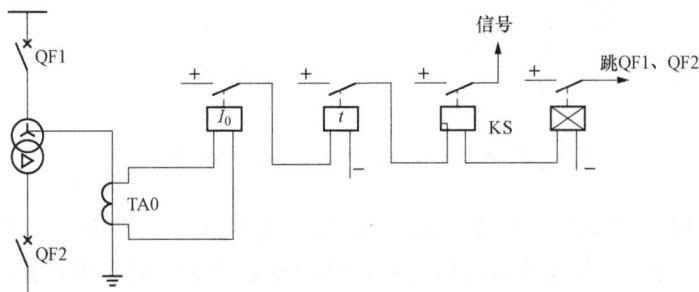

图 6 - 28　变压器零序电流保护原理接线

零序电流保护的整定计算：动作电流按与被保护侧母线引出线零序保护后备段在灵敏度上相配合的条件进行整定，即

$$I_{0.\,\mathrm{set}} = K_\infty K_\mathrm{b} I'''_{0.\,\mathrm{set}} \tag{6-46}$$

式中：K_∞ 为配合系数，取 $1.1 \sim 1.2$；K_b 为零序电流分支系数，其值为远后备范围内故障时，流过本保护与流过出线零序保护零序电流之比；$I'''_{0.\,\mathrm{set}}$ 为出线零序电流保护第Ⅲ段的动作电流。

灵敏度校验为

$$K_\mathrm{sen} = \frac{3I_{\mathrm{k}.0}}{I_{0.\,\mathrm{set}}} > 1.2 \tag{6-47}$$

式中：$I_{\mathrm{k}.0}$ 为下一段出线末端接地故障时流过变压器零序保护的最小零序电流。

动作时限为

$$t_0 = t'''_0 + \Delta t \tag{6-48}$$

式中：t'''_0 为出线零序保护第Ⅲ段动作时限。

二、变电站多台变压器的零序电流保护

当变电站有多台变压器并列运行时，只允许一部分变压器中性点接地。中性点接地的变压器可装设零序电流保护，而不接地运行的变压器不能投入零序电流保护。当发生接地故障时，变压器接地保护不能辨认接地故障发生在哪一台变压器。若接地故障发生在不接地的变压器，接地保护动作，切除接地的变压器后，接地故障并未消除，且变成中性点不接地系统在接地点会产生较大的电弧电流，使系统过电压。同时，系统零序电压加大，不接地的变压器中性点电压升高，特别是对分级绝缘的变压器，其中性点绝缘水平比较低，其零序过电压可能使变压器中性点绝缘损坏。为此，变压器的零序保护动作时，首先应切除非接地的变压器，若故障依然存在，经一个时限阶段 Δt 后，再切除接地变压器。其原理接线如图 6 - 29 所示。

每台变压器都装有同样的零序电流保护，它由电流元件和电压元件两部分组成。正常时零序电流及零序电压很小，零序电流继电器及零序电压继电器皆不动作，不会发出跳闸脉

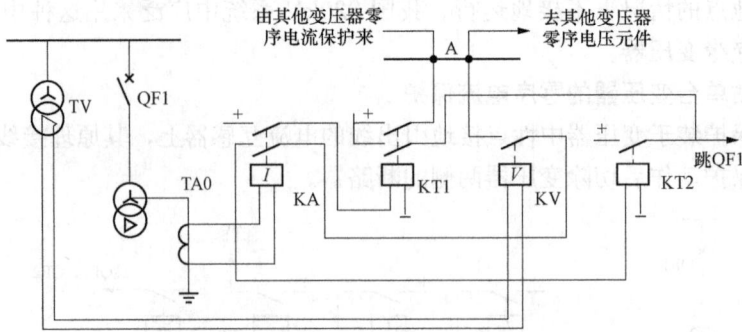

图 6-29 部分变压器中性点接地运行的零序保护

冲。发生接地故障时，出现零序电流及零序电压，当它们大于启动值后，零序电流继电器及零序电压继电器皆动作。电流继电器启动后，动合触点闭合，启动时间继电器 KT1。时间继电器的瞬动触点闭合，给小母线 A 接通正电源，将正电源送至中性点不接地变压器的零序电流保护。不接地的变压器零序电流保护的零序电流继电器不会动作，动断触点闭合。小母线 A 的正电源经零序电压继电器的动合触点、零序电流继电器的动断触点启动有较短延时的时间继电器 KT2 经较短时限首先切除中性点不接地的变压器。若接地故障消失，零序电流消失，则接地变压器的零序电流保护的零序电流继电器返回，保护复归；若接地故障没有消失，接地点在接地变压器处，零序电流继电器不返回，时间继电器 KT1 一直在启动状态，经过较长的延时，KT1 跳开中性点接地的变压器。

零序电流保护的整定计算如下。

动作电流为

（1）与被保护侧母线引出线零序电流第Ⅲ段保护在灵敏度上相配合，所以

$$I_{0.\text{set}} = K_{\text{rel}} K_{\text{b}} I'''_{0.\text{set}} \tag{6-49}$$

（2）与中性点不接地变压器零序电压元件在灵敏度上相配合，以保证零序电压元件的灵敏度高于零序电流元件的灵敏度。

设零序电压元件的动作电压为 $U_{0.\text{set}}$，则

$$U_{0.\text{set}} = 3I_0 X_{0.\text{T}} \tag{6-50}$$

式中：I_0 为流过被保护变压器的零序电流；$X_{0.\text{T}}$ 为被保护变压器的零序电抗。

零序电流元件的动作电流为

$$I_{0.\text{set}} = K_\infty \frac{U_{0.\text{set}}}{X_{0.\text{T}}} \tag{6-51}$$

式中：K_∞ 为配合系数，取 1.1。

以上两条件计算结果中选其较大值作为动作电流。

动作电压整定：按躲开正常运行时的最大不平衡零序电压进行整定。根据经验，零序电压继电器的动作电压一般为 5V。当电压互感器的变比为 n_{TV} 时，电压继电器的一次动作电压为

$$U_{0.\text{set}} = 5n_{\text{TV}} \tag{6-52}$$

变压器零序电流保护作为后备保护，其动作时限应比线路零序电流保护第Ⅲ段动作时限长一个时限阶段。

$$t_{0.1} = t'''_0 + \Delta t$$
$$t_{0.2} = t_{0.2} + \Delta t \tag{6-53}$$

式中：t'''_0 为线路零序保护第Ⅲ段的动作时限；$t_{0.1}$ 为长延时 t_1 的动作时间；$t_{0.2}$ 为短延时 t_2 的动作时间。

灵敏度校验：按保证远后备灵敏度满足要求进行校验。

$$K_{\text{sen}} = \frac{3I_{\text{k.0.min}}}{I_{0.\text{set}}} \geqslant 1.5 \tag{6-54}$$

式中：$I_{\text{k.0.min}}$ 为出线末端接地故障时，流过保护安装处的最小零序电流。

思考题与习题

6-1　电力变压器可能发生的故障和不正常工作情况有哪些？应该装设哪些保护？

6-2　变压器差动保护产生不平衡电流的原因有哪些？与哪些因素有关？

6-3　为了提高差动保护的灵敏性并保证选择性，应采用哪些措施来减少不平衡电流及其对保护的影响？

6-4　何谓变压器的励磁涌流？励磁涌流是如何产生的？有什么特点？

6-5　在变压器差动保护中，为什么在正常运行和外部故障情况下，由励磁涌流产生的不平衡电流不采取措施？

6-6　变压器的差动保护在何种情况下采用 BCH-1 型差动继电器？为什么？

6-7　一台变压器如果采用 Y，d11 接线方式，那么在构成差动保护时，变压器两侧的电流互感器应采用怎样的接线方式才能补偿变压器两侧电流的相位差？使用相量图分析。

6-8　变压器差动保护中，BCH-1 型差动继电器从构造上、作用上与 BCH-2 型相比较有什么不同？

6-9　BCH-1 型和 BCH-2 型差动保护的主要区别在哪里？它们各有什么缺点？

6-10　什么是变压器差动继电器的制动特性曲线？为什么它位于不平衡电流的上方？

6-11　为什么有制动特性的差动保护其灵敏度比无制动特性的差动保护高？

6-12　变压器相间短路的后备保护有几种常用方式？试比较它们的优缺点。

6-13　如图 6-30 所示，单独运行的降压变压器中，采用 BCH-2 型纵联差动保护。已知变压器的参数为 20MVA，110（$1\pm2\times2.5\%$）/11kV，$U_k = 10.5\%$，变压器采用 Y，d11 接线，归算到平均电压 10.5kV 侧的系统最大电抗 $X_{\text{s.max}} = 0.44\Omega$，最小电抗 $X_{\text{s.min}} = 0.22\Omega$，11kV 侧的最大负荷为 900A。试确定动作电流 I_{set}、差动线圈 W_{cd}、平衡线圈 W_{ph} 的整定匝数和灵敏度 K_{sen}。

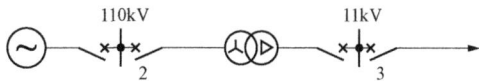

图 6-30　题 13 图

6-14　如图 6-31 所示，为一单电源三绕组变压器，已知：

（1）变压器的参数：容量 40.5/40.5/40.5MVA，Y，d11 接线，110（$1\pm2\times2.5\%$）/38.5（$1\pm2\times2.5\%$）/11kV。

（2）k1、k2、k3 点三相短路时，归算到 110 kV 侧的短路点的短路电流已在图 6-31 中标出（括号内的数值为最小运行方式下的短路电流）。

（3）当110kV侧发生单相接地短路时，流过故障点的最小短路电流为 $I_{k.min}=2200A$。

（4）变压器采用BCH-1型纵联差动保护。

试求BCH-1型纵联差动保护整定参数：动作电流、制动线圈、平衡线圈、差动线圈匝数及灵敏系数。

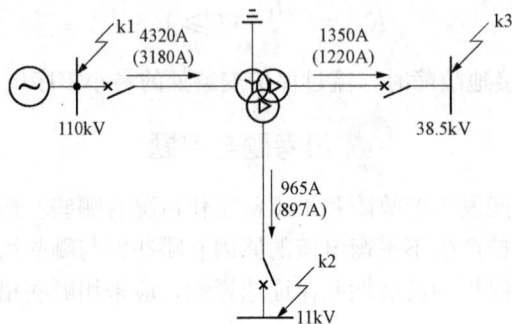

图6-31　题6-14图

第七章 母 线 保 护

第一节 母线故障与其保护方法

一、母线故障

变电站的母线是电力系统中的一个重要组成元件。当母线上发生故障时，将使连接在故障母线上的所有元件在修复故障母线期间，或转换到另一组无故障的母线上运行以前被迫停电。此外，在电力系统中枢纽变电站的母线上故障时，还可能引起系统稳定的破坏，造成严重的后果。

母线上发生的短路故障可能是各种类型的接地和相间短路故障。母线短路故障类型的比例与输电线路不同。在输电线路的短路故障中，单相接地故障约占故障总数的 80％ 以上；而在母线故障中，大部分故障是由绝缘子对地放电所引起的，母线故障开始阶段大多表现为单相接地故障，而随着短路电弧的移动，故障往往发展为两相或三相接地短路。

二、母线故障的保护方法

1. 利用相邻元件保护装置切除母线故障

由于母线故障概率较低，而实现母线保护需要将所有接于母线支路的保护的二次回路和跳闸回路聚集在一起，结构复杂，极容易由于一个元件的故障，尤其是人为的误碰、误操作使母线保护误动作，使大量电源和线路被切除，造成巨大损失。对于 35kV 及以下电压的母线，对保护快速性要求不太高时一般不采用专门的母线保护，可以利用母线上其他供电支路的保护装置以较小的延时切除母线故障。

（1）降压变电站一般低压侧的母线正常时分开运行。若变压器低压母线上发生故障，可以由相应变压器的过电流保护先跳开低压母线侧的断路器，实现切除低压母线故障的目的。图 7-1 中，QF5 处于断开状态，k 处母线发生故障时，由变压器 T1 的过电流保护动作使断路器 QF1 断开，切除与 QF1 连接的母线。

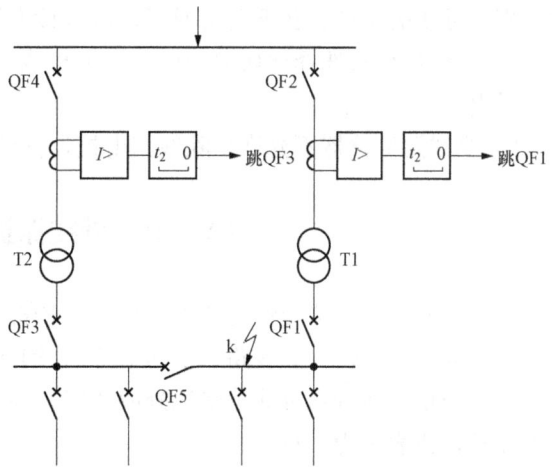

图 7-1 利用变压器过电流保护切除低压母线故障

（2）如图 7-2 所示的双侧电源网络（或环形网络），当变电站 B 母线上 k 点短路时，则可以由保护 1 和 4 的第Ⅱ段动作予以切除。

2. 装设专门的母线保护

当利用供电元件的保护装置切除母线故障时，故障切除的时间一般较长。此外，当双母线同时运行或母线为单母线分段运行时，利用相邻元件的保护不能保证有选择性地切除故障

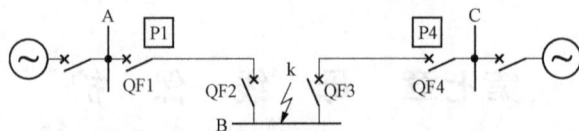

图 7-2　在双侧电源网络上利用电源侧的保护切除母线故障

母线，从而使系统电压长时间降低，不能保证系统安全连续供电，严重影响电力系统的运行稳定性。此时，必须装设有选择性的快速母线保护。

因此，规程规定，在下列情况下应装设专门的母线保护。

（1）对 220～500kV 母线，应装设快速有选择地切除故障的母线保护。

1）对一个半断路器接线，每组母线应装设两套母线保护。

2）对双母线、双母线分段等接线，为防止母线保护因检修退出失去保护，母线发生故障会危及系统稳定和使事故扩大，宜装设两套母线保护。

（2）对变电站的 35～110kV 电压的母线，在下列情况下应装设专用的母线保护：

1）110kV 双母线。

2）110kV 单母线、110kV 以上重要变电站的 35～66kV 母线，需要快速切除母线上的故障时。

3）35～66kV 电力网中，主要变电站的 35～66kV 双母线或分段单母线需快速而有选择地切除一段或一组母线上的故障，以保证系统安全稳定运行和可靠供电。

（3）主要变电站的 3～10kV 分段母线及并列运行的双母线，一般可由变压器的后备保护实现对母线的保护。在下列情况下，应装设专用母线保护：

1）须快速而有选择地切除一段或一组母线上的故障，以保证电网安全运行重要负荷的可靠供电时。

2）当线路断路器不允许切除线路电抗器前的短路时。

第二节　母线保护的基本原理

为满足速动性、选择性的要求，母线保护都是基于差动原理构成的。由于母线上一般连接着较多的电气元件（如线路、变压器等），因此其差动保护基本原则如下：

（1）当正常运行及母线范围以外故障时，在母线上所有连接支路中流入的电流和流出的电流相等，或表示为 $\sum I = 0$。

（2）当母线上发生故障时，所有与电源连接的支路都向故障点供给短路电流，而在供电给负荷的连接支路中电流几乎等于零，因此 $\sum I = I_k$（短路点的总电流）。

（3）如从每个连接支路中电流的相位来看，则在正常运行及外部故障时，至少有一个支路中的电流相位和其余支路中的电流相位是相反的。具体来说，就是电流流入的支路和流出的支路的电流相位相反。而当母线故障时，除电流几乎等于零的负荷支路以外，其他支路中的电流都流向母线上的故障点，因此基本上是同相位的。

一、母线电流差动保护

母线电流差动保护原理简单可靠，应用最广。该保护按其保护范围可分为完全差动保护和不完全差动保护两种。

母线完全差动保护是将母线上所有各连接支路的电流互感器按同名相、同极性接到差流回路，各支路应采用具有相同电流比和特性的电流互感器。其保护的原理接线如图 7-3 所示。

在正常运行及外部故障时，母线的流入/流出电流的矢量和 $\sum I = 0$。因此，母线差流回路中的电流是由于各电流互感器特性不同而引起的不平衡电流 I_{unb}，其值相对

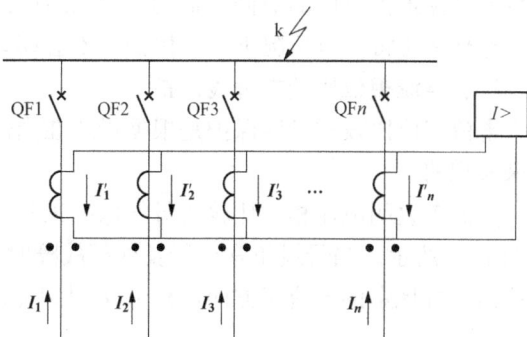

图 7-3 完全电流差动保护的原理接线

较小。当母线上 k 点发生故障时，所有与电源连接的支路都向 k 点供给短路电流。此时，母线差流回路中的电流为

$$I_r = I_1' + I_2' + I_3' = \frac{1}{n_{TA}}(I_1' + I_2' + I_3') = \frac{1}{n_{TA}}I_k \qquad (7-1)$$

式中：I_k 为故障点的全部短路电流，其值很大。

因此，母线差动保护动作，使所有连接支路的断路器跳闸。母线完全电流差动保护的动作电流按下面条件整定，并取其最大值：

（1）躲过外部短路故障时产生的最大不平衡电流。当所有电流互感器的二次负载阻抗均按 10% 误差曲线选择，且差动继电器采用具有速饱和铁芯的继电器时，其启动电流整定值 I_{set} 可计算为

$$I_{set} = \frac{K_{rel} K_{er} I_{k.max}}{n_{TA}} \qquad (7-2)$$

式中：K_{rel} 为可靠系数，取 1.5；K_{er} 为电流互感器的 10% 误差，取 0.1；n_{TA} 为母线保护用电流互感器的电流比；$I_{k.max}$ 为在母线范围外任一连接支路上短路时，流过差动保护电流互感器的最大短路电流幅值。

（2）由于母线差动保护电流回路中连接的支路较多，接线复杂，因此电流互感器二次回路断线的概率比较大。为了防止在正常运行情况下，任一电流互感器二次回路断线时引起保护装置误动作，启动电流整定值 I_{set} 应大于任一连接支路中的最大负荷电流 $I_{L.max}$，即

$$I_{set} = \frac{K_{rel} I_{L.max}}{n_{TA}} \qquad (7-3)$$

式中：K_{rel} 为可靠系数，取 1.3；$I_{L.max}$ 为最大负荷电流。

当母线保护范围内发生故障时，灵敏系数应满足式（7-4）

$$K_{sen} = \frac{I_{k.min}}{I_{set} n_{TA}} \geqslant 2 \qquad (7-4)$$

式中：$I_{k.min}$ 为实际运行中可能出现的连接支路最少时，在母线上发生故障的最小短路电流值。

母线的完全电流差动保护原理简单，适用于单母线或双母线经常只有一组母线运行的情况。

另外，还有母线不完全电流差动保护，是将连接于母线的各有电源支路的电流接入差流回路，而无电源支路的电流不接入差流回路。因此，在无电源支路上发生的故障将被认为是

母线差动保护范围内的故障，此时差动保护的定值应大于所有这种线路的最大负荷电流之和，这样在正常运行情况下差动保护才不会误动作。

二、电流相位比较式母线保护

电流相位比较式母线保护是根据母线在内部故障和外部故障时各连接支路电流相位的变化来实现的。

为简单说明电流相位比较式母线保护工作的基本特点，假设母线上只有两个连接支路，如图 7-4 所示。当母线正常运行及外部故障时（如 k1 点），电流 I_1 流入母线，电流 I_2 由母线流出，按规定的电流正方向，I_1 和 I_2 大小相等，相位相差 180°，如图 7-4（a）所示；而当母线内部故障时（k2 点），I_1 和 I_2 都流向母线，在理想情况下两者相位相同，如图 7-4（b）所示。显然，对母线上各支路电流进行相位比较，便可判断内部或外部故障。

采用电流相位比较式母线保护的特点如下：

（1）保护装置的工作原理是基于相位的比较，而与幅值无关，因此在采用正确的相位比较方法时，无须考虑电流互感器饱和引起的电流幅值误差，提高了保护的灵敏性。

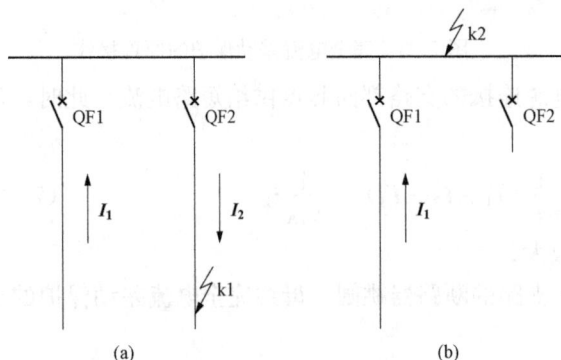

图 7-4　母线外部与内部故障时电流方向
（a）外部故障；（b）内部故障

（2）当母线连接支路的电流互感器型号不同或电流比不一致时，仍然可以使用，此种保护放宽了母线保护的使用条件。

三、母线差动保护的分类

母线差动保护按照其实现原理来说，分为电流差动原理、电流相位比较原理等；按照差流回路的电阻大小，可分为低阻抗型、中阻抗型和高阻抗型的母线差动保护。

低阻抗型母线差动保护是指接于差流回路的电流继电器阻抗很小，只有数欧姆。因此，母线上各连接支路的电流互感器二次侧负载小，二次侧电压很低，故电流互感器饱和度小。当保护范围内部故障时，全部故障电流流经阻抗很低的差流回路时，差流回路上的电压不会很大，且不会增大电流互感器的负担而使电流互感器饱和，产生很大误差。但是，当外部故障时，全部故障电流将流过故障支路，使其电流互感器出现饱和，母线差流回路中由于阻抗很小会通过很大的不平衡电流。因此，低阻抗型母线差动保护必须抬高定值，或采取复杂的制动措施，或采取可靠的电流互感器 TA 饱和判别，以防止母线差动保护误动。低阻抗型母线差动保护差流回路中的差动继电器一般采用内阻很低的电流差动继电器，故又被称为电流型母线差动保护。常规低阻抗型母线差动保护如图 7-3 所示。

为克服低阻抗母线差动保护在区外故障时，由于电流互感器 TA 饱和可能造成的保护误动问题，可在差流回路中串入一高阻抗，或将电流差动继电器改为内阻很大的电压继电器，其值可达数千欧姆，如图 7-5（a）所示，即高阻抗型母线差动保护，又称电压型母线差动保护。

假设母线外部故障，故障点在第 n 条支路上，此时高阻抗型母线差动保护的等效电路如

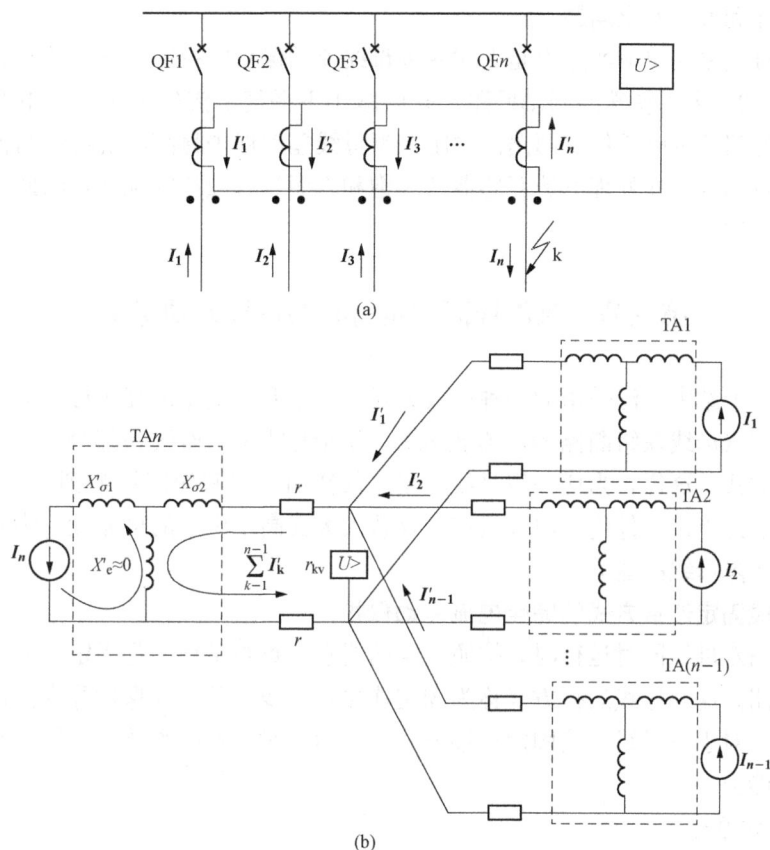

图 7 - 5 高阻抗型母线差动保护

(a) 原理接线；(b) 母线外部故障且故障支路电流互感器 TA 饱和时的等效电路

图 7 - 5 (b) 所示。图 7 - 5 (b) 中虚线框对应各支路电流互感器 TA 的等效电路，$X'_{\sigma 1}$、$X_{\sigma 2}$ 分别为相应电流互感器 TA 的一、二次绕组折合到二次侧的漏抗；X'_e 为相应电流互感器 TA 的折合到二次侧的励磁阻抗；r 为故障支路电流互感器 TA 至电压继电器的二次回路连线的阻抗值；r_{KV} 为电压差动继电器的内阻。

外部短路时，若包括故障支路在内的各支路的电流互感器 TA 都不饱和，则电压差动继电器回路中电流为零，母线保护不误动；若故障支路电流互感器 TA 深度饱和，即其励磁电抗 $X'_e \approx 0$，故障支路的一次电流全部流入其励磁支路，其二次支路无电流输出。然而，由于电压差动继电器内阻 r_{KV} 很高，而此时各条非故障支路的二次电流之和不为零，产生很大的不平衡电流。该不平衡电流将难以进入高阻抗差动继电器，而被迫通过故障支路电流互感器 TA 的二次绕组流通。因此，电压差动继电器中的电流仍然基本为零，母线保护不误动。而当内部故障时，各支路二次电流均流入电压差动继电器，电流较大，电压继电器两端出现高电压，使母线保护动作。

可见，高阻抗型母线差流回路阻抗很大，因此可减小外部故障且故障支路电流互感器 TA 饱和时差流回路的不平衡电流，不需要制动。但在内部故障时，差流回路可产生危险的过电压，必须用过电压保护回路减小此过电压，以保证既能使继电器动作，又不会因过电压而引起设备损坏和人身安全问题。

中阻抗型母线差动保护实际上是上述两种母线差动保护的折中方案。差流回路接入一定的阻抗，约 300Ω，采用特殊的制动回路，既能减小不平衡电流的影响，又不产生危险的过电压，不需要专门的过电压保护回路。中阻抗型母线差动保护将高阻抗特性与低阻抗比率制动特性两者有效结合，在处理电流互感器 TA 饱和方面具有独特的优势，因此在我国电力系统中得到广泛应用。

第三节　双母线同时运行时的母线差动保护

双母线是变电站中广泛采用的一种母线方式。在重要变电站的高压母线上，一般都采用双母线同时运行（母线联络断路器经常投入），而每组母线上连接一部分（大约 1/2）供电和受电元件的方式。这样，当任一组母线上发生故障时，可只短时影响到一半的负荷供电，而另一组母线上的连接元件仍可继续运行，这就大大提高了供电的可靠性。为此，要求母线保护具有选择故障母线的能力。

一、双母线固定连接方式的完全电流差动保护

重要变电站双母线同时运行时，按照一定的要求，每组母线上都固定连接约 1/2 的供电电源和输电线路。这种母线运行方式称为固定连接式母线，其差动保护称为固定连接式母线电流差动保护。对于双母线，按固定连接方式同时运行时，就必须要求母线差动保护具有选择故障母线的能力。

1. 基本工作原理

双母线同时运行时支路固定连接的电流差动保护单相原理接线如图 7-6 所示。

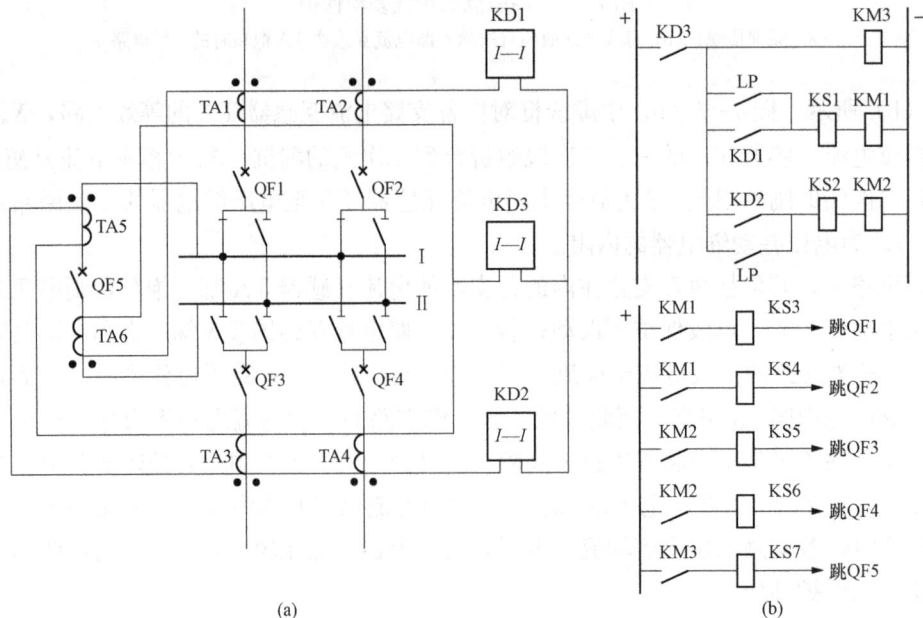

图 7-6　双母线同时运行时支路固定连接的电流差动保护单相原理接线
(a) 交流回路接线；(b) 直流回路展开图

（1）保护功能组成部分。保护功能组成部分主要由三组差动保护组成。

第一组由电流互感器 TA1、TA2、TA6 及差动继电器 KD1 组成。该部分可构成选择母线Ⅰ故障的保护，故也被称为母线Ⅰ的小差动。当母线Ⅰ发生故障时，差动继电器 KD 启动后使中间继电器 KM 动作，利用 KM 触点将母线Ⅰ上连接支路的断路器 QF1、QF2 跳开。

第二组由电流互感器 TA3、TA4、TA5 及差动继电器 KD2 组成。该部分可构成选择母线Ⅱ故障的保护，故也被称为母线Ⅱ的小差动。当母线Ⅱ发生故障时，KD2 启动 KM2，跳开母线Ⅱ上连接支路的断路器 QF3、QF4。这样连接可将母联断路器 QF 附近区域置于保护范围之内。

第三组由电流互感器 TA1～TA4 及差动继电器 KD3 组成。该部分可构成包括母线Ⅰ、Ⅱ故障均在内的保护，故也被称为母线Ⅰ、Ⅱ的大差动。实际上它是整套母线保护的启动元件，任一母线故障时差动继电器 KD3 动作，首先断开母联断路器使非故障母线正常运行，同时给两个小差动（选择元件）继电器的触点接通直流电源。在 KD1 或 KD2 动作而 KD3 不动作的情况下，母线保护不能跳闸，从而有效保证了双母线固定连接方式破坏情况下母线保护不会误动。

（2）正常运行或区外故障时母线差动保护动作情况。对于图 7-6 所示的支路固定连接方式，当母线正常运行或保护区外（k1 点）发生故障时，差动保护二次电流分布如图 7-7（a）所示。由图 7-7（a）可见，流经差动继电器 KD1、KD2、KD3 的电流均为不平衡电流，而差动保护的动作电流按躲过外部故障时最大不平衡电流来整定，因此差动保护不会动作。

（3）区内故障时母线差动保护动作情况。保护区内发生故障时，如母线Ⅰ的 k2 点发生故障，差动保护二次电流分布如图 7-7（b）所示。

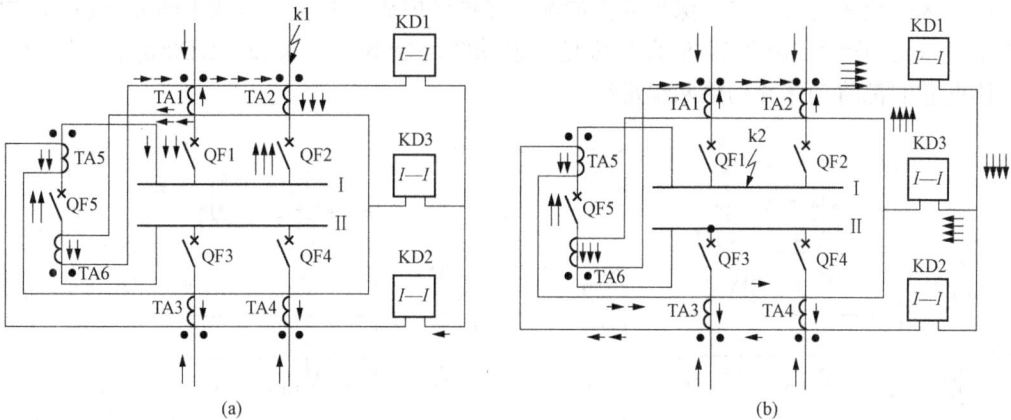

图 7-7　按正常连接方式运行时母线保护在区外、区内故障时的电流分布
(a) 外部故障；(b) 母线Ⅰ故障
——一次电流；⇢二次电流

母线Ⅰ故障时，由二次电流分布来看，流经差动继电器 KD1、KD3 的电流为全部故障二次电流，而差动继电器 KD2 中仅有不平衡电流流过。因此，KD1、KD3 动作，KD2 不动作。

实际应用中，母线差动保护的动作逻辑是差动继电器 KD3 首先动作并跳开母线联络断路器 QF5，之后差动继电器 KD1 仍有二次故障电流流过，即对母线Ⅰ的故障具有选择性，动作于跳开母线Ⅰ上连接支路的断路器 QF1、QF2；而差动继电器 KD2 无二次故障电流流过，因此，无故障的母线继续保持运行，提高了电力系统供电的可靠性。

同理，当母线Ⅱ故障时，只有差动继电器 KD2、KD3 动作，使断路器 QF3、QF4、QF5 跳闸，切除故障母线Ⅱ；而无故障母线Ⅰ可以继续运行。

综上所述，差动继电器 KD1、KD2 分别只反应母线Ⅰ、母线Ⅱ的故障，故称为故障母线选择元件；差动继电器 KD3 反应于两个母线中任一母线上的故障，故称为故障母线保护的启动元件。

2. 双母线固定连接方式破坏后母线差动保护的工作情况

双母线固定连接方式的优点是完全电流差动保护可有选择性地、迅速地切除故障母线，没有故障的母线继续照常运行，从而提高了电力系统运行的可靠性。但在实际运行过程中，由于设备检修、支路故障等原因，母线固定连接很可能被破坏。

如图 7-8 所示，若Ⅰ母线上其中一条线路切换到Ⅱ母线时，由于电流差动保护的二次回路不能跟着切换，因此失去了构成差动保护的基本原则，即按固定连接方式工作的两母线各自的差电流回路都不能客观准确地反应该两组母线上实际的流入/流出值。

（1）正常运行或区外故障时母线差动保护动作情况。当保护区外 k1 点发生故障时，差动保护二次电流分布如图 7-8（a）所示。由图 7-8（a）可见，差动继电器 KD1、KD2 都将流过一定的差流而误动作；而差动继电器 KD3 仅流过不平衡电流，不会动作。由图 7-6 可知，KD1、KD2 触点的正电源受 KD 触点所控制，而此时差动继电器 KD3 不动作，就保证了电流差动保护不会误跳闸。因此，在双母线固定连接被破坏时，作为启动元件的大差动继电器 KD3 能够防止外部故障时小差动保护的误动作。

（2）区内故障时母线差动保护动作情况。保护区内故障时，如母线Ⅰ的 k2 点发生故障，如图 7-8（b）所示。由图 7-8（a）可见，差动继电器 KD1、KD2、KD3 都有故障电流流过，因此它们都将动作并切除两组母线。

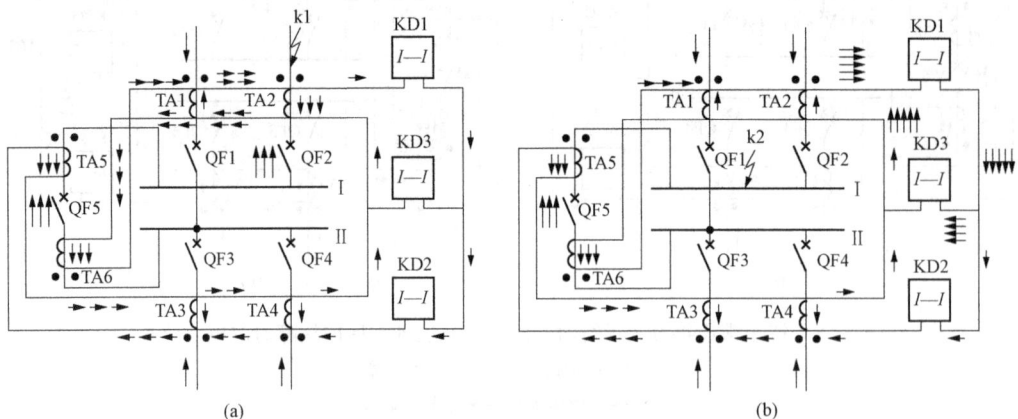

图 7-8 双母线固定连接方式破坏后母线保护在区外、区内故障时的电流分布
（a）外部故障；（b）母线Ⅰ故障

在此情况下，母线差动保护的动作逻辑是差动继电器 KD3 首先动作于跳开母联断路器，

之后差动继电器 KD1、KD2 上仍有二次故障电流流过。因此,差动继电器 KD1 和 KD2 不能起到选择故障母线的作用,两者均动作并切除母线 Ⅰ 与母线 Ⅱ,失去了选择性。

综上所述,当双母线按照固定连接方式运行时,保护装置可以保证有选择性地只切除发生故障的一组母线,而另一组母线可继续运行;当固定接线方式破坏时,任一母线上的故障都将导致切除两组母线,即保护失去选择性。因此,从保护的角度来看,双母线固定连接方式的完全电流差动保护接线简单,调试方便,在母联断路器断开和闭合情况下保护都具有选择故障母线的能力。但是,该保护希望尽量保证固定连接的运行方式不被破坏,这就必然限制了电力系统运行调度的灵活性。

二、母联电流相位比较式差动保护

双母线固定连接方式运行的完全差动保护缺乏灵活性。为克服该缺点,目前在双母线同时运行的系统中母联电流相位比较式差动保护也得到了广泛应用,它尤其适用于双母线连接支路运行方式经常改变的母线上。

母联电流相位差动保护的原理接线及母线故障时的电流分布如图 7-9 所示。

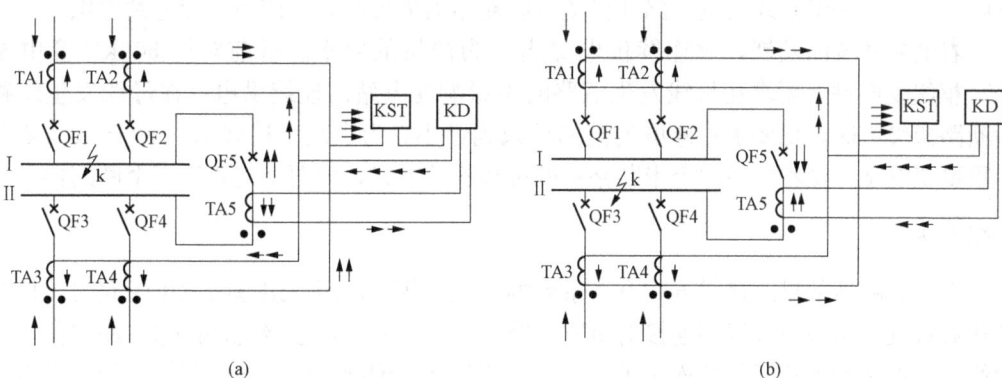

图 7-9 母联电流相位差动保护的原理接线及母线故障时的电流分布
(a) 母线Ⅰ故障;(b) 母线Ⅱ故障

母联电流相位差动保护主要由以下两部分组成。

第一部分由电流互感器 TA1~TA4 及总电流差动继电器 KST 组成。该部分中,总电流差动继电器 KST 的输入回路由母线上所有连接支路的电流互感器的二次回路同极性并联组成。总电流差动继电器 KST 仅在母线范围内故障时才动作,它是母联电流相位差动保护的启动元件。总电流差动继电器 KST 在正常运行或外部故障时不动作,起闭锁保护的作用。

第二部分由电流互感器 TA1~TA4 的总差流、母联断路器的电流互感器 TA5 和电流相位比较继电器 KD 组成。其中,电流相位比较继电器 KD 的一个线圈接入除母联断路器之外的其他连接元件的二次侧电流之和,另一个线圈则接在母联断路器的电流互感器二次侧。它通过比较总差动电流与母联互感器 TA5 二次电流的相位,实现对故障母线的选择。

在正常运行或区外故障时,母联相位差动保护中的总电流差动继电器 KST 不启动,因此母联保护不会误动作。图 7-9 (a)、(b) 分别表示母线Ⅰ、Ⅱ故障时的电流分布。由图7-9 可见,任一母线故障时,流入 KST 的总差动电流的相位是不变的。而流过母联的电流方向取决于故障的母线,当母线Ⅰ发生故障时,流过母联断路器的短路电流是由母线Ⅱ流向母线Ⅰ;而当母线Ⅱ发生故障时,流过母联断路器的短路电流是由母线Ⅰ流向母线Ⅱ,即在母线Ⅰ和母线Ⅱ上故障时母联电流相位相差180°。而总差动电流是反应母线故障的总电流，其相位是不变的。因此，通过对总差动电流和母联电流进行相位比较，就可以选择出故障母线，并可切除故障母线上的全部断路器。

母联相位差动保护要求正常运行时母联断路器必须投入运行。当母线上发生故障时，不管母线上元件如何连接，只要母联断路器中有电流流过，选择元件 KD 就能正确动作。因此，不用要求各支路固定连接于两组母线，可大大提高母线运行方式的灵活性。但是当单母线运行时，母线失去保护。为此，必须配置另一套单母线运行的保护。

第四节 一个半断路器接线的母线保护

双母线具有设备投资少、一次回路的操作比较灵活、继电保护接线比较简单等优点，但其在运行实践中也遇到了一些问题。通常在双母线的变电站中，母联断路器处于合闸状态，即按分段的单母线方式运行。当其中一组母线上发生短路时，变电站中约有一半的连接元件将停电；并且当一组母线发生短路并伴随母联断路器失灵时，将使整个变电站停电。

随着电力系统的发展，对连续供电提出更为严格的要求。目前对于 500kV 变电站和 220kV 枢纽变电站，要求在母线发生短路时不影响变电站的连续供电；在母线发生短路并伴随断路器失灵时，也要求将停电的范围缩减到最小。为满足上述要求，对于 220kV 及以上的重要变电站，推荐采用一个半断路器的母线连接方式，即两个支路用三个断路器，又称 $\frac{3}{2}$ 断路器接线。

一个半断路器的母线接线方式有一系列的优点。例如，当一组母线发生短路时，母线保护动作后只跳开与该组母线相连接的所有断路器，不会使任何连接元件停电；而在任一断路器检修时也不影响连接元件的连续供电，不需要复杂的倒闸操作，减少了一次回路发生误操作的机会。但一个半断路器的母线接线方式所需断路器及电流互感器增多，一次设备投资较大，其母线保护的接线方式如图 7-10 所示。

为防止电流互感器发生故障时造成母线短路，必须将用于母线保护的电流互感器安装在母线断路器的外侧，即靠近引出线路的一侧（断路器的非接于母线的一侧），如图 7-10 所示。

此外，为了判别断路器的失灵，在每个断路器的串联回路中应接入一组电流互感器 TA1～TA3，以便接入失灵保护的电流判别元件，如图 7-11 所示。通常，线路保护的电流可以取自两组电流互感器的二次电流之和（线路 L1 取自 TA1 和

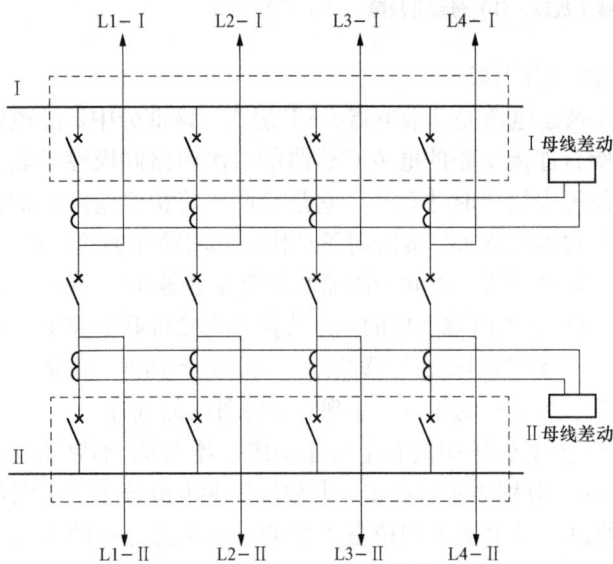

图 7-10 一个半断路器母线保护的接线方式

TA2，线路 L2 取自 TA2 和 TA3）。在引出线路上再装设一组电流互感器（分别为 TA4 和 TA5），直接取该电流互感器的二次电流作为测量之用。当线路保护的电流也取自引出线路本身的电流互感器时，可以注意到当三组电流互感器 TA1～TA3 的连接线故障时，母线保护及线路保护本身都不能反应该故障，因此没有快速保护切除该故障。为此，必须另外装设两组小的纵联差动保护作为连接线的快速保护，如图7-11 所示。

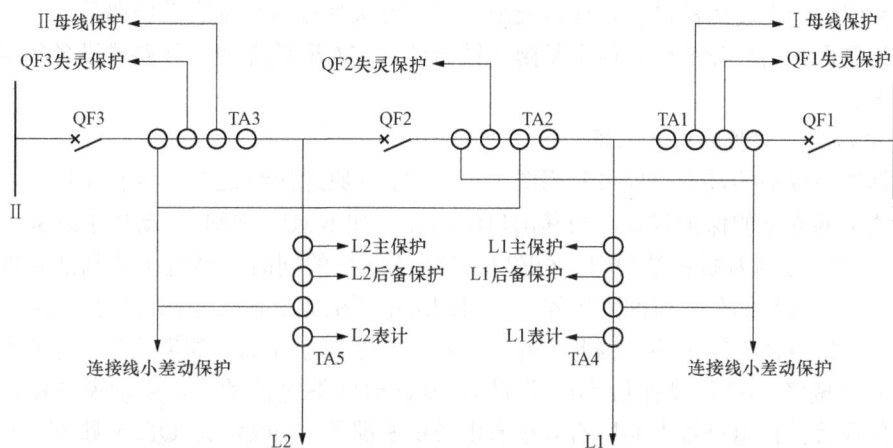

图 7 - 11 一个半断路器接线方式的母线及连接线的差动保护

当线路保护的电流取自一个半断路器接线的两组电流互感器二次电流之和时，虽然线路主保护可以作为连接线短路的快速保护，但是考虑到线路停用情况下连接线将失去保护，还是应该装设专门的连接线纵联差动保护。

当线路保护应用母线上两个电流互感器二次电流之和时，发生母线短路时将有很大短路电流从一个方向穿越这两个电流互感器，从而产生很大的不平衡电流使线路保护误动，必须采取措施加以预防。

第五节 断路器失灵保护

在 110kV 及以上电压等级的变电站中，当输电线路、变压器或母线发生短路在保护装置动作于切除故障元件时，可能伴随故障元件的断路器拒动，即发生了断路器的失灵故障。因此，要装设断路器失灵保护。

一、断路器失灵保护的基本原理

产生断路器失灵故障的原因是多方面的，如断路器跳闸线圈断线、断路器的操动机构失灵等。高压电网的断路器和保护装置都应具有一定的后备作用，以便在断路器或保护装置失灵时仍能有效切除故障。相邻元件的远后备保护方案是最简单合理的后备方式，既是保护拒动的后备，又是断路器拒动的后备。但是在高压电网中，由于各电源支路的助增作用，实现上述后备方式往往有较大困难（灵敏度不够）；而且由于动作时间较长，易造成事故范围的扩大，甚至引起系统失稳而瓦解。因此，电网中枢地区重要的 220kV 及以上主干线路，系统稳定要求必须装设全线速动保护时，通常可装设两套独立的全线速动主保护，以防保护装置的拒动；对于断路器的拒动，则专门装设断路器失灵保护。

1. 对断路器失灵保护的要求

（1）失灵保护的误动和母线保护误动一样，影响范围很广，必须有较高的可靠性（安全性）。

（2）失灵保护首先动作于母联断路器和分段断路器，此后相邻元件保护已能以相继动作切除故障时，失灵保护仅动作于母联断路器和分段断路器。

（3）在保证不误动的前提下，应以较短延时、有选择性地切除有关断路器。

（4）失灵保护的故障鉴别元件和跳闸闭锁元件，应对断路器所在线路或设备末端故障有足够灵敏度。

2. 断路器失灵保护的基本原理

断路器失灵保护的基本原理可利用图 7 - 12 所示的原理接线说明。所有连接至一组（或一段）母线上的支路的保护装置，当其出口继电器（如 KM1、KM2）动作于跳开本身断路器（YR1、YR2 分别为断路器 QF1、QF2 的跳闸线圈）的同时，经过拒动判别元件的判断启动断路器失灵保护的公用时间继电器，此时间继电器的延时应大于故障线路的断路器跳闸时间及保护装置返回时间之和，因此，并不妨碍正常地切除故障。如果故障线路的断路器拒动时（如 k 点短路，KM1 动作后 QF1 拒动），则此时间继电器动作，启动失灵保护的出口继电器，使连接至该组母线上的所有其他有电源的断路器（如 QF2、QF3）跳闸，从而切除了 k 点的故障，起到了 QF1 拒动时的后备保护作用。实际上，对于图 7 - 12 所示的单母线分段或双母线的情况，断路器失灵保护应以较短时间动作于断开母联断路器或分段断路器，此后若相邻元件保护已能以相继动作切除故障时，则失灵保护仅动作于母联断路器或分段断路器；若故障仍未切除，则经较长时限动作于连接在同一母线上的所有有电源支路的断路器。

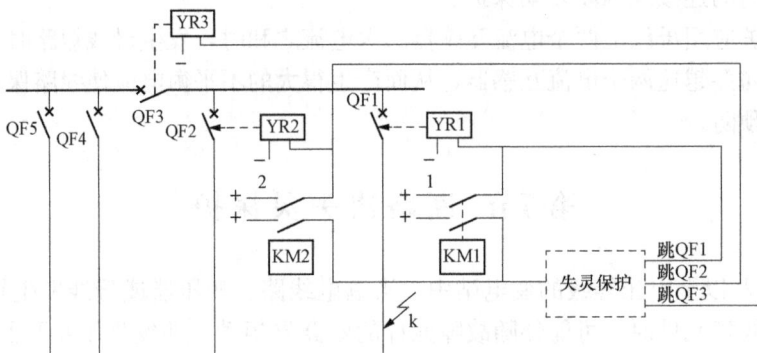

图 7 - 12　断路器失灵保护的基本原理接线

断路器失灵保护一般由连接于母线的各支路（线路或变压器）的保护启动。由于断路器失灵保护要动作于跳开一组母线上的所有断路器，因此应注意提高失灵保护动作的可靠性，以防止由于人员误碰或误动而造成严重的事故。

二、断路器失灵保护功能的实现

如图 7 - 12 所示，断路器失灵保护由各连接支路的保护装置提供的保护跳闸触点启动。但为保证断路器失灵保护动作的可靠性，实际应用中失灵保护的动作必须有其他附加条件。

（1）故障线路（或设备）的保护装置出口继电器（图 7 - 12 中的 KM1、KM2）动作后不返回（即故障支路的断路器跳闸触点在失灵保护启动后的延时期间内始终闭合）。

（2）通过故障鉴别元件判断在被保护范围内仍然存在着故障。一般故障鉴别元件通过检查故障支路各相电流是否持续存在来确认故障尚未切除。如果相电流元件的灵敏度不够（如对于超高压母线上所连接的长距离输电线路末端发生短路故障而始端断路器拒跳的情况），还要用多种方式检查，如负序电流、零序电流及阻抗元件等。

（3）为了防止失灵保护误动作，提高其可靠性，还应增设跳闸闭锁元件，一般采用复合电压闭锁元件，即检查故障支路所在母线段的相电压、零序电压及负序电压来判断故障是否仍未切除，当任一电压元件动作时复合电压闭锁元件开放失灵保护。

综上所述，断路器失灵保护的逻辑功能框图如图 7-13 所示。

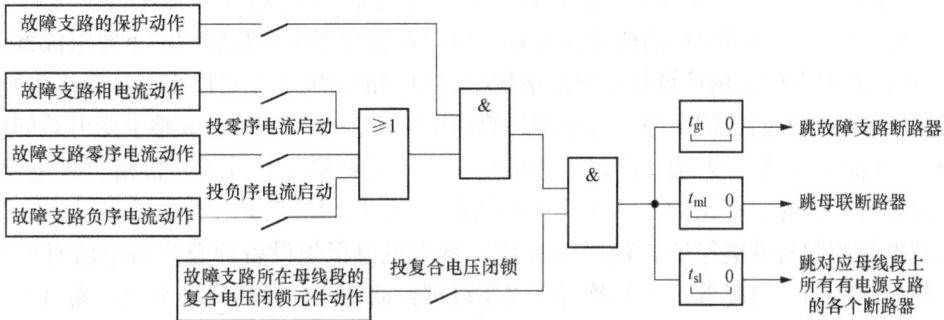

图 7-13　断路器失灵保护的逻辑功能框图

如图 7-13 所示，断路器失灵保护启动后的动作包括三级（或两级）延时：再跳延时 t_{gt}，再次对故障支路的断路器发出跳闸令（也可不设置该功能）；跳母联延时 t_{ml}，动作于跳开母联断路器（延时 t_{ml} 应大于故障线路的断路器跳闸时间及保护装置返回时间之和，再考虑一定的时间裕度）；失灵延时 t_{sl}，切除故障支路所在母线的各个连接支路的断路器（延时 t_{sl} 应在先跳母联的前提下，加上母联断路器的动作时间和保护返回时间之和，再考虑一定的时间裕度）。

思考题与习题

7-1　哪些保护方法可以作为母线故障的保护？

7-2　母线电流差动保护的基本原理及其整定原则是什么？

7-3　双母线的电流差动保护功能有哪些主要组成部分？当双母线在固定连接方式下时，电流差动保护在母线区内外故障情况下的动作情况是怎样的？当双母线的固定连接方式被破坏后，其电流差动保护在母线区内外故障情况下的动作情况是怎样的？

7-4　母联电流相位差动保护的基本原理是什么？与母线电流差动保护相比，其优缺点有哪些？

7-5　一个半断路器接线的母线连接方式应用在什么场合？

7-6　什么是断路器失灵保护？其基本原理是什么？

第八章　微　机　保　护

第一节　概　　述

一、微机保护的应用和发展概况

近 40 年来，计算机技术发展很快，其应用广泛而深入地影响着科学技术、生产和生活等各个领域。有关计算机保护的研究及开发是电力系统计算机在线应用的重要组成部分。早在 1965 年，就有人倡议用计算机构成继电保护。早期的研究工作是以小型计算机为基础的，出于经济的考虑，人们曾试图用一台小型计算机来实现多个电气设备或整个变电站的保护功能。到了 20 世纪 70 年代末期，出现了一批功能足够强的微型计算机，价格也大幅度降低，自此掀起了新一代的继电保护——微机保护的研究热潮。1977 年，日本投入了一套以微处理机为基础的控制与继电保护装置。1986 年，日本继电保护设备的总产值中已有一半是微机保护产品。从国外情况看，北美及西欧主要以理论研究——算法研究为主，而日本则以微机型继电保护装置的商品化为研究中心。

我国微机保护的研究起步相对较晚，但进展却很快。1984 年上半年，华北电力学院研制的第一套以 6809（CPU）为基础的距离保护样机投入试运行。1984 年底，在华中工学院召开了我国第一次计算机继电保护学术会议，这标志着我国计算机保护的开发开始进入了重要的发展阶段。目前我国已陆续推出了很多成型的微机保护产品。伴随着集成电路、通信技术、计算机技术、信息技术、人工智能的飞速发展，微机继电保护也得到了迅猛发展，主要表现在以下几个方面。

1. 高速数据处理芯片的应用

随着计算机硬件的迅猛发展，微机保护硬件也在不断发展。我国微机保护装置提出了总线不出板、总线不出芯片的设计思想，以提高保护装置的抗干扰能力。目前，国外和国内已研制出了以 32 位数字信号处理器为硬件基础的保护、控制、测量一体化的微机保护综合控制装置。

2. 微机保护的网络化

继电保护的作用不只限于切除故障元件和限制事故影响范围，还要保证全系统的安全稳定运行。这就要求每个保护单元都能共享全系统的运行、故障信息和数据。每个保护单元与自动重合闸装置在分析这些信息和数据的基础上协调动作，以确保系统的安全稳定运行。显然这种系统保护的基本条件是将全系统各主要设备的保护装置用计算机网络连接起来，即实现微机保护装置的网络化。另外，继电保护装置能够得到的系统故障信息越多，则对故障性质、故障位置判断和故障距离的检测越准确。

全球定位系统（Global Positioning System，GPS）和光纤通信技术对网络化的各微机保护装置实现同步矢量测量提供了条件。电力系统中任一变电站通过 GPS 发来的精确时间脉冲给当地测量电压或电流波形以时间标记。光纤通信系统将各变电站的测量量收集汇总处理后，即可得到各变电站之间动态矢量的变化，并据此实施电力系统的保护与控制。

3. 保护、控制、测量、信号、数据通信一体化

每个微机保护装置不仅可以完成继电保护功能，而且在无故障正常运行情况下还可以完成测量、控制、数据通信的功能，即实现保护、控制、测量、信号、数据通信一体化。如果此保护综合装置就地安装在室外变电站的被保护设备旁，将被保护设备的电压、电流量在此装置内转换成数字量后，通过计算机网络送到主控室，则可减少大量的控制电缆。另外，如果用光纤作为网络的传输介质，还可免除电磁干扰。现在光电流互感器（Optical Current Transformer，OCT）和光电压互感器（Optical Potential Transformer，OPT）已在研究试验阶段，将来必然在电力系统中得到应用。

4. 继电保护的智能化

进入 20 世纪 90 年代，很多研究学者转至人工智能在电力系统保护领域的应用研究，相继出现了用人工神经网络、模糊理论来实现故障类型的判别、故障距离的测定、方向保护、主设备保护等，用小波理论的数学手段分析故障产生信号的整个频带的信息并用于实现故障检测。这些人工智能技术不仅为提高判别精确度提供了手段，而且能够使某些基于单一工频信号的传统算法难以识别的问题得到解决。然而到目前为止，人工智能的应用还不能够取代传统保护原理，其结果往往是通过复杂的计算和烦琐的工作只能换取故障识别的准确度或可靠性的有限提高。

5. 自适应继电保护

自适应继电保护是在 20 世纪 80 年代提出的一个较新的研究课题，它为能根据电力系统运行方式和故障状态的变化而实时改变保护性能、特性或定值的保护。自适应继电保护的基本思想是使保护尽可能地适应电力系统的各种变化，进一步改善保护的性能。电力系统的运行状态处于频繁的变化之中，有时还可能发生各种类型的故障，因此要适应电力系统的变化，的确是一项十分困难的工作。自适应技术的应用，将使继电保护保护性能最佳化、整定计算在线化、使用简单化。

6. 暂态保护

暂态保护是指通过检测故障暂态产生的高频信号来实现传输线及电力设备的保护。故障暂态产生的信号中含有大量的信息，其中包括故障的类型、方向、位置、持续时间等。这些信息贯穿于信号的整个领域，从直流、工频到高频分量。在基于工频的保护原理中，故障产生的高频量被当作干扰滤掉，很多研究工作用于设计滤掉高频信号的滤波器上。

暂态保护首先通过特殊设计的高频检测装置及算法从故障暂态中提取所需的高频信号，然后利用专门设计的快速信号处理算法来判断故障性质。微处理机技术的发展使得暂态保护的实现成为可能。

二、微机保护装置的特点

1. 维护调试方便

通常情况下传统继电保护装置的调试工作量很大，尤其是一些复杂原理的保护。微机保护装置则不同，它的硬件核心是单片机或数字信号处理器，其把组成微型计算机的各功能部件制作在一块集成芯片中，再配以所需的相关外围芯片即可构成微机保护装置。各种复杂的保护功能是由相应的软件来实现的。保护装置对硬件和软件都具有自诊断功能，一旦发现异常就会发出报警信息。通常只要装置上电后，保护自检通过，没有报警，即可认为装置的硬件是完好的。所以，对微机保护装置而言，除了输入和修改定值及检查外部接线外几乎不用

调试，从而大大减轻了运行维护的工作量。

2. 可靠性高

微机保护具有在线自检功能，自检内容包括装置的硬件和程序软件，由此可避免由于装置硬件的异常引起的保护误动作或电力系统故障时保护的拒动。在保护软件的编程上，可以实现常规保护很难办到的自动纠错，即自动识别和排除干扰，防止由于采样信号受到干扰而造成保护误动作。因此，微机保护可靠性很高。

3. 易于获得附加功能

微机保护装置通常配有通信接口。如果连接打印机或者其他显示设备，即可在系统发生故障后提供多种信息，如保护各部分的动作顺序和动作时间记录、故障类型和相别及故障前后电压和电流的录波数据等，并可将保护动作信息上传至故障录波信息系统，实现调度的实时检测及对保护动作情况的分析。对于线路保护，还可实现故障点的测距。

4. 灵活性大

电力系统保护装置在硬件设计时，尽可能采用同样的设计方案。保护的原理主要由软件决定，因此，只要改变软件就可以改变保护的特性和功能，从而可灵活地适应电力系统发展对保护要求的变化，也减少了现场工作的维护量。

5. 良好的性价比

由于微处理器的使用，传统形式的继电保护中存在的技术问题得到了新的解决方法。可以在微机保护中实现人工智能技术或复杂的数学算法，如接地距离保护承受过渡电阻能力的改善、距离保护如何区分振荡和短路、变压器差动保护如何识别励磁涌流和内部故障等问题，因此保护性能得到很好的改善。同时，微处理器和集成电路芯片的性能也不断提高而价格一直在下降，而且微机保护装置是一个可编程序的装置，它可基于通用硬件实现多种保护功能，使硬件种类大大减少。因此，微机保护装置具有良好的性价比。

第二节　微机保护装置的硬件系统

一台完整的微机保护装置主要由硬件和软件两部分构成。硬件指模拟和数字电子电路，提供软件运行的平台，并且提供微机保护装置与外部系统的电气联系；软件指计算机程序，由它按照保护原理和功能要求对硬件进行控制，有序地完成数据采集、外部信息交换、数字运算和逻辑判断、动作指令执行等各项操作。只有硬件和软件互相配合才能实现微机保护的原理和功能，两者缺一不可。

微机保护装置的硬件系统原理框图如图 8-1 所示。

一、数字核心部件

微机保护装置的数字核心部件实质上是一台特别设计的专用微型计算机，一般由中央处理器（Central Processing Unit，CPU）、存储器、定时器/计数器及控制电路等部分构成，并通过数据总线、地址总线、控制总线连成一个系统，实现数据交换和操作控制。继电保护程序在数字核心部件内运行，完成数字信号处理任务，指挥各种外围接口部件运转，从而实现继电保护的原理和各项功能。

CPU 是数字核心部件及整个微机保护装置的指挥中枢，计算机程序的运行依赖于 CPU来实现。因此，CPU 在很大程度上决定了微机保护装置的技术水平。CPU 的主要技术指标

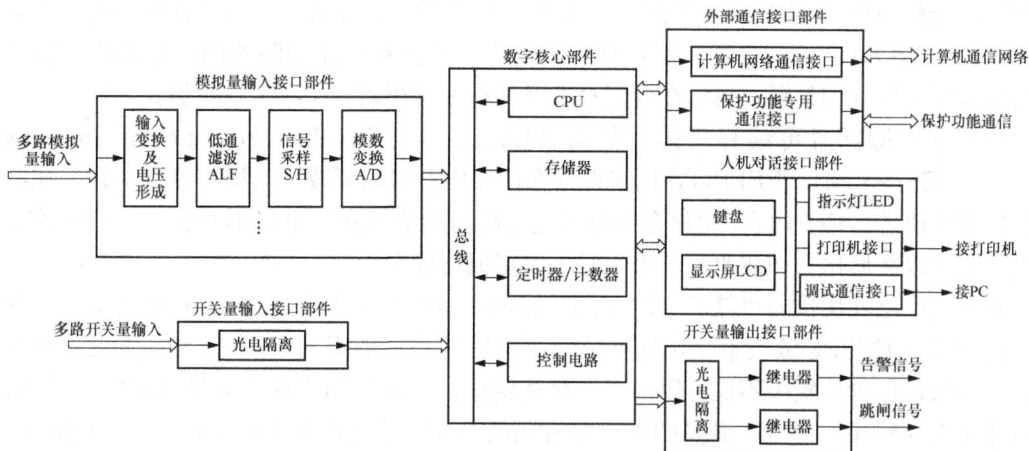

图 8-1 微机保护装置硬件系统原理框图

包括字长、指令的丰富性、运行速度等。当前应用于微机保护装置的 CPU 主要有以下几种类型：

（1）单片微处理器，其特点是将 CPU 与定时器/计数器及某些输入/输出接口器件集成在一起，特别适于构成紧凑的测量、控制及保护装置，如 Intel 公司的 8031 系列及其兼容产品（字长 8 位）、8086 及 80C196（字长 16 位）等。目前多采用 16 位单片微处理器构成中、低压或中、小型电力设备的微机保护装置。

（2）通用微处理器，如 Intel 公司的 80X86 系列、Motorola 公司的 MC863XX 系列等。其中的 32 位 CPU 具有很高的性能，适用于各种复杂的微机保护装置。

（3）数字信号处理器（Digital Signal Processing，DSP），其主要特点是高运算速度、高可靠性、低功耗及可由硬件完成某些数字信号处理算法并包含相关指令等，目前已在各类微机保护装置中得到广泛使用。尤其是可支持浮点运算的 32 位 DSP 具有极高的信息处理能力，特别适于构成高性能的数字式保护装置。

存储器用来保存程序和数据，它的存储容量和访问速度也会影响整个数字式保护装置的性能。在微机保护装置中，数字信息大致可分为三类：第一类为经常变化的数据，要求能在 CPU 和存储器之间进行高速数据交换（读写），如实时采样值、控制变量、运算过程的数据等；第二类为计算机程序，在开发阶段定稿后不再需要也不允许改变，装置失电后也不允许改变；第三类为整定值等控制参数，需要经常调整，但装置失电后也不允许改变。根据上述三类数字信息，通常把存储器的存储空间分为数据存储区、程序存储区和定值存储区，相应的采用了三种不同类型的存储器：

（1）随机访问存储器（Random Access Memory，RAM）。RAM 用来暂存需要快速交换的大量临时数据，如数据采集系统提供的数据信息、计算处理过程的中间结果等。RAM 中的数据允许高速读取和写入，但在失电后会丢失。还有一种存储器件称为非易失性随机访问存储器（Non-Volatile Random Access Memory，NVRAM），即可高速读写，又可以在失电后不丢失数据，适用于快速保存大量数据。

（2）只读存储器（Read Only Memory，ROM）。目前实际使用的是一种紫外线可擦除且电可编程只读存储器（Erasable Programming Read Only Memory，EPROM），用来保存

保护的运行程序和一些固定不变的数据。EPROM 中的数据允许高速读取且在失电后不会丢失。改写 EPROM 存储的内容必须要有两个过程：首先在专用擦除器内经紫外线较长时间照射擦除原来保存的数据，然后在专用写入器（称为编程器）中写入新数据。

（3）电可擦除且可编程只读存储器（Electrically Erasable Programming Read Only Memory，EEPROM）。EEPROM 用来保存在使用中有时需要改写的那些控制参数，如继电保护的整定值等。EEPROM 中保存的数据允许高速读取且在失电后不会丢失，同时无需专用设备就可以在使用中在线改写，对于修改整定值比较方便。

目前还广泛使用快闪存储器（Flash Memory，也称快擦写存储器），它的数据读写和存储特点与并行 EEPROM 类似（快读慢写，调电后不丢失数据），且存储容量更大，可靠性更高，在微机保护装置中不仅可以用来保存整定值，还可以用来保存大量的故障记录数据，也可用来保存程序。目前，很多 CPU（如常用的 DSP）中已内置了 Flash Memory 器件，主要用来保存程序，从而可省去外部程序存储器。

定时器/计数器在微机保护中也是十分重要的器件，它除了为延时动作的保护提供精确计时外，还可以提供定时采样触发信号、形成中断控制等。目前，很多 CPU 中已将定时器/计数器集成在其内部。

数字核心部件的控制电路包括地址译码器、地址锁存器、数据缓冲器、晶体振荡器及时钟发生器、中断控制器等，它的作用是保证整个数字电路的有效连接和协调工作。早期这些控制电路由分离的逻辑器件相互连线构成，而现在已广泛采用了大规模的可编程逻辑器件，大大简化了印制板的连线，提高了数字核心部件的可靠性。

二、模拟量输入接口部件

继电保护的基本输入电量是模拟性质的电信号。一次系统的模拟电量可分为交流量、直流量及各种非电量。它们经过各种互感器转变为二次电信号，再由引线端子进入微机保护装置。这些由互感器输入的模拟电信号还要正确地变换成离散化的数字量。该过程即通常所说的数据采集，因此模拟量输入（Analog Input，AI）接口部件也称模拟量数据采集部件或数据采集系统。

AI 接口往往包括多路不同性质的模拟量输入通道，如不同相别的电压和电流、零序电压和电流及直流电压和电流等，具体情况取决于微机保护装置的功能要求，但一般都要求由 AI 接口得到的多路数字信号之间保持在时间上的同时性和同性质的通道之间变化比例一致。另外，要求 AI 接口能够不失真地传送输入信号。继电保护装置需要在故障暂态过程中有效工作，而发生故障时电流、电压量值往往呈现出很大的动态变化范围，因此 AI 接口在可能的输入信号最大变化范围内应能保持良好的线性度和变换精度。

典型的交流 AI 接口按信号流程主要包括以下各部分：输入变换及电压形成回路、前置模拟低通滤波器（Analog Low - pass Filter，ALF）、采样保持（S/H）电路和模数变换（A/D）电路。

（1）输入变换及电压形成回路完成输入信号的标度变换与隔离。交流信号输入变换由输入变换器实现，接收来自电力互感器二次侧的电压、电流信号。其作用是通过装置内的输入变压器、变流器将二次电压、电流进一步变小，以适应弱电电子元件的要求；同时使二次回路与保护装置内部电路之间实现电气隔离和电磁屏蔽，以保障保护装置内部弱电元件的安全，减少来自高压设备对弱电元件的干扰。交流电压变换可直接采用电压互感器；而对于交流电流，由于通常使用的弱电电子器件为电压输入型器件，因此还需将电流信号转换为电压信号，该转换过程称为电压形成。电压形成的方式与微机保护装置所采用的电流变换器的形式有关，通常有电流变换器和电抗变换器两种形式。

（2）ALF 是为了抑制输入信号中对保护无用的较高频率的成分，以便采样时易于满足采样定理的要求。ALF 可采用简单的有源或无源低通滤波电路。

（3）采样保持（S/H）电路完成对输入模拟信号的采样。采样保持是指在某时刻获取（抽取）输入模拟信号在该时刻的瞬时值，并维持适当时间不变，以便模/数变换回路将其转化为数字量。如果按固定的时间间隔重复地进行这种采样操作，就可将时间上连续变化的模拟信号转换为时间上离散的模拟信号序列。

（4）模/数变换（A/D）电路实现模拟量到数字量的变换，即将由 S/H 电路采集（抽取）并保持的输入模拟信号的瞬时值变换为相应的数字值。

三、开关量输入接口部件

这里开关量泛指那些反映"是"或"非"两种状态的逻辑变量，如断路器的"合闸"或"分闸"状态、开关或继电器触点的"通"或"断"状态、控制信号的"有"或"无"状态等。继电保护装置常常需要确知相关开关量的状态才能正确动作，外部设备一般通过其辅助继电器触点的"闭合"与"断开"来提供开关量状态信号。由于开关量状态正好对应二进制数字的"1"或"0"，所以开关量可作为数字量读入，因此开关量输入接口简称 DI（Digital Input）接口。DI 接口的作用是为开关量提供输入通道，并在微机保护装置内外部之间实现电气隔离，以保证内部弱电电子电路的安全和减少外部干扰。一种典型的 DI 接口电路如图 8-2 所示（仅绘出一路），它使用光电耦合器件实现电气隔离。光电耦合器件内部由发光二极管和光敏晶体管组成。目前常用的光电耦合器件为电流型，当外部继电器触点闭合时，电流经限流电阻 R 流过发光二极管使其发光，光敏晶体管受光照射而导通，其输出端呈现低电平"0"；反之，当外部继电器触点断开时，无电流流过发光二极管，光敏晶体管无照射而截止，其输出端呈现高电平"1"。该"0""1"状态可作为数字量由 CPU 直接读入，也可控制中断控制器向 CPU 发出中断请求。

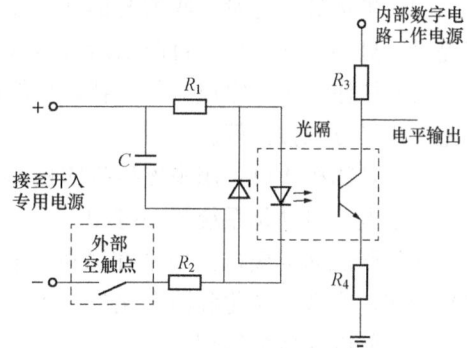

图 8-2 典型的 DI 接口电路

四、开关量输出接口部件

微机保护装置通过开关量输出的"0"或"1"状态来控制执行回路（如告警信号或跳闸回路继电器触点的"通"或"断"），因此开关量输出接口简称 DO（Digital Output）接口。DO 接口的作用是为正确地发出开关量操作命令提供输出通道，并在微机保护装置内外部之间实现电气隔离，以保证内部弱电电子电路的安全和减少外部干扰。一种典型的使用光电耦合器件的 DO 接口电路如图 8-3 所示。继电器线圈两端并联的二极管称为续流二极管。它在 CPU 输出由"0"变为"1"，光敏晶体管突然由"导通"变为"截止"时，为继电器线圈释放储存的能量提供电流通路。这样一方面可加快继电器的返回，另一方面可避免电流突变产生较高的反向电压而引起相关元件的损坏和产生强烈的干扰信号。

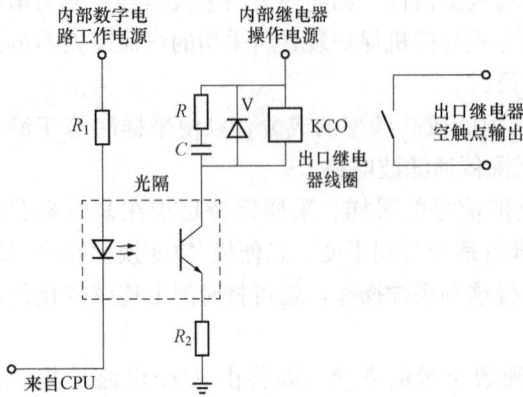

图 8-3　典型的使用光电耦合器件的 DO 接口电路

五、人机对话接口部件

人机对话接口（Man - Machine Interface，MMI）的作用是建立起微机保护装置与使用者之间的信息联系，以便对保护装置进行人工操作、调试和得到反馈信息。继电保护装置的操作主要包括整定值和控制命令的输入等，而反馈信息主要包括被保护的一次设备是否发生动作及保护装置本身是否运行正常等。微机保护装置采用智能化人机界面，使人机信息交换功能大为丰富，操作更为方便。微机保护装置的 MMI 部件通常包括以下几个部分：

（1）紧凑键盘：主要用来修改整定值和输入操作命令，其控制电路简捷且键的数量很少，如通常只有光标移动键、数值增减键、操作确认键、操作取消键等，需要与显示屏相配合来完成对保护装置的各种操作任务。

（2）显示屏：通常采用小型图形化液晶显示屏（Liquid Crystal Display，LCD），用来实现数据、曲线、图形及汉字的显示，显示内容通常包括整定值、控制命令、采样值、测量值、被保护设备故障报告、保护装置运行状态的报告等。目前数字式保护装置通常都能通过 LCD 和紧凑键盘来实现菜单和图标操作。

（3）指示灯：可对一些重要事件，如保护装置动作、保护装置运行正常、保护装置故障等提供明显的监视信号。目前指示灯通常采用发光二极管。

（4）按钮：用来完成对某些特定功能的直接控制，如数字保护装置的系统复位（Reset）按钮、信号复归按钮等。

（5）打印机接口：用来连接打印机形成纸质文字报告。微机保护装置可将相关信息经通信传送给电站自动化系统统一打印。

（6）调试通信接口：用来在微机保护装置进行现场调试时与通用计算机（如笔记本电脑）相连，实现视窗化和图形化的高级自动调试功能。

六、外部通信接口部件

外部通信接口（Communication Interface，CI）的作用是提供与计算机通信网络及远程通信网的信息通道。CI 可分为两大类：一类 CI 为实现特殊保护功能的专用通信接口，如输电线路纵联保护，它要求位于输电线路两端的保护交换信息和相互配合，共同完成保护功能，这时需要为不同类型的纵联保护提供载波、微波或光纤等通信接口；另一类 CI 为通用计算机网络接口，可与电站计算机局域网及电力系统远程通信网相连，实现更高一级的信息管理和控制功能，如信息交互、数据共享、远方操作及远方维护等。

微机保护装置除了上述各部件外，还需要工作电源。由于电源必须保证对所有有源器件安全、稳定、优质、可靠地供电并满足它们的特殊要求，因此电源部件是非常重要的部件之一。目前通常采用开关式逆变电源组件。

第三节 微机保护的算法

一、数字滤波

在微机保护中，滤波是一个必要的环节，它用于滤去各种不需要的谐波。在本章第一节关于硬件的介绍中已经提到的模拟低通滤波器的作用主要是滤掉 $f_s/2$ 以上的高频分量（f_s 为采样频率），以防止混叠现象产生。而数字滤波器的用途是滤去各种特定次数的谐波，特别是接近工频的谐波。

数字滤波器不同于模拟滤波器，它不是一种纯硬件构成的滤波器，而由软件编程实现，改变算法或某些系数即可改变滤波性能，即滤波器的幅频特性和相频特性。

在微机保护中广泛使用的简单的数字滤波器是一类用加减运算构成的线性滤波单元。它们的基本形式有差分滤波、加法滤波、积分滤波等，下面仅以差分滤波为例进行简单介绍。

差分滤波器输出信号的差分方程形式为

$$y(n) = x(n) - x(n-k) \tag{8-1}$$

式中：$x(n)$、$y(n)$ 分别为滤波器在采样时刻 n（或 nT_s）的输入与输出；$x(n-k)$ 为 n 时刻以前第 k 个采样时刻的输入，$k \geqslant 1$。

对式（8-1）进行 Z 变换，可得传递函数 $H(z)$ 为

$$y(z) = x(z)(1 - z^{-k})$$

$$H(z) = \frac{Y(z)}{X(z)} = 1 - z^{-k} \tag{8-2}$$

将 $z = \mathrm{e}^{j\omega T_s}$ 代入式（8-2）中，可得差分滤波器的幅频特性和相频特性，如下：

$$\left| H(\mathrm{e}^{j\omega T_s}) \right| = \sqrt{(1 - \cos k\omega T_s)^2 + \sin^2 k\omega T_s} = 2 \left| \sin \frac{k\omega T_s}{2} \right| \tag{8-3}$$

$$\varphi(\omega T_s) = \arctan \frac{\sin k\omega T_s}{1 - \cos k\omega T_s} = \arctan \left(\tan \frac{k\omega T_s}{2} \right) \tag{8-4}$$

$$= \arctan \left[\tan \left(\frac{\pi}{2} - \frac{k\omega T_s}{2} \right) \right] = \frac{\pi}{2}(1 - 2fkT_s)$$

式中：$\omega = 2\pi f$，f 为输入信号频率；T_s 为采样周期，$T_s = 1/f_s$，f_s 为采样频率，通常要求 f_s 为基波频率 f_1 的整数倍，即 $f_s = Nf_1$，N 为每工频周期的采样点数目。

由式（8-3）可知，设需滤除谐波次数为 m，差分步长为 k（k 次采样），则此时 $\omega = m\omega_1 = m \cdot 2\pi f_1$，应使 $H(\mathrm{e}^{j\omega T_s}) = 0$。令

$$2 \left| \sin \frac{kmf_1\pi}{f_s} \right| = 0$$

则有

$$\frac{kmf_1\pi}{f_s} = l\pi \quad (l = 0, 1, 2, 3 \cdots)$$

$$m = l\frac{f_s}{kf_1} = l\frac{N}{K} = lm_0 ; m_0 = \frac{N}{k} \tag{8-5}$$

当 N（即 f_s 和 f_1）取值已定时，采用不同的 l 和 k 值便可滤除 m 次谐波。

注意，当 $l=0$ 时，必然有 $m=0$，使式（8-5）为零，所以无论 f_s、k 取何值，直流分量总能滤除。另外，m_0 的整数倍的谐波都将被滤除。例如，需滤去 3 次谐波（$m=3$），若取

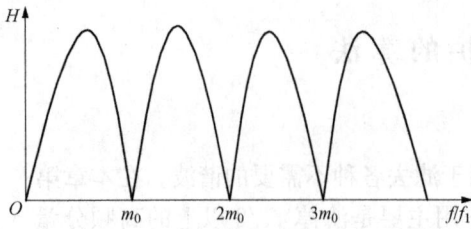

图 8-4　差分滤波器的幅频特性曲线

$l=1$、$N=12$，则 k 应取为 4。差分滤波器的幅频特性曲线如图 8-4 所示。

若令 $k=f_s/f_1$，差分滤波将消去基波（以及直流和所有整数次谐波），在稳态情况下，该滤波器无输出。在发生故障后的一个基波周期内，其只输出故障分量，所以可用来实现启动元件、选相元件及其他利用故障分量原理构成的保护。

二、正弦函数模型算法

假定被采样的电压、电流信号都是纯正弦函数，既不含非周期分量，又不含谐波分量。因此，可利用正弦函数的种种特性，从若干个离散化采样值中计算出电流、电压幅值、相位角和测量阻抗等量值。

1. 半周积分算法

半周积分算法的依据为

$$S=\int_0^{\frac{T}{2}} U_m\sin\omega t\,dt=-\frac{U_m}{\omega}\cos\omega t\Big|_0^{\frac{T}{2}}=\frac{2}{\omega}U_m=\frac{T}{\pi}U_m \tag{8-6}$$

即正弦函数半周积分与其幅值成正比。

式（8-6）的积分可以用梯形法则近似求出

$$S\approx\left[\frac{1}{2}|u_0|+\sum_{k=1}^{N/2-1}|u_k|+\frac{1}{2}|u_{N/2}|\right]T_s \tag{8-7}$$

式中：u_k 为第 k 次采样值；N 为一周期 T 内的采样点数；u_0 为 $k=0$ 时的采样值；$u_{N/2}$ 为 $k=N/2$ 时的采样值。

求出积分值 S 后，应用式（8-6）可求得幅值 $U_m=S\pi/T$。

因为在半周积分过程中，叠加在基频分量上的幅值不大的高频分量，其对称的正负半周相互抵消，剩余未被抵消的部分占的比例就减少了，所以这种算法有一定的滤波作用。另外，这一算法所需数据窗仅为半个周期，即数据长度为 10ms。

2. 导数算法

导数算法是利用正弦函数的导数为余弦函数这一特点求出采样值的幅值和相位的一种算法。

设

$$\begin{cases} u=U_m\sin\omega t \\ i=I_m\sin(\omega t-\theta) \end{cases}$$

则

$$\begin{cases} u'=\omega U_m\cos\omega t \\ i'=\omega I_m\cos(\omega t-\theta) \\ u''=-\omega^2 U_m\sin\omega t \\ i''=-\omega^2 I_m\sin(\omega t-\theta) \end{cases} \tag{8-8}$$

故得出

$$u^2 + \left(\frac{u'}{\omega}\right)^2 = U_\mathrm{m}^2 \ \text{或} \left(\frac{u'}{\omega}\right)^2 + \left(\frac{u''}{\omega^2}\right)^2 = U_\mathrm{m}^2 \tag{8-9}$$

$$i^2 + \left(\frac{i'}{\omega}\right)^2 = I_\mathrm{m}^2 \ \text{或} \left(\frac{i'}{\omega}\right)^2 + \left(\frac{i''}{\omega}\right)^2 = I_\mathrm{m}^2 \tag{8-10}$$

和

$$z^2 = \frac{U_\mathrm{m}^2}{I_\mathrm{m}^2} = \frac{\omega^2 u^2 + u'^2}{\omega^2 i^2 + i'^2} \tag{8-11}$$

根据式（8-8），也可推导出

$$\frac{ui'' - u'i'}{ii'' - i'^2} = \frac{U_\mathrm{m}}{I_\mathrm{m}}\cos\theta = R \tag{8-12}$$

$$\frac{u'i - ui'}{ii'' - i'^2} = \frac{U_\mathrm{m}}{\omega I_\mathrm{m}}\sin\theta = \frac{X}{\omega} = L \tag{8-13}$$

式（8-9）～式（8-13）中，u、i 对应 t_k 时为 u_k、i_k，均为已知数；而对应 $t_{\mathrm{k}-1}$ 和 $t_{\mathrm{k}+1}$ 的 u、i 为 $u_{\mathrm{k}-1}$、$u_{\mathrm{k}+1}$、$i_{\mathrm{k}-1}$、$i_{\mathrm{k}+1}$，也为已知数，此时

$$u'_\mathrm{k} = \frac{u_{\mathrm{k}+1} - u_{\mathrm{k}-1}}{2T_\mathrm{s}} \tag{8-14}$$

$$i'_\mathrm{k} = \frac{i_{\mathrm{k}+1} - i_{\mathrm{k}-1}}{2T_\mathrm{s}} \tag{8-15}$$

$$u''_\mathrm{k} = \frac{1}{T_\mathrm{s}}\left(\frac{u_{\mathrm{k}+1} - u_\mathrm{k}}{T_\mathrm{s}} - \frac{u_\mathrm{k} - u_{\mathrm{k}-1}}{T_\mathrm{s}}\right) = \frac{1}{(T_\mathrm{s})^2}(u_{\mathrm{k}+1} - 2u_\mathrm{k} + u_{\mathrm{k}-1}) \tag{8-16}$$

$$i''_\mathrm{k} = \frac{1}{T_\mathrm{s}}\left(\frac{i_{\mathrm{k}+1} - i_\mathrm{k}}{T_\mathrm{s}} - \frac{i_\mathrm{k} - i_{\mathrm{k}-1}}{T_\mathrm{s}}\right) = \frac{1}{(T_\mathrm{s})^2}(i_{\mathrm{k}+1} - 2i_\mathrm{k} + i_{\mathrm{k}-1}) \tag{8-17}$$

导数算法最大的优点是它的"数据窗"即算法所需要的相邻采样数据是三个，即计算速度快；其缺点是当采样频率较低时，计算误差较大。

3. 两采样值积算法

两采样值积算法是利用两个采样值推算出正弦曲线波形，即用采样值的乘积来计算电流、电压、阻抗的幅值和相角等电气参数的方法，属于正弦曲线拟合法。这种算法的特点是计算的判定时间较短。

设有正弦电压、电流波形在任意两个连续采样时刻 t_k、$t_{\mathrm{k}+1}$（$=t_\mathrm{k} + T_\mathrm{s}$）进行采样，并设被采样电流滞后电压的相位角为 θ，则 t_k 和 $t_{\mathrm{k}+1}$ 时刻的采样值分别表示为式（8-18）和式（8-19），有

$$\begin{cases} u_1 = U_\mathrm{m}\sin\omega t_\mathrm{k} \\ i_1 = I_\mathrm{m}\sin(\omega t_\mathrm{k} - \theta) \end{cases} \tag{8-18}$$

$$\begin{cases} u_2 = U_\mathrm{m}\sin\omega t_{\mathrm{k}+1} = U_\mathrm{m}\sin\omega(t_\mathrm{k} + T_\mathrm{s}) \\ i_2 = I_\mathrm{m}\sin(\omega t_{\mathrm{k}+1} - \theta) = I_\mathrm{m}\sin[\omega(t_\mathrm{k} + T_\mathrm{s}) - \theta] \end{cases} \tag{8-19}$$

式中：T_s 为两采样值的时间间隔，即 $T_\mathrm{s} = t_{\mathrm{k}+1} - t_\mathrm{k}$。

由式（8-18）和式（8-19），取两采样值乘积，则有

$$u_1 i_1 = \frac{1}{2}U_\mathrm{m}I_\mathrm{m}[\cos\theta - \cos(2\omega t_\mathrm{k} - \theta)] \tag{8-20}$$

$$u_2 i_2 = \frac{1}{2} U_m I_m [\cos\theta - \cos(2\omega t_k + 2\omega T_s - \theta)] \qquad (8-21)$$

$$u_1 i_2 = \frac{1}{2} U_m I_m [\cos(\theta - \omega T_s) - \cos(2\omega t_k + \omega T_s - \theta)] \qquad (8-22)$$

$$u_2 i_1 = \frac{1}{2} U_m I_m [\cos(\theta + \omega T_s) - \cos(2\omega t_k + \omega T_s - \theta)] \qquad (8-23)$$

式（8-20）和式（8-21）相加，得

$$u_1 i_1 + u_2 i_2 = \frac{1}{2} U_m I_m [2\cos\theta - 2\cos\omega T_s \cos(2\omega t_k + \omega T_s - \theta)] \qquad (8-24)$$

式（8-22）和式（8-23）相加，得

$$u_1 i_2 + u_2 i_1 = \frac{1}{2} U_m I_m [2\cos\omega T_s \cos\theta - 2\cos(2\omega t_k + \omega T_s - \theta)] \qquad (8-25)$$

从式（8-24）和式（8-25）可以看到，只要能消去含 ωt_k 的项，便可由采样值计算出其幅值 U_m、I_m。因此，将式（8-25）乘以 $\cos\omega T_s$ 再与式（8-24）相减，可消去 ωt_k 项，得

$$U_m I_m \cos\theta = \frac{u_1 i_1 + u_2 i_2 - (u_1 i_2 + u_2 i_1)\cos\omega T_s}{\sin^2 \omega T_s} \qquad (8-26)$$

同理，由式（8-22）与式（8-23）相减消去 ωt_k 项，得

$$U_m I_m \sin\theta = \frac{u_1 i_2 - u_2 i_1}{\sin\omega T_s} \qquad (8-27)$$

在式（8-26）中，如用同一电压的采样值相乘，或用同一电流的采样值相乘，则 $\theta=0°$，此时可得

$$U_m^2 = \frac{u_1^2 + u_2^2 - 2u_1 u_2 \cos\omega T_s}{\sin^2 \omega T_s} \qquad (8-28)$$

$$I_m^2 = \frac{i_1^2 + i_2^2 - 2i_1 i_2 \cos\omega T_s}{\sin^2 \omega T_s} \qquad (8-29)$$

由于 T_s、$\sin\omega T_s$、$\cos\omega T_s$ 均为常数，只要输入时间间隔 T_s 的两次采样值，便可按式（8-28）和式（8-29）计算出 U_m、I_m。

以式（8-29）去除式（8-26）和式（8-27），还可得到测量阻抗中的电阻和电抗分量，即

$$R = \frac{U_m}{I_m}\cos\theta = \frac{u_1 i_1 + u_2 i_2 - (u_1 i_2 + u_2 i_1)\cos\omega T_s}{i_1^2 + i_2^2 - 2i_1 i_2 \cos\omega T_s} \qquad (8-30)$$

$$X = \frac{U_m}{I_m}\sin\theta = \frac{(u_1 i_2 - u_2 i_1)\sin\omega T_s}{i_1^2 + i_2^2 - 2i_1 i_2 \cos\omega T_s} \qquad (8-31)$$

由式（8-28）和式（8-29）也可求出阻抗的模值为

$$z = \frac{U_m}{I_m} = \sqrt{\frac{u_1^2 + u_2^2 - 2u_1 u_2 \cos\omega T_s}{i_1^2 + i_2^2 - 2i_2 i_1 \cos\omega T_s}} \qquad (8-32)$$

由式（8-30）和式（8-31）还可求出 U、I 之间的相角差 θ 为

$$\theta = \arctan \frac{(u_1 i_2 - u_2 i_1)\sin\omega T_s}{u_1 i_1 + u_2 i_2 - (u_1 i_2 + u_2 i_1)\cos\omega T_s} \qquad (8-33)$$

若取 $\omega T_s = 90°$，则式（8-28）～式（8-33）可进一步化简，进而大大减少了计算机的运算时间。

4. 三采样值积算法

三采样值积算法是使三个连续的等时间间隔 T_s 的采样值两两相乘，通过适当地组合消去 ωt 项以求出 u、i 的幅值和其他电气参数。

设在 t_{k+1} 后再隔一个 T_s 为时刻 t_{k+2}，此时的 u、i 采样值为

$$u_3 = U_m \sin\omega(t_k + 2T_s) \tag{8-34}$$

$$i_3 = I_m \sin(\omega t_k + 2\omega T_s - \theta) \tag{8-35}$$

式 (8-34) 和式 (8-35) 两采样值相乘，得

$$u_3 i_3 = \frac{1}{2} U_m I_m [\cos\theta - \cos(2\omega t_k + 4\omega T_s - \theta)] \tag{8-36}$$

式 (8-36) 与式 (8-20) 相加，得

$$u_1 i_1 + u_3 i_3 = \frac{1}{2} U_m I_m [2\cos\theta - 2\cos 2\omega T_s \cos(2\omega t_k + 2\omega T_s - \theta)] \tag{8-37}$$

显然，将式 (8-37) 和式 (8-21) 经适当组合以消去 ωt_k 项，得

$$U_m I_m \cos\theta = \frac{u_1 i_1 + u_3 i_3 - 2u_2 i_2 \cos 2\omega T_s}{2\sin^2 \omega T_s} \tag{8-38}$$

若要 $\omega T_s = 30°$，式 (8-38) 简化为

$$U_m I_m \cos\theta = 2(u_1 i_1 + u_3 i_3 - u_2 i_2) \tag{8-39}$$

用 I_m 代替 U_m（或 U_m 代替 I_m），并取 $\theta = 0°$，则有

$$U_m = 2(u_1^2 + u_3^2 - u_2^2) \tag{8-40}$$

$$I_m = 2(i_1^2 + i_3^2 - i_2^2) \tag{8-41}$$

由式 (8-39) 和式 (8-41) 可得

$$R = \frac{U_m}{I_m} \cos\theta = \frac{u_1 i_1 + u_3 i_3 - u_2 i_2}{i_1^2 + i_3^2 - i_2^2} \tag{8-42}$$

由式 (8-27) 和式 (8-41)，并考虑到 $\omega T_s = 30°$，得

$$X = \frac{U_m}{I_m} \sin\theta = \frac{u_1 i_2 - u_2 i_1}{i_1^2 + i_3^2 - i_2^2} \tag{8-43}$$

由式 (8-40) 和式 (8-41) 可得

$$z = \frac{U_m}{I_m} = \sqrt{\frac{u_1^2 + u_3^2 - u_2^2}{i_1^2 + i_3^2 - i_2^2}} \tag{8-44}$$

由式 (8-42) 和式 (8-43) 可得

$$\theta = \arctan \frac{u_1 i_2 - u_2 i_1}{u_1 i_1 + u_3 i_3 - u_2 i_2} \tag{8-45}$$

三采样值积算法的数据窗是 $2T_s$。从精确角度来看，如果输入信号波形是纯正弦的，这种算法没有误差，因为算法的基础是考虑了采样值在正弦信号中的实际值。

三、傅里叶算法（傅氏算法）

前面所讲正弦函数模型算法只是对理想情况的电流、电压波形进行了粗略的计算。由于故障时的电流、电压波形畸变很大，因此不能再把它们假设为单一频率的正弦函数，而是假设它们是包含各种分量的周期函数。针对这种模型，最常用的是傅里叶算法（傅氏算法）。傅里叶算法本身具有滤波作用。

1. 全周波傅里叶算法

全周波傅里叶算法采用 $\cos n\omega_1 t$ 和 $\sin n\omega_1 t$ （$n=0$，1，2，…）正弦函数组作为样品函

数，将这一正弦样品函数与待分析的时变函数进行相应的积分变换，以求出与样品函数频率相同的分量的实部和虚部的系数，进而可以求出待分析的时变函数中该频率的谐波分量的模值和相位。

根据傅里叶级数，可将待分析的周期函数电流信号 $i(t)$ 表示为

$$i(t) = I_0 + \sum_{n=1}^{\infty} I_{nc} \cos n\omega_1 t + \sum_{n=1}^{\infty} I_{ns} \sin n\omega_1 t \tag{8-46}$$

式中：n 为 n 次谐波（$n=1, 2, \cdots$）；I_0 为恒定电流分量；I_{nc}、I_{ns} 分别为 n 次谐波的余弦分量电流和正弦分量电流的幅值。

用 $\cos n\omega_1 t$ 和 $\sin n\omega_1 t$ 分别乘以式（8-46）两边，然后在 $t_0 \sim t_0+T$ 积分，得到

$$I_{nc} = \frac{2}{T} \int_{t_0}^{t_0+T} i(t) \cos n\omega_1 t \, dt \tag{8-47}$$

$$I_{ns} = \frac{2}{T} \int_{t_0}^{t_0+T} i(t) \sin n\omega_1 t \, dt \tag{8-48}$$

每工频周期 T 采样 N 次，对式（8-47）和式（8-48）用梯形法数值积分来代替，则得

$$I_{nc} = \frac{2}{N} \sum_{k=1}^{N} i_k \cos k \frac{2\pi n}{N} \tag{8-49}$$

$$I_{ns} = \frac{2}{N} \sum_{k=1}^{N} i_k \sin k \frac{2\pi n}{N} \tag{8-50}$$

式中：k、i_k 为第 k 次采样及第 k 个采样值。

电流 n 次谐波幅值（最大值）和相位（余弦函数的初相）分别为

$$I_n = \sqrt{I_{ns}^2 + I_{nc}^2} \tag{8-51}$$

$$\theta_n = \arctan \frac{I_{ns}}{I_{nc}} \tag{8-52}$$

写成复数形式有 $\boldsymbol{I_n} = I_{nc} + jI_{ns}$。

对于基波分量，若每周采样 12 点（$N=12$），则式（8-49）和式（8-50）可简化为

$$6I_{1c} = \frac{\sqrt{3}}{2}(i_1 - i_5 - i_7 + i_{11}) + \frac{1}{2}(i_2 - i_4 - i_8 + i_{10}) - i_6 + i_{12} \tag{8-53}$$

$$6I_{1s} = (i_3 - i_9) + \frac{1}{2}(i_1 + i_5 - i_7 - i_{11}) + \frac{\sqrt{3}}{2}(i_2 + i_4 - i_8 - i_{10}) \tag{8-54}$$

在微机保护的实际编程中，为尽量避免采用费时的乘法指令，在准确度容许的情况下，为了获得对采样结果分析计算的快速性，可用（1—1/8）近似代替式（8-53）和式（8-54）中的 $\sqrt{3}/2$，而后 1/2 和 1/8 采用较省时的移位指令来实现。

全周波傅里叶法本身具有滤波作用，在计算基频分量时，能抑制恒定直流和消除各整数次谐波，但对衰减的直流分量将造成基频（或其他倍频）分量计算结果的误差。另外，用近似数值计算代替积分也会导致一定的误差。算法的数据窗为一个工频周期，属于长数据窗类型，响应时间较长。

2. 半周波傅里叶算法

为了缩短全周波傅里叶算法的计算时间，提高响应速度，可只取半个工频周期的采样值。半周波傅里叶算法的原理和全周波傅里叶算法相同，其计算公式为

$$I_{ns} = \frac{4}{N} \sum_{k=1}^{N/2} i_k \sin k \frac{2\pi n}{N} \tag{8-55}$$

$$I_{nc} = \frac{4}{N} \sum_{k=1}^{N/2} i_k \cos k \frac{2\pi n}{N} \tag{8-56}$$

半周波傅里叶算法的数据窗为半个工频周期，响应时间较短，但该算法基频分量计算结果受衰减的直流分量和偶次谐波的影响较大，奇次谐波的滤波效果较好。为消除衰减的直流分量的影响，可采用各种补偿算法，如采用一阶差分法（减法滤波器），将滤波后的采样值再代入半周波傅里叶算法的计算公式，将取得一定的补偿效果。

3. 基于傅里叶算法的滤序算法

有些微机保护中需要计算出负序或零序分量，如负序电流 I_2 和零序电流 I_0。可利用傅里叶算法中计算出的三相电流基波分量的实、虚部 I_{1CA}、I_{1SA}、I_{1CB}、I_{1SB}、I_{1CC} 及 I_{1SC} 来计算三相电流的负序和零序分量。

（1）A 相负序电流与三相电流的关系为

$$3\boldsymbol{I_{A2}} = \boldsymbol{I_A} + a^2 \boldsymbol{I_B} + a\boldsymbol{I_C} \tag{8-57}$$

式中：$a = e^{j\frac{2\pi}{3}}$，将其实部与虚部分开得

$$3I_{CA2} = I_{1CA} - \frac{1}{2}(I_{1CB} + I_{1CC}) + \frac{\sqrt{3}}{2}(I_{1CB} - I_{1CC}) \tag{8-58}$$

$$3I_{SA2} = I_{1SA} - \frac{1}{2}(I_{1SB} + I_{1SC}) - \frac{\sqrt{3}}{2}(I_{1SB} - I_{1SC}) \tag{8-59}$$

于是便得到负序电流的幅值为

$$I_{2m} = \frac{1}{3}\sqrt{I_{CA2}^2 + 3I_{SA2}^2} \tag{8-60}$$

（2）A 相零序电流与三相电流的关系为

$$3\boldsymbol{I_{A0}} = \boldsymbol{I_A} + \boldsymbol{I_B} + \boldsymbol{I_C} \tag{8-61}$$

将其实部和虚部分开，得到

$$3I_{CA0} = I_{1CA} + I_{1CB} + I_{1CC} \tag{8-62}$$

$$3I_{SA0} = I_{1SA} + I_{1SB} + I_{1SC} \tag{8-63}$$

于是便得到零序电流的幅值为

$$I_{0m} = \frac{1}{3}\sqrt{I_{CA0}^2 + I_{SA0}^2} \tag{8-64}$$

四、解微分方程算法

解微分方程算法是目前在距离保护中使用最多的一种方法，这种方法假定保护线路分布电容可以忽略，故障点到保护安装处的线路段可用一电阻和电感串联电路，即 $R-L$ 串联模型来表示，于是下述微分方程成立

$$u = R_1 i + L_1 \frac{di}{dt} \tag{8-65}$$

式中：R_1、L_1 分别为故障点至保护安装处线路段的正序电阻和电感；u、i 分别为保护安装处的电压和电流。

对于相间短路，u 和 i 应取 u_Δ 和 i_Δ。例如，A、B 相间短路时，取 u_{ab}、$i_a - i_b$；对于单相接地，取相电压及相电流加零序补偿电流。以 A 相接地为例，式（8-65）将改写为

$$u_a = R_1(i_a + 3k_r i_0) + L_1 \frac{d(i_a + 3k_l i_0)}{dt} \tag{8-66}$$

式中：k_r、k_l 分别为电阻和电感的零序补偿系数，$k_r = \dfrac{r_0 - r_1}{3r_1}$，$k_l = \dfrac{l_0 - l_1}{3l_1}$，$r_0$、$r_1$、$l_0$、$l_1$ 分别为输电线每千米的零序和正序电阻和电感。

式（8-65）中，u、i 和 di/dt 都是可以测量、计算的，R_1 和 L_1 是待求解的未知数，其求解方法有差分法和积分法两类。

1. 差分法

为解得 R_1 和 L_1，必须有两个方程式，可取采样时刻 t_{k-1} 和 t_k 两个采样值，则有

$$R_1 i_{k-1} + L_1 i'_{k-1} = u_{k-1} \tag{8-67}$$

$$R_1 i_k + L_1 i'_k = u_k \tag{8-68}$$

将 $i'_{k-1} = \dfrac{i_k - i_{k-2}}{2T_s}$、$i'_k = \dfrac{i_{k+1} - i_{k-1}}{2T_s}$ 代入式（8-67）和式（8-68）并联立求解，将得到

$$L_1 = \frac{2T_s(i_k u_{k-1} - i_{k-1} u_k)}{i_k(i_k - i_{k-2}) - i_{k-1}(i_{k+1} - i_{k-1})} \tag{8-69}$$

$$R_1 = \frac{u_k(i_k - i_{k-2}) - u_{k-1}(i_{k+1} - i_{k-1})}{i_k(i_k - i_{k-2}) - i_{k-1}(i_{k+1} - i_{k-1})} \tag{8-70}$$

式中：T_s 为采样间隔。

2. 积分法

用分段积分法对式（8-65）在两段采样时刻 $t_{k-2} \sim t_{k-1}$ 和 $t_{k-1} \sim t_k$ 分别进行积分，得到

$$\int_{t_{k-2}}^{t_{k-1}} u\,dt = R_1 \int_{t_{k-2}}^{t_{k-1}} i\,dt + L_1 \int_{i_{k-2}}^{i_{k-1}} di \tag{8-71}$$

$$\int_{t_{k-1}}^{t_k} u\,dt = R_1 \int_{t_{k-1}}^{t_k} i\,dt + L \int_{i_{k-1}}^{i_k} di \tag{8-72}$$

式中：i_k、i_{k-1}、i_{k-2} 分别表示 t_k、t_{k-1}、t_{k-2} 时刻的电流采样瞬时值。

将式（8-70）和式（8-72）中的分段积分用梯形法求解，则有

$$\frac{T_s}{2}(u_{k-1} + u_{k-2}) = R_1 \frac{T_s}{2}(i_{k-1} + i_{k-2}) + L_1(i_{k-1} - i_{k-2}) \tag{8-73}$$

$$\frac{T_s}{2}(u_k + u_{k-1}) = R_1 \frac{T_s}{2}(i_k + i_{k-1}) + L_1(i_k - i_{k-1}) \tag{8-74}$$

联立求解式（8-73）和式（8-74），可求得 R_1 和 L_1 分别为

$$L_1 = \frac{T_s}{2} \frac{(u_{k-1} + u_{k-2})(i_{k-1} + i_k) - (u_{k-1} + u_k)(i_{k-1} + i_{k-2})}{(i_{k-1} + i_k)(i_{k-1} - i_{k-2}) - (i_{k-1} + i_{k-2})(i_k - i_{k+1})} \tag{8-75}$$

$$R_1 = \frac{T_s}{2} \frac{(u_{k-1} + u_k)(i_{k-1} - i_{k-2}) - (u_{k-1} + u_{k-2})(i_k - i_{k-1})}{(i_{k-1} + i_k)(i_{k-1} - i_{k-2}) - (i_{k-1} + i_{k-2})(i_k - i_{k-1})} \tag{8-76}$$

解微分方程算法所依据的微分方程式（8-65）忽略了输电线分布电容，由此带来的误差只要用一个低通滤波器预先滤除电流和电压中的高频分量就可以基本消除。因为分布电容的容抗只有对高频分量才是不可忽略的。另外，电流中非周期分量是符合算法所依据的微分方程的，它不需要用滤波器滤除。用微方程算法不受电网频率的影响，前面介绍过的几种其他算法都要受电网频率变化的影响，需使采样频率自动跟踪电网频率的变化。解微分方程算法要求采样频率应远大于工频，否则将导致较大误差，这是因为积分和求导是用采样值来近似计算的。

五、保护功能的算法

1. 相电流差突变算法

在模拟保护中，常用突变量元件作为启动及振荡闭锁元件。这些突变量元件在微机保护中用软件实现特别方便，因为保护装置中的循环寄存区具有一定的记忆容量，可以方便地取得突变量。下面以电流为例，采用反映两相电流差的突变量，算法如下

$$\begin{cases} \Delta I_{ab} = \parallel i_{ab}(n) - i_{ab}(n-N) \mid - \mid i_{ab}(n-N) - i_{ab}(n-2N) \parallel \\ \Delta I_{bc} = \parallel i_{bc}(n) - i_{bc}(n-N) \mid - \mid i_{bc}(n-N) - i_{bc}(n-2N) \parallel \\ \Delta I_{ca} = \parallel i_{ca}(n) - i_{ca}(n-N) \mid - \mid i_{ca}(n-N) - i_{ca}(n-2N) \parallel \end{cases} \tag{8-77}$$

$$\begin{cases} i_{ab}(n) = i_a(n) - i_b(n) \\ i_{bc}(n) = i_b(n) - i_c(n) \\ i_{ca}(n) = i_c(n) - i_a(n) \end{cases} \tag{8-78}$$

式中：n 为采样时刻；N 为一个工频周期内的采样点数；$i_{ab}(n)$、$i_{bc}(n)$、$i_{ca}(n)$ 为当前时刻采样值；$i_{ab}(n-N)$、$i_{bc}(n-N)$、$i_{ca}(n-N)$ 为比 n 时刻早一个周期的采样值；$i_{ab}(n-2N)$、$i_{bc}(n-2N)$、$i_{ca}(n-2N)$ 为比 n 时刻早两个周期的采样值。

如图 8-5 所示，电力系统正常运行时，以 ΔI_{ab} 为例，$i_{ab}(n)$、$i_{ab}(n-N)$、$i_{ab}(n-2N)$ 的值近似相等，所以 $\Delta I_{ab} \approx 0$，即启动元件不应动作。电力系统正常运行，但频率发生变化偏离 50Hz 时，则 $i_{ab}(n)$、$i_{ab}(n-N)$、$i_{ab}(n-2N)$ 的值将不相等。这是因为采样是按等时间间隔进行的，频率变化时，$i_{ab}(n)$ 与 $i_{ab}(n-N)$ 两采样值将不是相差一个周期的采样值，于是 $i_{ab}(n) - i_{ab}(n-N)$ 出现差值；同理，$i_{ab}(n) - i_{ab}(n-2N)$ 也出现差值，且两差值接近相等。因此，此时 ΔI_{ab} 仍为零或很小。

当系统发生故障时，由于故障电流增大，因此 $i_{ab}(n)$ 增大，$i_{ab}(n-N)$ 为故障前负荷电流，故 $i_{ab}(n) - i_{ab}(n-N)$ 反映出故障电流产生的突变电流，$i_{ab}(n) - i_{ab}(n-2N)$ 仍近似为零，从而使 ΔI_{ab} 反映了故障电流突变量，如图 8-5 所示。

采用相电流差突变量构成的比相电流突变量启动元件有两个优点：对各种相间故障提高了启动元件的灵敏度，如对两相短路灵敏度可提高一倍；抗共模干扰能力强。

2. 相电流差工频变化量的选相元件

在某些保护中进行故障性质的判定需要首先选出故障相别。以阻抗元件为例，可只计算故障相或故障相间阻抗，这就需要通过选相元件决定阻抗计算中应取什么相电压和电流。非故障相的阻抗可以不算，因为只有故障相的阻抗才能正确反映故障点位置。

（1）基本原理。相电流差工频变化量选相元件是在系统发生故障时利用两相电流差的变化量（突变量）的幅值特

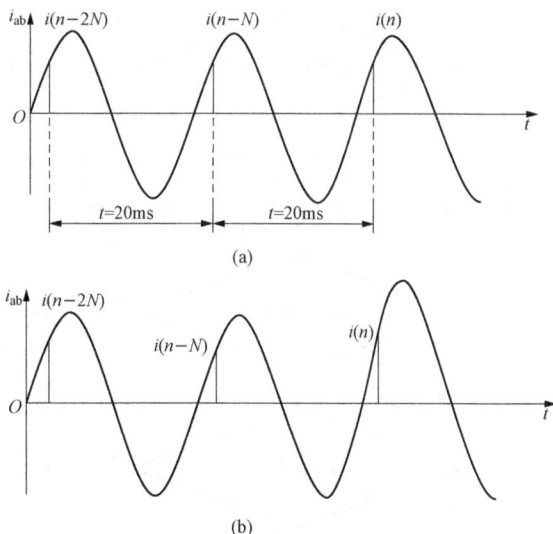

图 8-5　采样值比较示意图
(a) 电力系统正常时；(b) 电力系统故障后电流突变时

征区分各种类型故障。

设接入选相元件的两相电流差变化量（突变量）为 $(i_A-i_B)g$、$(i_B-i_C)g$、$(i_C-i_A)g$，利用对称分量法可求出：

$$\begin{cases} \boldsymbol{I}_{ABg} = (\boldsymbol{I}_A-\boldsymbol{I}_B)g = (1-a^2)C_1\boldsymbol{I}_{1g} + (1-a)C_2\boldsymbol{I}_{2g} \\ \boldsymbol{I}_{BCg} = (\boldsymbol{I}_B-\boldsymbol{I}_C)g = (a^2-a)C_1\boldsymbol{I}_{1g} + (a-a^2)C_2\boldsymbol{I}_{2g} \\ \boldsymbol{I}_{CAg} = (\boldsymbol{I}_C-\boldsymbol{I}_A)g = (a-1)C_1\boldsymbol{I}_{1g} + (a^2-1)C_2\boldsymbol{I}_{2g} \end{cases} \quad (8\text{-}79)$$

式中：I_{1g}、I_{2g} 为故障点的正、负序故障分量电流；C_1、C_2 为保护安装端的正负序电流分布系数。

假定 $C_1=C_2$，式（8-79）的幅值可表示为

$$\begin{cases} |\boldsymbol{I}_{ABg}| = |C_1[(1-a^2)\boldsymbol{I}_{1g}+(1-a)\boldsymbol{I}_{2g}]| \\ |\boldsymbol{I}_{BCg}| = |C_1[(a^2-a)\boldsymbol{I}_{1g}+(a-a^2)\boldsymbol{I}_{2g}]| \\ |\boldsymbol{I}_{CAg}| = |C_1[(a-1)\boldsymbol{I}_{1g}+(a^2-1)\boldsymbol{I}_{2g}]| \end{cases} \quad (8\text{-}80)$$

（2）故障相的判别。故障相判别流程如图 8-6 所示。由图 8-6 可见，当计算出三相电流差变化量基本相等，且大于某定值时，可判定为三相短路，否则对 $|\boldsymbol{I}_{ABg}|$、$|\boldsymbol{I}_{BCg}|$ 和 $|\boldsymbol{I}_{CAg}|$ 进行比较。图 8-6 中仅给出两相电流差变化量 $|\boldsymbol{I}_{BCg}|$ 分支情况，当 $|\boldsymbol{I}_{BCg}|$ 远小于其他两相电流差变化量时，判断为 A 相接地。如不符合上述条件，则进一步找出 $|\boldsymbol{I}_{ABg}|$、$|\boldsymbol{I}_{BCg}|$ 和 $|\boldsymbol{I}_{CAg}|$ 中的最大者。如 $|\boldsymbol{I}_{BCg}|$ 最大，则必定是 A、B 两相短路或 A、B 两相接地短路，再经接地判别，便可进一步将两者分开。

相电流差工频变化量选相元件不受负荷电流和过渡电阻的影响，能正确区分单相接地短路和两相或三相短路。

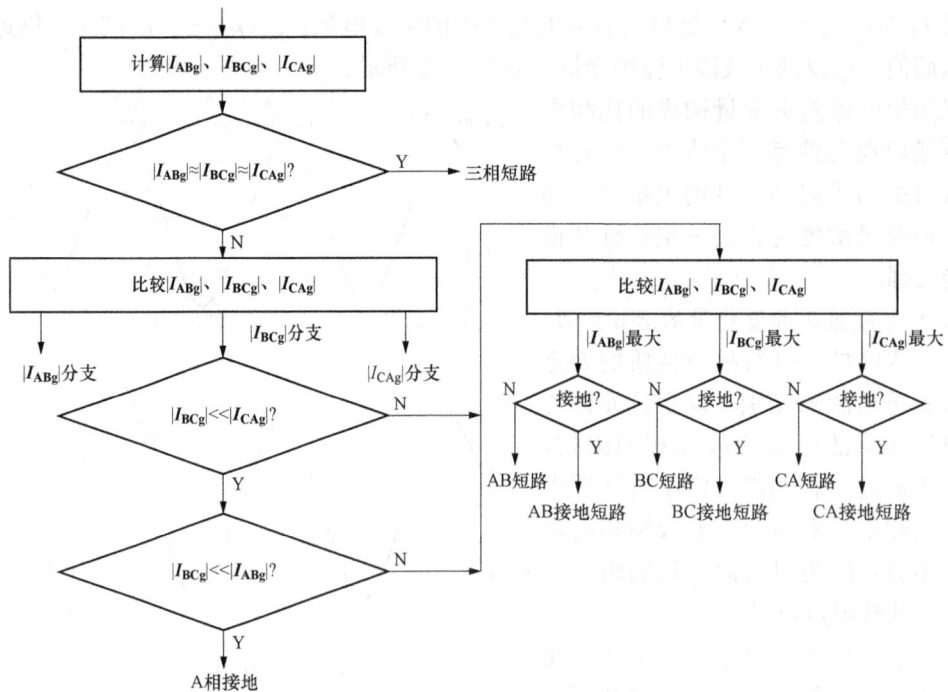

图 8-6　故障相判别流程

3. 移相算法

在实现继电保护原理时常常要求将复相量旋转一个相位角（或改变一个正弦函数的初始相位），并保持其幅值不变，这种运算称为移相算法。

对一个用实部和虚部表示的复相量进行移相计算很简单。设初始相量为 $U = U_R + jU_1$，现将其旋转 β 相位角，得到一个新相量 $U' = U'_R + jU'_1$。根据相量计算方法，有

$$U' = U e^{j\alpha} = (U_R + jU_1)(\cos\beta + j\sin\beta) \tag{8-81}$$

将其展开便可得到移相算法

$$\begin{cases} U'_R = U_R\cos\beta - U_1\sin\beta \\ U'_1 = U_1\cos\beta - U_R\sin\beta \end{cases} \tag{8-82}$$

式中：β 为移相角度。当 $\beta > 0$ 时，向超前方向（逆时针）移相；当 $\beta < 0$ 时，向滞后方向（顺时针）移相。

一般情况下，式（8-82）中的实部和虚部可采用傅里叶算法的结果。

有时，还需要直接对采样序列进行移相，即通过对一个正弦输入信号采样序列进行计算，得到一个被改变了初始相位的新的采样序列。采样序列移相的最简单的方法是时差法，通过对采样序列的延时来获得移相序列，移相后的序列与原始序列的关系可表示为

$$u'(n) = u(n-k) = u(nT_s - kT_s) = u(t - \beta/w) = u(t - \Delta) \tag{8-83}$$

该方法简单可靠。但应注意，时差法的移相角度受采样周期的限制（移相步长为 $2\pi/N$，或者说移相角度为 $2\pi/N$ 的整倍数），移相精度较低；同时当移相角度较大时，会延时过长。

4. 序分量算法

在各种继电保护原理中，广泛使用对称分量。以电压为例，用相电压相量表示的零序电压 U_0、正序电压 U_1 及负序电压 U_2 的表达式为（以 a 相电压为基准）

$$\begin{cases} 3U_0 = (U_a + U_b + U_c) \\ 3U_1 = (U_a + U_b e^{-j\frac{2}{3}\pi} + U_c e^{-j\frac{4}{3}\pi}) \\ 3U_2 = (U_a + U_b e^{-j\frac{4}{3}\pi} + U_c e^{-j\frac{2}{3}\pi}) \end{cases} \tag{8-84}$$

式中：$e^{-j\frac{2}{3}\pi} = \cos(-2\pi/3) + j\sin(-2\pi/3) = -1/2 - j\sqrt{3}/2$；$e^{-j\frac{4}{3}\pi} = \cos(-4\pi/3) + j\sin(-4\pi/3) = -1/2 + j\sqrt{3}/2$。

对称分量的计算根据输入量的性质也有两类算法，即复相量滤序算法和正弦采样序列的滤序算法。

（1）复相量滤序算法。假定已通过前面的算法（如傅里叶算法）求得了各相电压基频相量的实部和虚部，令三相电压的相量记为

$$\begin{cases} U_a = U_{Ra} + jU_{Ia} \\ U_b = U_{Rb} + jU_{Ib} \\ U_c = U_{Rc} + jU_{Ic} \end{cases} \tag{8-85}$$

而零序分量、正序分量及负序分量电压的相量记为

$$\begin{cases} U_0 = U_{R0} + jU_{I0} \\ U_1 = U_{R1} + jU_{I1} \\ U_2 = U_{R2} + jU_{I2} \end{cases} \tag{8-86}$$

这时只需将式（8-85）和式（8-86）代入式（8-84），便可直接计算出各序分量的相量。以负序分量为例，由式（8-84）～式（8-86）可得

$$\begin{cases} 3U_{R2} = U_{Ra} - \dfrac{1}{2}U_{Rb} + \dfrac{\sqrt{3}}{2}U_{Ib} - \dfrac{1}{2}U_{Rc} - \dfrac{\sqrt{3}}{2}U_{Ic} \\ 3U_{I2} = U_{Ia} - \dfrac{1}{2}U_{Ib} - \dfrac{\sqrt{3}}{2}U_{Rb} - \dfrac{1}{2}U_{Ic} + \dfrac{\sqrt{3}}{2}U_{Rc} \end{cases} \tag{8-87}$$

零序分量和正序分量可以仿此计算。

（2）正弦采样序列的滤序算法。假定已通过前面的数字滤波求得了各相电压基频分量采样值序列，三相基频电压采样值分别为 $u_a(n)$、$u_b(n)$、$u_c(n)$。

零序分量的计算比较简单，可采用同时刻的采样值直接相加，即

$$3U_0 = u_a(n) + u_b(n) + u_c(n)$$

对于负序分量（正序分量仿此计算），参考式（8-84），根据前述利用时差移相原理，可有

$$3u_2(n) = u_a(n) + u_b(n-N/3) + u_c(n+N/3) \tag{8-88}$$

式（8-88）的数据窗宽度为 $W_a = 2N/3 + 1$（延时为2/3个基频周期），计算时间较长。

为了缩小数据窗，注意到对于正弦量有 $u(n) = -u(n-N/2)$，以此来处理式（8-88）的 c 相电压，即取 $u_c(n+N/3) = -u_c(n+N/3-N/2) = -u_c(n-N/6)$；再利用正弦函数的关系 $\sin(\varphi-2\pi/3) = -\sin\varphi + \sin(\varphi-2\pi/6)$，以此来处理式（8-88）中的 b 相电压，即取 $u_b(n-N/3) = -u_b(n) + u_b(n-N/6)$，代入式（8-88），可得

$$3u_2(n) = u_a(n) - u_b(n) + u_b(n-N/3) - u_c(n-N/6) \tag{8-89}$$

式（8-89）的数据窗宽度为 $W_d = N/6 + 1$（相当于1/6个基频周期），计算时间大大缩短。由于采样次数只能为整数，因此采用式（8-88）时，N 必须为3的倍数；而采用式（8-89）时，N 必须为6的倍数。

以上介绍的采样值滤序算法的特点是计算量非常小，只需要做简单的加减法运算，而且响应速度也比较快，但对 N 的选取有限制。若想进一步加快响应速度，而且不对 N 的选择附加限制，则可结合前述对采样序列的快速移相算法来实现采样序列的滤序算法。

第四节　微机保护装置的软件构成

如前所述，微机保护装置由硬件电路和软件程序共同构成，而保护装置的原理、特性及性能特点更多地由软件来体现，而且微机保护装置许多特有的优良辅助功能也主要由软件来实现。

一、微机保护装置的基本软件流程

微机保护装置除了具备高性能的保护功能外，其他的主要基本功能包括保护装置的系统监控、人机对话、通信、自检、事故记录及分析报告及调试功能。微机保护装置的基本软件流程由主程序流程和中断服务程序流程构成。前者执行对整个系统的监控及实时性要求相对较低的各项辅助功能；后者按采样周期不断地定时中断前者，周期性地执行实时性要求较高的保护和辅助功能。

1. 微机保护装置软件的主流程及主循环

微机保护装置软件的主流程如图8-7所示。由图8-7可见，主流程可看作由上电复位

流程及主循环流程两部分组成。

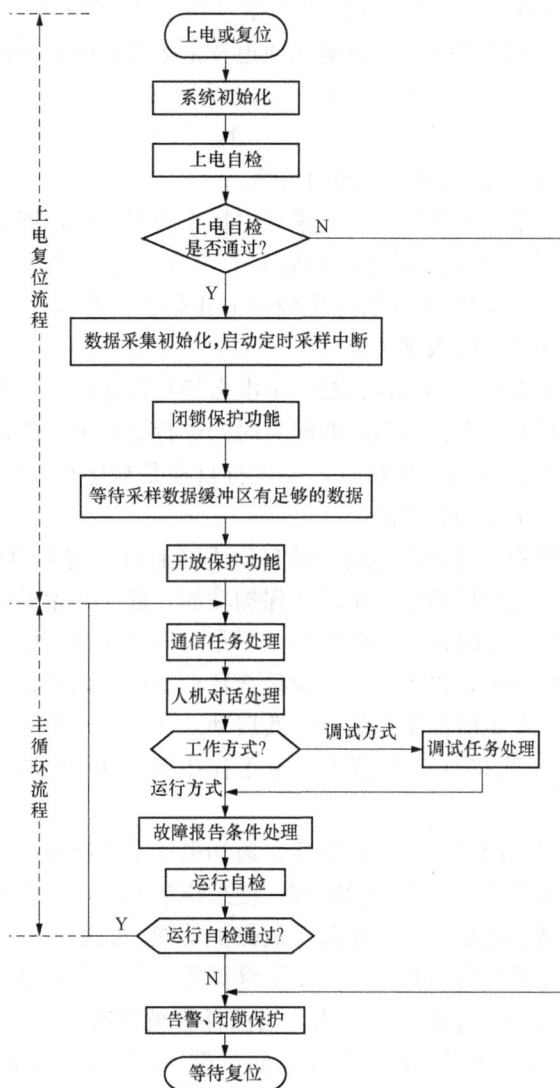

图 8-7　微机保护装置软件的主流程

　　保护装置在合上电源（简称上电）或硬件复位（简称复位）后，首先进入第1框，执行系统初始化。其作用是使整个硬件系统处于正常工作状态，通常包括与各存储器相应的可用地址空间的设定、输入或输出口的定义、定时器功能的设定、中断控制器的设定及安全机制等其他功能的设定、地址空间的分配、各数据缓冲区的定义、各个控制标志的初设、整定值的换算与加载、各输入/输出口的置位或复归等。

　　然后，程序执行上电后的全面自检。

　　自检是微机保护装置软件对自身硬软件系统工作状态正确性和主要元器件完好性进行自动检查的简称。通过自检可以迅速发现保护装置的缺陷，发出告警信号并闭锁保护出口，等待技术人员排除故障，从而使微机保护装置工作的可靠性、安全性得到根本性的改善。自检是微机保护装置的一种特有的、非常重要的智能化安全技术，目前自检功能主要包括程序的自检、定值的自检、输入通道的自检、输出回路的自检、通信系统的自检、工作电源的自检、数据存储器（如 RAM）的自检、程序存储器（如 EPROM）的自检及其他关键元器件的自检等。例如，对于三相交流系统，对输入通道及采集数据的正确性进行检查的判断式为

$$\begin{cases} \mid i_a + i_b + i_c - 3i_0 \mid < \varepsilon_i \\ \mid u_a + u_b + u_c - 3u_0 \mid < \varepsilon_u \end{cases} \tag{8-90}$$

式中：ε_i、ε_u 为数字式保护装置测量误差的门槛值。

若输入回路完好，数据采集系统正常，采样过程未受到干扰，则无论电力系统处于何种运行状态，式（8-90）应该成立；反之，如果某个环节出现错误，式（8-90）则有可能不成立。所以，可根据式（8-90）来判断采集数据的正确性。在数据准确的前提下才能进行后续计算，否则应将本次采集的数据丢弃。

自检在程序中分为上电自检和运行自检。上电自检是在保护装置上电或复位过程（保护功能程序运行之前）进行的一次性自检，此时有时间进行比较全面的自检，以保证开始执行保护功能程序时装置处于完好的工作状态；而运行自检是在保护装置运行过程中进行的自检，以便及时发现运行中出现的装置故障。

上电自检完成后，判别自检是否通过：若自检不能通过，将发出告警信号并闭锁保护，然后等待人工复位；若上电自检通过，则进入保护功能，程序开始进行。

数据采集初始化和启动定时采样中断模块主要是对循环保存采样数据的存储区（称为采样数据缓冲区）进行地址分配，设置标志当前最新数据的动态地址指针，然后按规定的采样周期对控制循环采样的中断定时器赋初值并令其启动，开放采样中断。从此定时器开始每隔一个采样周期循环产生一次采样中断请求，由采样中断服务程序响应中断，周而复始地运转。

闭锁保护模块通过设置闭锁保护的控制字，通知采样中断服务程序暂时不要执行启动元件、故障处理程序等相关功能。等待一段时间，使采样数据缓冲区获得足够的数据供计算使用。在具备足够的采样数据之后，进入重新开放保护功能，此后主程序进入主循环。

主循环在数字保护正常运行过程中是一个无终循环，只有在复位操作和自检判定出错时才会中止。在主循环过程中，每逢中断到来，当前任务被暂时中止，CPU 响应中断并转而执行中断服务；CPU 完成中断服务任务后又返回主循环，继续刚才被中断的任务。主循环利用中断服务的剩余时间来完成各种非严格定时的任务，如通信任务处理、人机对话处理、调试任务处理、故障报告文件处理及运行自检等。

在主循环中，通信任务处理模块为信息发送和接收进行数据准备。例如，根据保护程序其他部分的数据发送请求而收集相关数据，按通信规约进行通信信息整理和打包，并将其置于数据发送缓冲区；又如，对数据缓冲区的数据进行整理、分类和任务解释，并将其按任务类别交给相应的任务处理程序。

人机对话处理模块（如扫描键盘及控制按钮、在 LCD 上显示数据等）可对各种操作命令进行解释和分类，并按任务类别交给相应的任务处理程序执行。

判别数字保护系统当前工作方式，即处于调试方式还是运行方式。若是调试方式，则执行调试功能任务；若是运行方式，以及在执行完调试任务后，去执行后续任务。

故障报告文件处理模块主要是在电力系统发生故障或者数字式保护装置自身发生故障时，微机保护装置在完成处理任务之后，可自动生成、保存并通过信息网络向电站计算机监

控系统提交故障报告。故障报告对于系统事故的追忆和分析，以及对于保护装置自身动作正确性的评估有非常重要的作用。

最后为运行自检模块。若自检判定保护装置出错，则告警并闭锁保护，然后等待人工复位；若自检通过，则继续执行主循环程序。自检任务由于处理量较大，需要通过分时和循环执行程序来完成。

至此完成了一次主循环的过程，返回通信任务处理，然后周而复始。

2. 采样中断服务程序流程

微机保护装置的软件系统根据具体设计的不同，可能存在多个中断源，因而相应地有多个不同的中断服务程序，但其中必不可少的是中断服务程序。

采样中断服务程序的基本流程如图 8-8 所示。由图 8-8 可见，采样中断服务程序并不只是进行周期性的数据采集（采样和 A/D 变换），通常还需完成通信数据收发、运行自检、调试、启动检测及故障处理等任务。

采样中断服务程序首先进行数据采集处理，主要完成各通道模拟信号的采样和 A/D 变换，并将采集的数据按各通道和时间的先后顺序存入采样数据缓冲区，并标定指向最新采样数据的地址指针。

通信数据收发处理模块主要完成通信所要求的直接接收和发送数据的任务，对于规定在中断服务程序中应做出响应的通信处理任务也必须迅速加以执行。采样中断的速率必须足够高，在满足采样率规定指标的同时，必要时还应与通信速率相匹配，满足不迟滞发送数据和不丢失接收数据的要求。

运行自检处理模块完成那些必须在中断服务程序中完成的运行自检任务，然后进行判断：若运行自检没有通过，则进行装置故障告警、闭锁保护等处理，并置相关标志，然后直接从中断返回，等候人工处理；若自检通过，则可以执行后续任务。中断服务中完成的运行自检任务是指输入/输出回路的自检、工作电源的自检等，它们往往需要当前

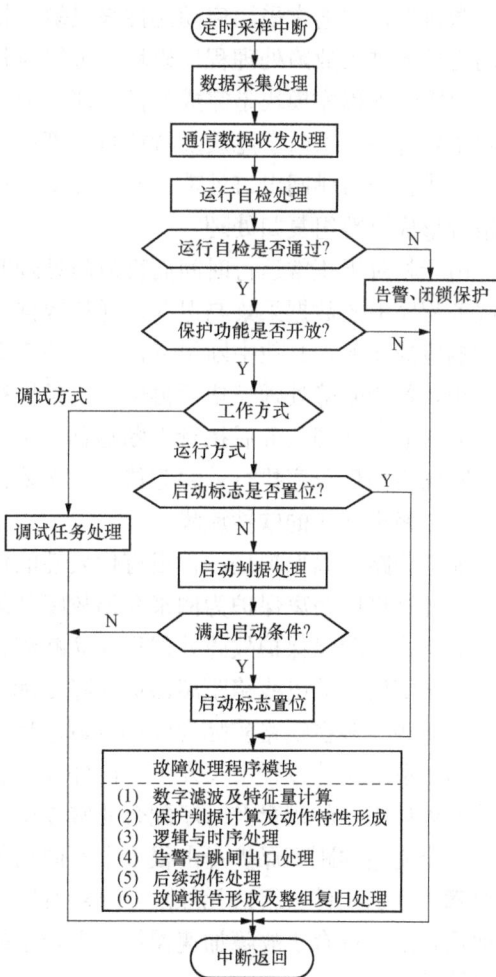

图 8-8　采样中断服务程序的基本流程

数据且会立即影响保护后续功能的正确性；或者不允许被中断打断，否则会引起不可预料的结果，甚至造成保护误动作，因此必须由中断服务程序完成。

判断保护功能是否开放模块的主要作用是在保护装置上电或系统复位之后需等待一段时间，使采样数据缓冲区获得足够的数据供保护功能计算使用。若保护功能尚未开放，则从中断返回，继续等待；若保护功能已开放，则开始执行保护处理功能。

　　判别当前保护装置的基本工作方式模块，根据当前工作方式执行不同的流程：若为调试方式，则在完成由调试功能规定必须在中断服务中执行的处理任务后即可从中断返回；若为运行方式，则直接进入判别启动标志是否置位模块。

　　判别启动标志是否置位模块，若已置位则说明在此次中断之前启动元件已经检测到了可能的系统事故扰动，当前暂时无需再计算启动判据和进行启动判定，于是直接执行故障处理程序。若启动标志未被置位，则进行启动判据处理，并对是否满足启动条件做出判断。若判断为满足启动条件，则标定故障发生时刻，启动标志置位，为下一次响应采样中断后的判别做好准备，接着执行故障处理程序；若不满足启动条件，表明当前没有系统事故扰动，便可从中断返回。

　　微机保护中通常采用启动元件来灵敏、快速地探测系统故障扰动，待判定系统存在故障扰动之后才进入故障处理程序模块，最终对是否为区内故障做出判断和处理。

　　故障处理程序模块是完成保护功能，形成保护动作特性的核心部分。其基本功能和处理步骤主要包括：①数字滤波及特征量计算；②保护判剧计算及动作特性形成；③逻辑与时序处理；④告警与跳闸出口处理；⑤后续动作处理，如重合闸及启动断路器失灵保护等；⑥故障报告形成及整组复归处理。

　　由于相对于正常运行时间而言故障处理时间很短，因此，在故障处理时，只保留采样中断服务程序中的数据采集与保存、通信数据收发、运行自检等必须按严格定时完成的及必须及时响应的任务，其他中断服务任务（如启动元件）和主循环中的大部分任务将会自动地暂时中止，留待故障处理完毕后再恢复正常执行。

　　完成故障处理任务后执行中断返回，使结束了此次采样中断服务，CPU从中断返回至被打断的主循环程序执行，并等待下一次采样中断的到来，周而复始。

二、距离保护的软件流程

　　输电线路距离保护是一种很有代表性的保护，其基本实现方法对很多其他保护有借鉴作用，因此这里以距离保护为例来介绍故障处理程序流程。

　　输电线路距离保护故障处理程序简略流程如图8-9所示。

　　一个实用的输电线路距离保护故障处理程序，除了能正确处理一般区内外简单故障外，还需要兼顾很多在线路实际内外部故障过程中的复杂过程和配合问题，如故障发展、故障地点转移、系统振荡过程中又发生区内外故障、不同主接线时自动重合闸的配置与配合等，使得故障处理程序的逻辑及时序配合非常复杂。

　　一个完整的距离保护是由很多个不同功能的元件组成的，主要包括启动元件、故障类型及故障相判别元件（组选元件）、距离元件、振荡闭锁及故障再开放元件等基本元件，以及自动重合闸、重合于故障加速保护、手合于故障加速保护、电压互感器及电流互感器断线闭锁等辅助元件。

　　距离保护故障处理程序流程首先进行距离保护动作判据的计算和处理。这是距离保护故障处理的核心之一，包括基本特征量的计算、故障类型及故障相判别、动作方程的计算处理及动作特性形成，最终对保护区内外故障做出判断。另外，诸如振荡闭锁及故障再开放条件、重合闸条件、重合闸后加速保护条件及合闸于故障加速保护动作条件等辅助判据也需要在此模块内设计完毕。计算和处理完成后，将所有这些结果交给后续逻辑和时序处理程序段。

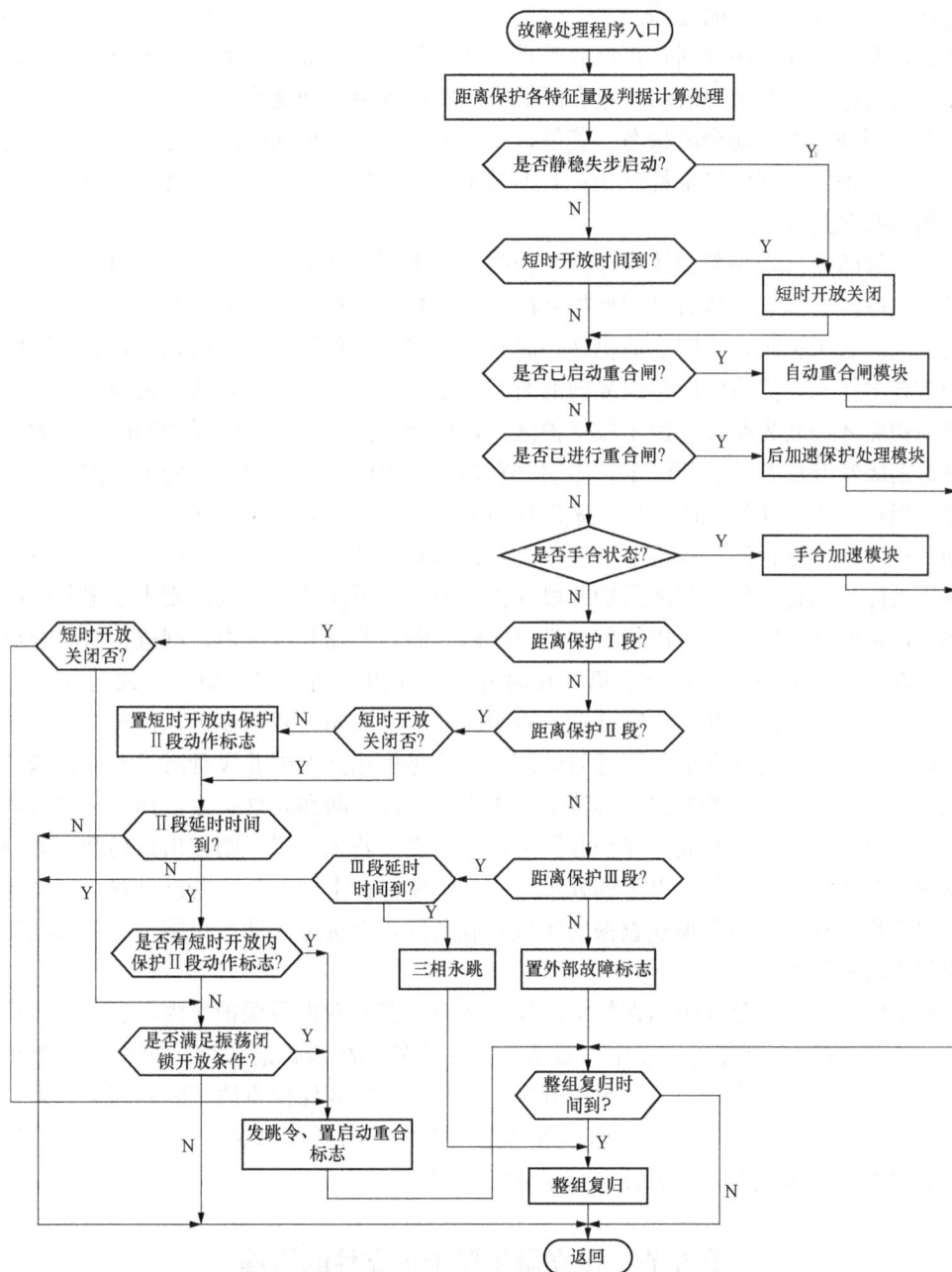

图 8-9　输电线路距离保护故障处理程序简略流程图

　　进入逻辑和时序处理程序段后，首先判别系统发生了静稳破坏事故，若启动，则进入关闭短时开放保护功能，从而使距离保护可立即并在下一次进入采样中断服务时直接进行振荡闭锁的处理；若不启动，则意味着保护是由短路故障启动判据启动的，表明线路上已发生了短路故障，则检查是否到达了短时开放时间。若未达到，表明可直接进行短路性质和区域的判别；已达到短时开放时间，表明系统随后可能将要出现由内外部短路引起的系统振荡。为防止系统振荡引起距离保护后续处理的误判断（误动），需要进入关闭短时开放保护功能，使距离保护进入振荡闭锁的处理。

然后，故障处理程序判别是否已启动重合闸：若否，则继续后面的其他流程；若是，说明在此之前已进行了跳闸并启动了重合闸操作，则进入重合闸流程。

接着，判别是否手动合闸状态：若是，则进入手动合闸加速模块，在加速模块中若满足手合于故障的条件，则出口永跳三相；若不是手动合闸状态，则进入正常按三段延时故障处理的逻辑和时序过程。

接着，故障处理程序判别故障地点是否处在距离保护Ⅰ段保护区内：若不在Ⅰ段区内，则先设定Ⅰ段区外标志，然后进行保护Ⅱ段区内判断；若在Ⅰ段区内，则进行短时开放是否关闭的判断。若未关闭，表明当前仍在短时开放时间内，距离保护Ⅰ段动作，发出跳闸令并置启动重合闸标志，然后转向整组复归的时间判定和处理；若短时开放已关闭，表明是在进入振荡闭锁后才判断为距离保护Ⅰ段保护区内，可能是因振荡引起的错误判断，因此判断是否满足振荡闭锁开放条件。若满足，表明（在振荡过程中）的确发生了距离保护Ⅰ段保护区内故障，保护可进入动作跳闸，接下来流程与上相同；若不满足振荡闭锁开放条件，则不允许跳闸，程序从中断返回，等待下一次中断再判断和处理。

判别故障地点是否处在距离保护Ⅱ段保护区内：若不在Ⅱ段区内，则先设定Ⅱ段区外标志并将Ⅱ段定时器清零，然后进行保护Ⅲ段区内判断；若在Ⅱ段区内，则进行短时开放是否关闭的判断。若未关闭，表明当前仍在短时开放时间内，则设置"短时开放内保护Ⅱ段动作"标志，然后转向保护Ⅱ段延时处理；若短时开放已关闭，表明在进入振荡闭锁后才判为Ⅱ段区内故障，直接转向保护Ⅱ段延时处理。判断是否达到保护Ⅱ段延时时间：若未达到延时，则需等待，程序从中断返回，等待下一次中断再做判断和处理；若已达到延时时间，则检查是否已设置了"短时开放内保护Ⅱ段动作"标志。若未设置，则在出口跳闸前必须检查是否满足振荡闭锁开放条件，以下的处理过程与距离保护Ⅰ段类似；若已设置"短时开放内保护Ⅱ段动作"标志，则无须检查振荡闭锁开放条件，直接进入动作跳闸，接下来的流程与距离保护Ⅰ段相同。

判别故障地点是否处在距离保护Ⅲ段保护区内：若不在Ⅲ段保护区内，表明故障位于Ⅲ段以外（外部故障），则先将Ⅲ段定时器清零，并置外部故障标志，然后进行等待整组复归处理；若在Ⅲ段保护区内，则进入延时处理。判断是否达到保护Ⅲ段延时时间：若未达到延时，则需继续等待，程序从中断返回，等待下一次中断再做判断和处理；若已到达延时时间，则直接发三相永跳令，然后转向整组复归处理。

第五节　提高微机保护可靠性的措施

微机保护装置的可靠性通常是指在严重干扰情况下，不误动，不拒动。每当一个新的继电保护产品试制完成或投产前，都必须进行详细的可靠性论证与实验。提高微机保护可靠性的措施涉及的内容和方面较多，本节仅从抗干扰措施和微机保护系统本身的自检等方面讨论提高微机保护可靠性措施问题。

一、抗干扰措施

变电站内高压设备辐射的电磁波、雷电引起的浪涌电压、电源的谐波、保护装置的电容耦合、回路间的互感等都会产生一定的干扰。这些干扰可能会引起微机保护装置计算或逻辑错误、程序运行出轨、元器件损坏等。为此需采取一定的措施减小干扰的影响。

1. 对输入采样值的抗干扰纠错

保护装置的模拟输入量之间存在着某些可以利用的规律。例如，三相电流和零序电流之间有

$$i_a + i_b + i_c = 3i_0$$

如果对每相电流及电流和回路各设有一个采样通道，而且四个量都在同一时刻采样，则对任一次采样时刻 t_k，都应满足

$$i_a(k) + i_b(k) + i_c(k) = 3i_0(k)$$

上式提供了一个判别各采样值是否可信、各采样通道是否完好的依据。可以对每一次采样值都进行一次分析，只有在满足上述公式的前提下才允许这一组采样值保存并提供给 CPU 做进一步的处理。如果干扰导致输入采样值出错，可以取消不能通过检查的采样值，等干扰脉冲过去，数据恢复正常后再恢复工作。求和检查不仅可以抗干扰，还可以用来发现数据采集系统的硬件损坏故障。上述方法称为电流求和自检。对于电压回路也可进行类似的求和自检。

2. 运算过程的校核纠偏

针对 CPU 在运算过程中可能因强大的干扰而导致运算出错的问题，可以将整个运算进行多次，以核对运算是否有误。这种校对可以有两种做法：

（1）在运算结束后，由程序安排使 CPU 先把运算结果暂存起来，再利用同样的原始数据，按同样的运算式再算一遍，并同前一次计算结果比较，两次的计算结果应当完全一样。如果两次结果不一样，则再算，三取二表决，或直到两次结果一样。

（2）连续的多次计算不利用完全相同的原始数据，而当第二次计算时将算法所依据的数据窗顺移一个采样值。无干扰影响时，两次计算结果应当十分接近。

3. 保护出口的闭锁

在干扰造成程序出格后，CPU 可能执行一系列非预期的指令。如不采取措施，则在此过程中可能碰到一条非预期的指令正好是跳闸指令而使保护误动作。防止这种误动作的措施是在设计出口跳闸回路的硬件时应当使该回路必须在连续执行几条指令后才能出口。前面介绍的开关量输出回路图中，每一个开关量输出都通过一个与非门控制，只有在与非门的两个输入端都满足条件时才驱动光电耦合器件。而在初始化时。该与非门的两个输入端还应当接至两个不同的端口，使这两个输入条件不可能用同一条指令同时改变。此外，出口继电器的正电源或负电源必须在启动元件动作时才接通，以避免由于干扰或振动使出口继电器误动跳闸。

采取上述措施后虽可大大减小非预期的指令造成跳闸的概率，但仍然有可能在干扰作用下程序执行一条转移指令，正好转移到跳闸程序段的入口，造成保护误跳闸。为此还可以将跳闸程序段按图 8-10 安排。

将跳闸条件分成两部分，跳闸指令（一）和跳闸指

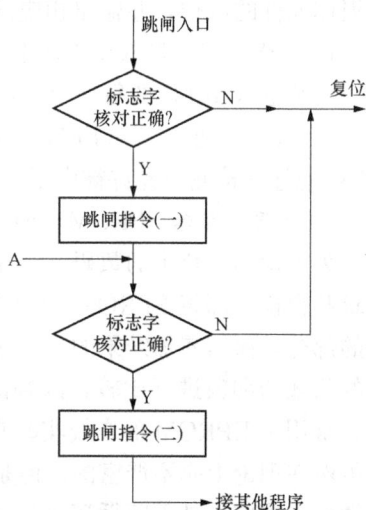

图 8-10　跳闸程序的闭锁

令（二），必须在这两部分指令之间插入一段核对程序，检查在 RAM 区存放的某些标志字。当保护程序通过正常路径进入跳闸模块之前，在其前面的程序段中必须给相应的标志字赋值，以便 CPU 通过核对这些标志字来判别是合理的跳闸还是由于程序因干扰而错误地进入跳闸程序。对于前者，可以通过检查而继续执行跳闸指令（二），发出跳闸脉冲；而对于后者，CPU 将转至重新初始化，从程序异常状态恢复正常运行。如果程序非预期地转至跳闸程序段的中间某一地址，如从图 8-8 的 A 点进入，经核对发现标志字的错误而使程序重新复位运行，保护不会误跳闸。

4. 程序出格的自恢复（看门狗）

若在强大的干扰下造成了保护程序出格，应该迅速发现程序出格，并能自动地使其重新恢复正常，以免被保护对象发生故障时保护拒动。但此时任何软件措施都无济于事，因为 CPU 已不再按预定的程序工作，因此必须用专用的硬件电路来检测程序出格，并实现自动恢复正常的功能。

看门狗电路主要是可被清除的定时脉冲发生器，其通常由单稳触发器或计数器构成。若无 CLR 清除脉冲信号，则定时脉冲发生器按一定频率输出脉冲，通常将此输出脉冲引到微机系统的复位端。当程序正常运行时，不断发出 CLR 清除脉冲信号，使脉冲发生器没有输出。当允许程序受干扰失控后，无法按时发出 CLR 清除脉冲信号，于是脉冲发生器产生输出，复位微机系统。

二、自动检测技术（自检）

提高微机保护装置可靠性的另一重要课题是研究装置内部元件损坏时的后果及对策。从可靠性角度来说，希望任一元件损坏时都不会引起保护误动作，并且应能立即自动检测到而发出警报，以便及时得到相应的处理，并防止保护拒动。微机保护装置是一种"动态"系统，无论电力系统是否发生故障，其各部分的硬件都处在同样的工作状态中，进行数据的采集、传送和运算。因此，元件的损坏都会在正常运行时表现出来。实际上，在正常运行时，CPU 在两个相邻采样间隔时间内总有一些等待下一个采样时刻到来的富裕时间，因此可以利用这一段时间循环地执行一个自检程序，对装置各部分硬件进行检测。通常可以准确地查出损坏元件的部位，并输出相应的信息。下面按损坏元件的种类介绍自动检测的方法。

1. 可读写存储器 RAM 自检

对装置 RAM 区的每一个地址，可以循环地进行自动检测。通过对该 RAM 地址写入全"0"（00H）和全"1"（FFH）检测其是否良好。应当注意，对于某些存放重要标志字的 RAM 地址的检测不允许被中断，必须在最高优先权级的中断服务程序中进行。

2. 只读存储器 EPROM（EEPROM）自检

为了检测固化中的数码（程序的指令）是否改变，一种最简单的也是最常用的方法是累加求和自检，即将 EPROM 中存放的全部数码字节（或双字节）累加，舍去累加过程中溢出的部分，保留累加结果的一个字节（或双字节）的和数，同预先存放在 EPROM 中某地址的已知和数进行比较，以判断固化的内容是否改变。累加和自检算法简单，执行速度快，常用于 EPROM 的在线实时自检。这种用和数是否改变来判别 EPROM 是否完好的方法虽然在理论上是不严密的，但是考虑到这种求和检查是在一个很短的时间内（通常只有几十微妙）周期性地不断循环进行的，因此在这么短时间内 EPROM 中存放的内容有几处同时改变而和数不变的可能性是极小的。

3. 开关量输入通道自检

对开关量输入通道的检测主要是指对各光电耦合器件及传送开关量的并行接口的检测。首先在保护整定好后的各开入量状态（0或1）构成一个"字节"或"字"，作为正确的开入量状态字存入 RAM 中。在自检时，扫描开入量各位，得到当前的开入量状态字，与 RAM 中的已存储的正确状态校对，如果不一致，表示开入量受干扰或人员误碰发生了改变，应该报警。因此，运行人员有意改变开入量某位时，应同时改变 RAM 中存放供校对的正确的状态字。对于开关量输入回路，还应防止由于外部触点闭合时反弹抖动造成开入量状态不确定的问题，应在开入量输入回路中增加适当延时或在硬件电路中设计消抖电路，以清除触点抖动造成的影响。

4. 开关量输出回路自检

开关量输出回路包括相应的并行接口、门电路、光电耦合器件及执行继电器等，如图 8-11 所示。

图 8-11 上部分是一个典型的开关量输出回路，下部虚线框内是专用的自检回路。自检的原理利用了继电器 K 的吸和时间远大于电子电路的反应时间这一特点。对开关量输出回路进行自检时，可以用软件通过并行接口传送一个继电器动作命令，使光耦合器件 G1 的光敏晶体管导通，然后 CPU 通过并行接口 2 监视光耦合器件 G2 是否导通，如果此开关量输出通道正常，G2 应很快导通，CPU 检测到 G2 导通后立即撤回从并行口 1 送出的驱动命令。由于这一过程极短，仅几微秒，因此继电器 K 不会吸合。如果此开关量输出通道有元件损坏，则 CPU 经过预定的时间收不到 G2 导通的信号，也应立即撤回驱动命令并发出警报。

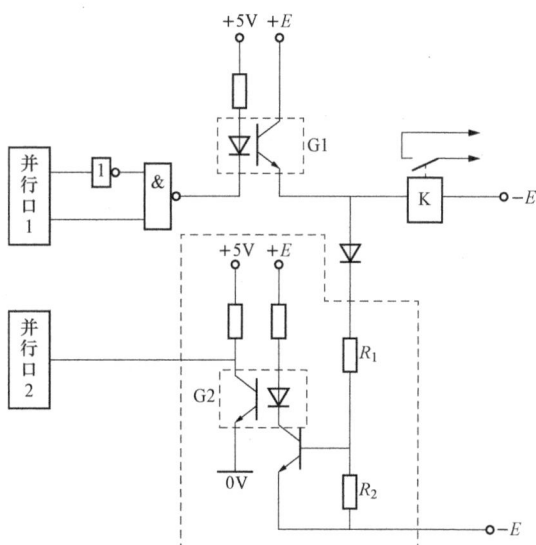

图 8-11　开关量输出回路和自检回路

由图 8-11 可见，这种自检原理可以检测出除继电器 K 本身以外的开关量输出通道中任一元件的破坏，并且自检可以自动进行而无须将保护退出，这一点是传统保护做不到的。一台保护装置有很多开关量输出通道，但图 8-11 中虚线框内的自检硬件电路可以共用一个。每一个开关量输出通道的光耦合器件都通过一个隔离二极管接至公用的自检电路。

思考题与习题

8-1　微机保护有哪些特点和优点？

8-2　为防止频率混叠现象，若计及 16 次谐波，采样频率的最小值是多少？

8-3　哪些微机保护的算法能减小或消除直流分量的影响？

8-4　若每工频周期采样 12 点，欲滤除 3 次谐波，那么差分滤波器差分步长应取多少？

8-5　保护功能的算法有哪些？其基本原理分别是什么？

8-6 说出微机保护软件的构成。

8-7 微机保护中常见的流程基本结构是什么？

8-8 什么是定时采样中断服务程序？并简述其工作过程。

8-9 提高微机保护可靠性的常见措施有哪些？

参 考 文 献

[1] 贺家李，李永明，董新洲，等.电力系统继电保护原理 ［M］.5版.北京：中国电力出版社，2018.

[2] 张保会，尹项根.电力系统继电保护 ［M］.2版.北京：中国电力出版社，2010.

[3] 王维俭.电力系统继电保护基本原理 ［M］.北京：清华大学出版社，1991.

[4] 邵玉槐，秦文萍，贾燕冰.电力系统继电保护原理 ［M］.3版.北京：中国电力出版社，2018.

[5] 刘学军.继电保护原理 ［M］.2版.北京：中国电力出版社，2007.

[6] 杨奇逊，黄少锋.微机继电保护基础 ［M］.2版.北京：中国电力出版社，2005.

[7] 高亮.电力系统微机继电保护 ［M］.北京：中国电力出版社，2007.

参 考 文 献

[1] xxxx，xxxx，xxxx。xxxxxxxxxxxxxx[M]。xxxx，xxxx，xxxx，2018。

[2] xxxx。xxxxxxxxxxxxxx[M]。xxxx，xxx，xxxxxxxxx，

[3] xxxx。xxxxxxxxxxxxxxxx。xxx，xxx，xxxxxxxxx，1997。

[4] xxxx，xxxx。xxxxxxxxxxxxxxxx[M]。xxxx，xxx，xxxxxxxxx，2010。

[5] xxxx。xxxxxxxx[M]。xxxx，xxx，xxxx，xxxxxx，2007。

[6] xxxx，xxxx。xxxxxxxxxxxx，xxxxx，xxxxxxxx，xxxxxxxxx，2007。

[7] xxxx，xxxx。xxxxxxxxx[M]。xxx，xxxxxxxxxxx，xxx。